"十二五"职业教育国家规划教材
经全国职业教育教材审定委员会审定
财政部规划中等职业学校财经商贸类教材

国际贸易流程

李海燕 主 编
焦微家 副主编

中国财经出版传媒集团
中国财政经济出版社

图书在版编目（CIP）数据

国际贸易流程／李海燕主编．—北京：中国财政经济出版社，2016.7
"十二五"职业教育国家规划教材　财政部规划中等职业学校财经商贸类教材
ISBN 978－7－5095－5924－6

Ⅰ.①国…　Ⅱ.①李…　Ⅲ.①国际贸易－贸易实务－中等专业学校－教材　Ⅳ.①F740.4

中国版本图书馆 CIP 数据核字（2014）第 305080 号

责任编辑：刘瑞思　　　　　　　责任校对：刘　靖
封面设计：汪俊宇　　　　　　　版式设计：兰　波

中国财政经济出版社 出版

URL：http：//www.cfeph.cn
E－mail：cfeph @ cfeph.cn

（版权所有　翻印必究）

社址：北京市海淀区阜成路甲 28 号　邮政编码：100142
营销中心电话：88190406　北京财经书店电话：64033436　84041336
北京财经印刷厂印刷　各地新华书店经销
787×1092 毫米　16 开　17.5 印张　437 000 字
2016 年 7 月第 1 版　2016 年 7 月北京第 1 次印刷
定价：40.00 元
ISBN 978－7－5095－5924－6/F·4776
（图书出现印装问题，本社负责调换）
本社质量投诉电话：010－88190744
打击盗版举报热线：010－88190492、QQ：634579818

编写 说明

本书是"十二五"职业教育国家规划教材，经全国职业教育教材审定委员会审定，作为全国中等职业学校财经商贸类教材使用。

"国际贸易流程"是中等职业学校国际商务专业的专业核心课程之一，是"外贸单证"、"报关报检"、"货运代理"等国际商务专业专门化方向的基础课程，也是其他经济类专业普遍开设的课程。本教材以"全国中等职业学校国际商务专业教学标准"为依据，遵循职业教育教学规律，以国际贸易职业工作过程为导向进行课程结构设计，以进出口贸易职业活动具体工作项目为载体，以工作任务为中心，整合相关知识、技能和素养，设计、组织课程内容，结合当前中职学生的认知能力，面向应用，兼顾可持续发展等综合能力的培养目的而编写。

本教材共分9个项目，主要介绍了国际贸易特征、国际贸易惯例、国际贸易进出口业务流程；国际市场调研、进出口经营方案制订、交易对象选择、业务关系建立等国际贸易准备工作；交易磋商、价格核算和商品品名、品质、数量、价格、包装、装运、保险、支付等合同条款的订立；备货报验、催证审证改证、租船订舱、投保、制单结汇、发货通关等出口合同履行；开证、催交催装、投保、审核付汇、通关接货等进口合同履行。本书以学生职业生涯发展为本，注重理论、技能与职业素养并重培养，以任务为引领，以学生为中心，开展教学实训活动。各项目由"情景导入"、"实训活动"、"重点提示"、"拓展阅读"等模式展开，由浅入深，力求简明扼要、通俗易懂。

根据本教材的特点，结合我们的教学经验，建议按照如下的课时分配表安排相关内容教学。

项　目	模　块	建议课时	小　计
项目一	模块一	2	6
	模块二	4	

续表

项　目	模　块	建议课时	小　计
项目二	模块一	2	12
	模块二	4	
	模块三	4	
	模块四	2	
项目三	模块一	4	8
	模块二	4	
项目四	模块一	6	14
	模块二	4	
	模块三	2	
	模块四	2	
项目五	模块一	2	6
	模块二	2	
	模块三	2	
项目六	模块一	4	8
	模块二	4	
项目七	模块一	6	10
	模块二	4	
项目八	模块一	4	22
	模块二	6	
	模块三	6	
	模块四	6	
项目九	模块一	4	22
	模块二	6	
	模块三	6	
	模块四	6	
合　计			108

　　本书为用书学校任课老师提供了课后习题答案和电子课件，如有需要，请登录中国财经教育网（http://cjjc.cfeph.cn 或 www.zgcjjy.com）下载。

　　本教材由李海燕任主编，焦微家任副主编。参加编写人员及编写分工为：李海燕编写项目一、二，焦微家编写项目三、五，庞雷编写项目四，王龄萱编写项目六、七，滕罕编写项目八、九。全书由李海燕统审定稿。

本教材在编写过程中吸收了一些专家和学者的研究成果,在此表示深深的谢意。

　　由于时间和水平所限,本教材难免存在疏漏和不当之处,敬请读者批评指正。

编　者

2016 年 6 月

目 录

项目一　认知国际贸易业务流程 1

　　模块一　认知国际贸易特征，熟悉国际贸易惯例 2

　　模块二　认知国际贸易进出口业务流程 10

项目二　国际贸易的准备 20

　　模块一　办理进出口经营相关手续 21

　　模块二　寻找目标市场，制订进出口经营方案 25

　　模块三　选择交易对象，进行资信调查 37

　　模块四　建立客户关系 44

项目三　交易磋商 52

　　模块一　认识交易磋商 53

　　模块二　交易磋商的程序 56

项目四　订立合同条款（一） 71

　　模块一　选择贸易术语 72

模块二 核算进出口价格（运费、保险计算）	88
模块三 计算佣金、折扣	95
模块四 确定价格条款	99

项目五 订立合同条款（二） ... 105

模块一 确定品名、品质条款	106
模块二 确定数量条款	112
模块三 确定包装条款	119

项目六 订立合同条款（三） ... 132

模块一 确定运输条款	133
模块二 确定保险条款	144

项目七 订立合同条款（四） ... 155

模块一 选择支付条款	156
模块二 订立其他合同条款（商检、争议、索赔）	172

项目八 履行出口合同 ... 185

模块一 备货、报检	186
模块二 落实信用证	194

	模块三 办理货运、报关和投保	201
	模块四 制单结汇	215

项目九 履行进口合同 … 231

	模块一 开立信用证	232
	模块二 租船订舱和保险	238
	模块三 审单付款	245
	模块四 报关、报检、索赔	252

主要参考文献 … 269

项目一
认知国际贸易业务流程

项目描述

国际贸易范围广、对象多，较国内贸易复杂，因此，在开展国际贸易业务前，必须先认知国际贸易特征，熟悉国际贸易惯例，了解国际贸易业务流程。

◊ 学习目标

【理论知识目标】
- ☐ 认知国际贸易特征
- ☐ 熟悉国际贸易惯例
- ☐ 了解国际贸易业务流程

【岗位技能目标】
- ☐ 能够清晰描述出口业务操作的流程
- ☐ 能够清晰描述进口业务操作的流程

模块一 认知国际贸易特征，熟悉国际贸易惯例

情境导入

李明是一名中等职业学校国际商务专业的毕业生。不久前，他收到天津绮华进出口有限公司的面试通知。初试时，公司人事经理提出：如果你是国内某品牌运动鞋生产商，那么把运动鞋销售给国内客户与卖给美国客户，这样两种贸易性质是否相同？如果不同，你认为两者有什么区别？

任务一 认知国际贸易特征

一、国际贸易的含义

国际贸易（International Trade）是指世界各个国家（或地区）在商品和劳务等方面进行的交换活动。它是各国（或地区）在国际分工的基础上相互联系的主要形式，反映了世界各国（或地区）在经济上的相互依赖关系，由进口贸易和出口贸易两部分组成，也称为"进出口贸易"。

国际贸易不仅涉及原料、产成品等实物商品的交换，还包括金融、保险、旅游、运输、教育等劳务服务和商标、专利等技术交换范畴。国际贸易种类繁多，性质复杂，从不同角度对国际贸易进行科学分类，是认识国际贸易的重要基础工作。

二、国际贸易的类型

（一）按商品移动方向划分

1. 出口贸易（Export Trade），是指一国将其所生产或加工的商品（包括劳务）输往国外市场进行销售的商品交换活动。

2. 进口贸易（Import Trade），是指一国将外国商品（包括劳务）输入本国市场进行销售的贸易活动。

3. 过境贸易（Transit Trade），是指商品生产国与商品消费国之间进行的商品买卖活动，其货物运输过程必须要通过第三国的国境。第三国对此批货物收取一定的费用，这对第三国来说就构成了该国的过境贸易。

4. 转口贸易（Entrepot Trade），是指商品生产国与商品消费国不直接买卖商品，交易是通过第三国的转口商进行的，对第三国来说，这是转口贸易。交易的货物可以由出口国运往第三国，在第三国经过加工或不经过加工再销往最终进口国。

（二）按交易标的性质划分

1. 有形商品贸易（Visible Trade），是指在国际贸易中进行的实物商品的交换活动。联

合国为便于统计，把有形商品分为 10 类、63 条、233 组、786 个分组和 1924 个基本项目，几乎包括国际贸易所交易的所有商品。

2. 无形商品贸易（Invisible Trade），主要是指技术、旅游、运输、金融、保险等无形的商品贸易。

3. 服务贸易（Service Trade），是指一方为满足另一方的需要而提供的某种劳务，包括电信、信息处理、咨询服务、建筑、工程承包等。

（三）按交易进出国境与关境划分

1. 总贸易（General Trade），是指以国境（Border）为标准划分进口与出口的一种统计方法。凡是进入一国国境的商品一律列入总进口，包括进口后供国内消费的部分和进口后成为转口或过境的部分；凡是离开一国国境的商品一律列入总出口，包括本国产品的出口、外国商品复出口及转口或过境的部分。总进口额加总出口额构成总贸易额。目前采用总贸易统计方法的国家有美国、英国、日本、加拿大、澳大利亚等 90 多个国家和地区。

2. 专门贸易（Special Trade），是指以关境（Customs Line）作为划分进口和出口标准的统计方法。专门贸易又可分为专门进口和专门出口。专门进口是指外国商品进入关境并向海关缴纳关税，海关放行后才能称为专门进口；专门出口是指从国内运出关境的本国产品及进口后来经加工又运出关境的复出口商品。专门进口额加专门出口额构成一国的专门贸易总额。目前采用专门贸易统计方法的国家有德国、意大利、瑞士、法国等 80 多个国家和地区。

（四）按贸易方式划分

1. 一般贸易（Unilateral Import or Export），是指日常逐笔进行的单边进口或出口贸易。

2. 易货贸易（Barter Trade），是指以货换货的交易。现代易货贸易是在换货的基础上，把等值的出口和进口结合起来，既可以用一种商品交换对方等值的多种商品，也可以用多种商品交换对方等值的一种商品，还可以等值的多种商品进行互换。在货款结算上，既可逐笔平衡，也可定期结算，既可现付，也可记账。在成交时间上，进出口可同时成交，也可以有先有后。易货贸易是一种较灵活方便的贸易方式，但在实际应用中容易产生贸易纠纷。

3. 加工贸易（Processing Trade or Improvement Trade）。其是以加工为特征的再出口业务，可分为：

（1）进料加工（Processing Trade or Improvement Trade），是指内出口单位接受国外进口单位委托，但由国内出口单位自筹资金购进原材料，并加工成产品后交付国外进口单位，以赚取增值外汇。

（2）来料加工（Processing with Given Materials），指国外客户提供全部或部分原料、辅料等物料，由国内出口商按合同规定的规格、色样、数量加工成成品后交付对方，以赚取加工费用。

（3）来件装配（Assembling with Provided Parts），是指国外客户提供零配件以及必要的设备和技术，由国内出口商按合同规定图纸或样品组装成成品交付对方，以赚取组装费用。

4. 补偿贸易（Compensation Trade），是指在商品信贷基础上，由一方提供设备、技术，另一方在约定期限内用商品分期偿还直到还清所引进技术、设备的价款和利息为止的一种贸易方式。

5. 租赁贸易（Leasing Trade），是指出租人将价值昂贵的设备如石油勘探设备、集装箱、轮船等，租给国际上需要这些设备的承租人使用，并收取租金的一种贸易方式。

6. 寄售（Consignment），是指卖方（寄售人）先将货物运往国外，委托国外客户（代售人）按事先商定的条件在当地市场上代为销售，商品售出后，货款由代售人扣除佣金后汇付给寄售人的贸易方式。

7. 包销（Exclusive Sales），是指出口商与国外的包销商商定在一定时期和一定地区内，就一种或几种商品给包销商以独家销售的权利。包销商承担在一定期限内购买一定数量或金额商品，并在指定区域自行销售、自负盈亏。

（五）按贸易政策划分

1. 自由贸易，一般是指一国的外贸政策不干涉国家间贸易往来，既不对进出口贸易活动设置种种障碍，也不给予各种优待政策扶持，而是提倡在市场交易时的自由竞争行为。

2. 保护贸易，是指一国的外贸政策广泛地使用各种措施控制各种外国商品的进口，保护本国的国内市场免受外国企业和商品的竞争（如关税政策等）；同时，给予本国的出口商各种优惠甚至补贴，鼓励本国商品出口贸易。

三、国际贸易的主要特征

国际贸易与国内贸易虽然都是商品和服务的交换活动，均受商品经济规律的影响和制约，都是为了取得经济利益，但国际贸易不仅是交易双方之间的贸易，还是国与国之间的贸易，因各国贸易环境、交易条件和政策等原因，国际贸易与国内贸易存在很大的区别，其主要特征表现在：

（一）国际贸易困难多，稳定性差

1. 比国内贸易更复杂。由于各国语言和风俗习惯、货币与度量衡制度、计算国际汇兑方法、外汇汇率、海关制度和贸易法规等不同，使得货款结算、货物运输、进出口通关及商检仲裁等问题都十分复杂。如在国际贸易过程中，经常因为各国商业习惯及风俗的不同而产生误解或矛盾，而一旦发生贸易纠纷，就需要根据国际规则进行解决，远比国内贸易纠纷的解决要复杂得多。

2. 市场及资信调研更困难。要顺利进入国际市场，必须对国外市场进行调研分析。但由于地域、语言等原因，国外市场调查的渠道较少，费用较高，资料不易搜集完整；另外，为降低风险并避免日后恶意索赔的发生，贸易商还必须对交易对方进行资金和信用调查，但这种调查也很困难。

3. 国际贸易障碍多。国际贸易涉及国家之间的重大经济利益。为争夺国际市场，保护本国产业和国内市场，各国除运用关税壁垒外，还设置了商检等壁垒障碍，以期扩大本国产品出口、限制外国产品进口。

4. 不稳定性显著。国际贸易常受政策、经济形势和其他客观条件变化的影响，尤其在国际局势动荡不定、国际市场竞争和贸易摩擦激烈、国际市场汇率经常浮动以及商品价格瞬息万变的情况下，国际贸易的不稳定性更为明显，从事国际贸易的难度也更大。

（二）国际贸易风险大

国际贸易跨国界，涉及货、证、船、款等多个领域，运输路线较长，交易周期长，不可控因素较多，由此带来的贸易风险也比国内贸易大得多。

1. 商业风险。国际贸易中由于买卖双方在订立合同前交易磋商困难，会使进口商在履约时以货样不详、交货期晚、单证不符等各种理由拒绝收货，这对出口商而言就是商业风险。

2. 运输风险。国际贸易中货物要经过长途运输，在运输过程中会遇到各种自然灾害、意外事故和各种其他意想不到的突发性事件，易发生货物损失。

3. 价格风险。国际贸易多是大宗交易，贸易双方签约后，因交货期较长，货价可能上涨或下跌，对买卖双方而言存在价格风险。

4. 信用风险。在国际贸易过程中，除买卖双方外，还涉及经纪人、代理人、运输方、银行等当事人，中间环节多，出现欺诈等信用缺失行为的几率大，风险高。

5. 汇兑风险。在国际贸易中，会有一方或交易双方均用外币进行计价、结算和支付。从订立合同到交货期间汇率可能会出现较大变动，或因政府实施外汇管制，导致无法汇出等汇率风险，从而给交易对手方带来汇兑损失。

(三) 国际贸易操作复杂

1. 国际贸易环节复杂。国际贸易操作流程包括报价、订货、付款方式、备货、包装、通关手续、装船、运输保险、提单、结汇等环节。各国海关对报关进出口货物种类、品质包装等审核严格，各国商品质量检验标准和贸易争议仲裁的具体规定也不同，手续繁简度不一，因而比国内贸易流程复杂许多。

2. 单证复杂。由于国际贸易环节多，各环节衔接所用单证不仅有销售确认书（Sales Confirmation）、发票（Invoice），还涉及信用证（Letter of Credit，L/C）、提单（Bill of Lading，B/L）、产地证（Certificate of Origin）、报关单（Declaration Form）等，较国内商品交易涉及的单证复杂得多。

3. 货物运输复杂。国际贸易的运输路程一般比较长，情况复杂。在国际贸易中，不仅要选择合理的运输工具，还要考虑运输合同条款中运费的计算方法、承运人与托运人的责任等内容，以及装卸、提货手续和办理保险等事谊，远比国内运输复杂得多。

4. 货款结算复杂。在国际贸易中，选择何种货币计价、采用何种支付方式、不同货币之间如何兑换等问题涉及各国汇率制度、外汇管理制度和市场汇率变动等因素，货款结算较为复杂。

实 训 活 动

【实训目的】

1. 转换学生角色，引导学生树立自主探究意识，培养学生团队合作、分析问题、解决问题和语言表达能力。

2. 识记国际贸易含义。

3. 熟悉国际贸易特征。

6　国际贸易流程

【实训内容】

将学生分为 A、B、C 三组，A、B 两组分别以李明身份开展以下活动：A 组负责品牌运动鞋在国内市场销售的准备工作；B 组负责品牌运动鞋销往美国市场的准备工作。A、B 两组做好准备工作后，各推选一名同学分别阐述各自准备工作完成情况。C 组在认真听取 A、B 两组同学发言时，分析判断国内外两种贸易性质是否相同，寻找出两种贸易的不同点。

【实训方法】

学生分组讨论、形成观点，自主阐述、相互评价，教师点评、归纳汇总。

【重点提示】

国际贸易与国内贸易虽然都是商品和服务的交换活动，都是以获取经济利益为目的，均受商品经济规律的影响和制约，但国际贸易比国内贸易障碍多、风险大、操作复杂。要想在激烈的国际市场中求生存、保发展，必须熟悉国际贸易特征，才能降低贸易风险。

拓展阅读　　　　　国际贸易的几个重要概念

国际贸易额（值）：是指以货币表示的世界各国的对外贸易总额，是计算和统计世界各国对外贸易总额的指标，但并不是简单地把世界各国的出口额与进口额加在一起。因为一国或（或地区）的出口，就是另一国（或地区）的进口，若两者相加等于重复计算。联合国统计中，通常采用各国出口额相加作为国际贸易额。因为世界上绝大多数国家（地区）都是用 CIF 价格计算进口额的，即成本加运费、保险费。

对外贸易额（值）：是用货币金额表示的一定时期内一国的进口贸易额与出口贸易额之和，是衡量一国对外贸易状况的重要指标。

对外贸易量：是剔除价格影响，以一定时期的不变价格为标准计算的对外贸易值。它能确切地反映一国对外贸易的实际规模。

贸易差额：是指一国在一定时期内商品出口总额与进口总额之间的差额。当出口商品总额超过进口商品总额时，差额部分称为"贸易顺差"，也可成为"贸易出超"；反之，当进口商品总额超过出口商品总额时，差额部分称为"贸易逆差"，也可称为"贸易入超"；如进出口商品总额相等，则叫作"贸易平衡"。

对外贸易依存度：是指一个国家在一定时期内进出口贸易值与该国同期国民经济生产总值的对比关系，是衡量一国国民经济对进出口贸易的依赖程度。一般来说，发达国家比发展中国家的外贸依存度要高，小国比大国的外贸依存度要高。

国际贸易商品结构：是指在一定时期内各类商品分别在进出口贸易总额中的比重。它反映一国的生产力水平、科技发展水平，以及在国际贸易中的实力地位。

任务二　熟悉国际贸易惯例

一、国际贸易惯例

国际贸易惯例（International Trade Practice）**是指在国际贸易的长期实践中逐渐形成，被普遍承认和反复运用的一些习惯做法和通例**。它是国际组织或权威机构为减少贸易争端、规范贸易行为，在长期的贸易实践基础上总结而成的。它有别于依靠国家立法机关制定的国内法以及依靠各国之间的相互谈判、妥协而达成的国际条约，具有普遍适用性、稳定性、准法律性等特征。常见的国际贸易惯例内容见1-1。

表1-1　　　　　　　　　　　　　　常见国际贸易惯例

国际货物贸易领域国际惯例	《国际贸易术语解释通则》
	《华沙—牛津规则》
	《1941年修订的美国对外贸易定义》
国际贸易支付领域国际惯例	《跟单信用证统一惯例》
	《托收统一规则》
国际保险领域国际惯例	《约克—安特卫普规则》
	《伦敦保险协会保险条款》
国际运输领域国际惯例	《巴黎规则》（该规则不是国际条约，只具有习惯或惯例性质）
	《维斯比规则》
	《汉堡规则》

　　国际贸易惯例不是各国的共同立法，也不是一个国家的法律，对交易双方并不当然产生法律约束力，如果交易双方在合同中做出与国际贸易惯例相反的约定，只要这些约定是合法的，得到有关国家法律的承认与保护，则应当按约定而不是按贸易惯例履行合同。但国际贸易惯例在下列情况下产生法律约束力：

　　1. 当事人在合同或协议中明确表示采用某项惯例履约时。在当事人之间，如果事先约定按某项国际惯例行事，且在双方合同或协议中明确规定，那么该项国际惯例将对当事人各方产生法律效力，具有强制性。但这种约束力并不是来自国际惯例本身，而是来自双方当事人的约定，来自于"约定必须遵守"的原则。

　　2. 司法或仲裁实践中引用国际贸易惯例。如果当事人对某一问题没有在合同中做出明确规定，也未注明适用某一项国际惯例，在合同的执行中发生争议时，受理该争议的司法机构或仲裁机构往往会引用某一国际贸易惯例进行判决或裁决。如果此项判决或裁决是终局的，那么，被引用的国际惯例对当事人具有法律约束力，这种约束力也不是来自于国际惯例本身，而是来自于判决或裁决。

　　3. 国内法、公约或条约中准用国际惯例。如果某项国际惯例已被吸收进当事人所在国家的法律或当事人所在国参加的国际公约或条约中，则此项国际贸易惯例对当事人产生约束力。中国的许多立法均明确规定了国际惯例可以予以适用，如《中华人民共和国民法通则》

第一百二十四条第 3 款规定:"中华人民共和国法律和中华人民共和国缔结或参加的国际条约没有规定的,可以适用国际惯例。"

二、国际贸易条约

国际贸易条约(International Trade Treaty)是两个或两个以上的国家之间、国家与国际组织之间,以及国际组织之间依据国际经济法所缔结的,以条约、公约、协定和协议等名称出现的,以调整国际贸易关系为内容的一切有法律拘束力的文件。国际贸易条约作为国际经济法的渊源,其拘束力仅以其缔约国为限。国际贸易条约可以是双边的,也可以是多边的;前者是指仅有两个缔约方的国际贸易条约,后者是指有三个或三个以上缔约方的国际贸易条约。

广义的国际贸易条约,是国家间(包括民间团体)在贸易关系方面缔结的各种书面协议的总称,如通商航海条约、贸易协定、换货协定、支付协定、贸易议定书、换文和各种公约、规则,其内容、名称虽不同,但都有法律效力。

狭义的国际贸易条约,仅指以条约、公约及协定、协议名称缔结的关于贸易关系方面的书面协议,主要是大型的或综合性的贸易协议,并以国家或政府首脑的名义,由国家或政府首脑特派全权代表签订,按缔约国法律程序完成批准手续后才能生效。常见的国际贸易条约见表 1-2。

表 1-2　　　　　　　　　　常见国际贸易条约

国际货物贸易合同条约	《国际货物贸易统一法公约》
	《国际货物贸易合同成立统一法公约》
	《联合国国际货物销售合同公约》
	《联合国国际货物销售合同时效期间公约》
国际货物运输条约	《统一提单的若干法律规定的国际公约》
	《1968 年布鲁塞尔议定书》
	《联合国海上货物运输公约》
	《关于铁路货物运输的国际公约》
	《国际铁路货物联运协定》
	《国际公路货物运输合同公约》
	《统一国际航空运输某些规则的公约》
	《联合国国际货物多式联运公约》
国际支付条约	《统一汇票本票法公约》
	《统一支票法公约》
	《国际汇票与国际本票公约》

三、国际货物贸易国内法

我国进行国际贸易常见的国内法律见表 1-3。

表 1-3　　　　　　　　　常见国际货物贸易国内法

《中华人民共和国合同法》
《民法通则》中的有关规定
《中华人民共和国对外贸易法》
《中华人民共和国反倾销条例》
《中华人民共和国反补贴条例》
《中华人民共和国保障措施条例》

实 训 活 动

【实训目的】

1. 认识国际贸易惯例的意义和作用；
2. 了解国际上常用的贸易惯例；
3. 培养学生信息检索、搜集能力。

【实训内容】

全体学生利用网络自主查找目前常用的国际贸易惯例，并进行归类总结。

【实训方法】

全体学生利用网络自主查找图 1-1 常见国际贸易惯例中目前常用的国际贸易惯例的核心内容及其在国际贸易中的作用，并进行归类总结阐述。

【重点提示】

国际贸易涉及面广，问题多，要想一一在合同中约定好难度较大，因此需要从事国际贸易的人员熟知国际上通行的主要的国际贸易惯例。国际贸易惯例本身不具有强制性，只有被运用到合同中，才具有法律约束力。

国际贸易惯例是涉外经济中非常重要的规则，因此，我国现阶段的社会主义市场经济立法不仅要以中国传统法律文化为本，博采众纳，更要立足于整个国际市场的高度，在把握国际变动趋势的前提下引进国际规范，尤其是国际贸易惯例，使国内立法与国际规则接轨。为了合理地签订和履行合同以及正确运用国际贸易惯例，国际贸易从业人员必须了解国际上各种通行的国际贸易惯例，以便在实际业务中对其做出适当的抉择和正确的解释。

10 国际贸易流程

> **拓展阅读** 正确处理国际贸易惯例与销售合同的关系
>
> 1. 贸易术语的国际惯例《国际贸易术语解释通则2010》涵盖的范围只限于销售合同当事人的权利义务中与已售货物（指"有形的"货物，不包括"无形的"货物，如电脑软件）交货有关的事项。关于《国际贸易术语解释通则》有两个非常普遍的误解：一个是常常认为《国际贸易术语解释通则》适用于运输合同而不是销售合同；另一个是有时错误地认为它规定了当事人可能希望包含在销售合同中的所有责任。
>
> 2. 鉴于国际贸易惯例，如国际商会制定、公布的《国际贸易术语解释通则》、《跟单信用证统一惯例》和《托收统一规则》等不时修订，因此，如果合同当事方意图在销售合同中体现选定的国际贸易惯例时，应清楚地指明所引用的相应的国际贸易惯例的版本，以免引起不必要的纠纷。
>
> 3. 避免国际贸易惯例与合同中的其他条件相矛盾。为了明确买卖合同的性质和分清买卖双方的权利与义务，以免引起争议，交易双方选用的有关贸易术语的国际贸易惯例应与合同的性质相吻合，即买卖双方应根据交货等成交条件选用相应的有关贸易术语的国际贸易惯例，防止出现有关贸易术语的国际贸易惯例与买卖合同的其他条件不吻合、甚至互相矛盾的情况。

模块二 认知国际贸易进出口业务流程

情境导入

李明进入天津绮华进出口有限公司的国际贸易业务部工作。公司人事经理觉得李明工作勤奋，思路敏捷，外语又好，所以让他负责向欧洲市场推销本公司的A款女士服装，同时负责从美国市场购买一批布料。作为新业务员，必须为独立开展进出口业务做好充分的准备，为此公司领导要求李明尽早熟悉进出口业务的一般流程。

任务一 认知国际贸易出口业务流程

一、出口贸易的含义

出口贸易又称"输出贸易"（Export Trade），是指本国生产或加工的商品输往国外市场销售。从国外输入的商品，未在本国消费，又未经本国加工而再次输出国外，称为"复出口"或"再输出"（Re-Export Trade）。

二、出口贸易的流程

出口贸易一般可概括为以下四个阶段：出口交易前的准备、合同磋商及订立、合同的履行及出口善后。

（一）出口交易前的准备阶段

这个阶段主要完成的工作是：寻找交易机会、进行市场调查、广告宣传和产品商标注册、制订营销方案、选择客户、与客户建立关系、落实货源等工作。这些工作归纳起来可以分为三个主要环节，即寻找客户（买家）、制订营销方案和落实货源。

1. 寻找合适的客户是整个国际贸易业务的前提。卖家通过注册商标、市场调研、广告宣传将自己的商品推销出去，找到相应的客户。通过市场调研，研究分析国际市场的需要和发展趋势，做到知己知彼，掌握主动，作出正确的经营决策。在这个环节中，卖家还可以通过自己的人脉资源、互联网资源广泛地搜集信息，将自己的优势和产品信息发布出去，有针对性地寻找客户。

2. 制订营销方案是交易前工作的主要环节。在制订营销方案的同时，一般价格方案也随之确定。卖家在对国际市场行情进行调查研究的基础上，针对具体的客户或客户群制订所经营商品的营销方案或具体的价格方案。在制订营销方案或价格方案时，应最有效地利用本身的各种资源优势、商品优势，趋利避害，扬长避短。

在营销中，价格是最关键的因素。价格一般是在成本核算的基础上确定的。新商品的价格时可能难以确定，可采用保守的暂定价格方案。

3. 落实货源，就是要制订出口商品的生产计划。在制订营销方案或价格方案的同时或先后，应按不同商品的具体情况和特点，及时根据营销方案与生产、供货单位落实货源。

（二）交易磋商和合同订立阶段

交易磋商的实质是买卖双方就交易条件进行洽商，以求达成一致协议的具体过程。它是国际货物买卖过程中不可缺少的一个重要的环节，也是签订买卖合同的必经阶段和法定程序。

（三）履行合同阶段

履行出口合同的程序一般包括：备货、催证、改证、租船、订舱、报关、保险、装船、制单、结汇、出口收汇核销和出口退税等主要环节。其中，以货（备货）、证（催证、审证和改证）、运（租船、订舱）、款（制单结汇）四个环节的工作最为主要。

（四）出口善后阶段

善后处理阶段是妥善处理出口贸易遗留问题的阶段，一般包括收汇核销或付汇核销、争议解决和拟写善后函等业务内容。

实 训 活 动

【实训目的】

1. 使学生了解出口业务过程，明确出口工作任务；
2. 培养学生的团队合作精神和探究问题、解决问题的能力。

12　国际贸易流程

【实训内容】

将学生分为若干小组，根据情景导入中的内容，每组以业务员李明的身份考虑将一批A款女士服装出口，试结合上述相关知识，了解出口业务的一般流程，绘制出口业务流程图，并由一人来解说，说明出口业务员应从事的业务工作任务。

【实训方法】

学生分组讨论、搜集资料，绘制出口业务流程图（见图1-1）并展示说明，学生互评，教师点评。

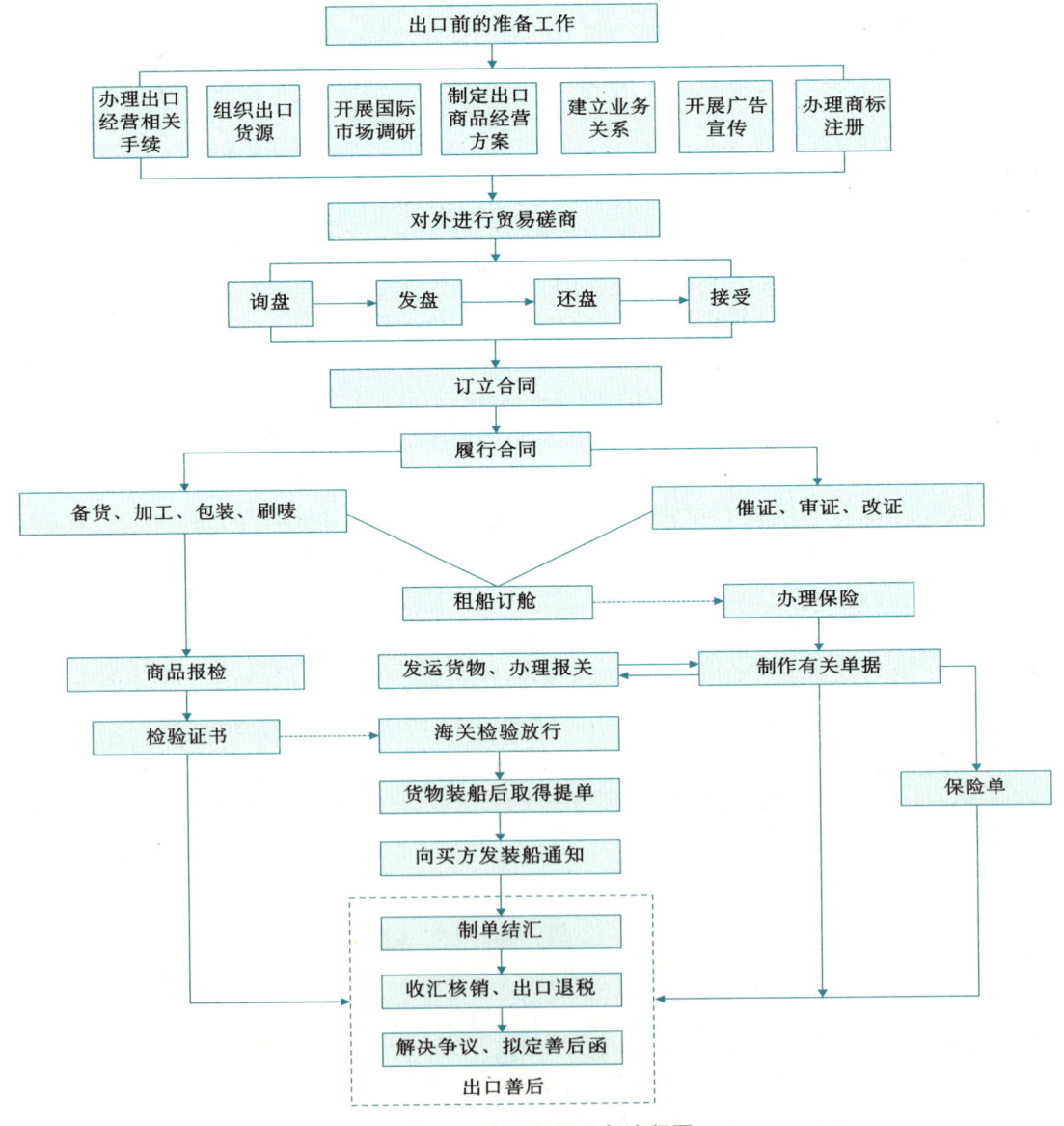

图1-1　出口贸易业务流程图

【重点提示】

出口贸易过程复杂，环节多，各个环节之间均有密切内在的联系。在实际业务中，不同的交易对象、不同的商品、不同的交易条件，其业务环节也不尽相同。这就需要从业人员不仅要熟悉出口贸易流程，掌握各环节的岗位技能，还需要有较好的沟通能力、团队合作精神和创新意识。

拓展阅读　　　我国出口贸易管理主要政策

一、出口配额管理

我国对部分出口货物实行配额管理，以商务部为统一管理部门，制定有关出口配额管理的规定，确定和调整出口配额商品品种，以及配额数量下达到地方配额管理部门；地方配额管理部门具体负责对配额申请的审核和分配。

出口配额管理分为主动出口配额管理和被动出口配额管理两类。主动出口配额管理是指为了维护我国有关出口市场（主要是中国香港和中国澳门市场）的稳定，对关系国计民生的大宗资源性出口商品，在中国出口中占有重要地位的大宗传统出口商品，中国在国际市场上占主导地位的重要商品，以及出口额大且易引起经营秩序混乱的商品，主动采取的自行控制出口数量的措施，以便有秩序地发展出口贸易。

被动出口配额管理是指由于进口国有数量限制，并通过政府间贸易协议谈判要求出口国自行控制出口数量的措施。这种出口配额管理主要是为了履行我国与有关国家签订的协议，同时，也是为了组织和管理好配额的分配和使用，防止配额使用不充分而造成浪费，以提高配额的使用效益。

二、出口许可证管理

出口许可证是国家对实行配额管理的商品的出口证件，是海关监管验放货物的依据。出口许可证由商务部配额许可证事务局，商务部驻各地的特派员办事处，各省自治区、直辖市及计划单列市的商务厅（委）、商务局，按分级管理、分级发证的原则进行审批发证。

实行"一批一证制"的商品，每份出口许可证有效期自发证之日起最长不超过3个月，在有效期内只能报送使用一次，经海关签注后由领证单位退回发证机关核销；不实行"一批一证制"的商品出口许可证有效期最长为6个月，允许多次报关使用，但最多不得超过12次。

三、出口收汇核销

为防止外汇流失境外，我国对每笔出口收汇进行跟踪。其具体做法是：

1. 出口单位向其注册所在地的外汇管理部门申领"出口收汇核销单"，自行填写；
2. 出口报关时向海关呈递"出口收汇核销单"；
3. 出口货物通关放行时，海关在"出口收汇核销单"上加盖验讫章和日期，退回出口单位；

4. 货物出运后，出口单位将"出口收汇核销单"随同整套货运单据送银行办理议付结汇，银行收汇后在"出口收汇核销单"上盖章；

5. 出口单位将"出口收汇核销单"送外汇管理部门核销。

四、出口退税

我国为了鼓励出口，帮助出口商降低成本，对出口企业给予出口退税优惠政策。出口退税是指货物出口以后，国家会把全部或部分已经缴纳的增值税或消费税退还给企业的税收政策。我国主管退税的部门是国税局，退税前企业必须将增值税发票、"出口收汇核销单"等单据交给国税局，由其核定并给予退税。

任务二　认知国际贸易进口业务流程

一、进口贸易的含义

进口贸易又称"输入贸易"（Import Trade），是指将外国商品输入本国市场销售。输往国外的商品未经消费和加工又输入本国，称为"复进口"或"再输入"（Re - Import Trade）。在决定进口之前，必须对国内市场的价格进行调查，弄清对方供应情况及其价格趋势。

二、进口贸易的流程

进口贸易流程一般分为以下几个阶段：

（一）进口交易前的准备

由于进口商品的货源和供应商往往是在千里之外的外国，国内进口商对需要进口商品的价格、国外的货源情况、供应国的贸易壁垒、供应商的资信等情况一般都不太了解。进口商为了避免日后实际进口过程中不必要的损失和麻烦，在商品实际进口之前，一般需要对货源市场的行情进行调查、寻找、选择合适的供应商、制订购货方案等工作。

对于接受国内企业委托进口货物的进口商来讲，在货物实际进口之前还要与国内的实际买家签订委托代理进口合同，以保证自己的利益不受损失。另外，根据《中华人民共和国货物进口管理条例》的规定，有些进口商品是实行管制和限制措施的，进口经营者应视不同的货物，事前向相关主管部门申请进口配额或进口许可证件。

（二）交易磋商和合同订立

交易磋商的实质是买卖双方就交易条件进行洽商，以求达成一致协议的具体过程。它是国际货物买卖过程中不可缺少的一个重要的环节，也是签订买卖合同的必经阶段和法定程序。

（三）进口合同的履行

履行进口合同的主要环节是：开立信用证、租船订舱和装运保险（FOB 价格条款下）、审单和付汇、报关接货、验收和拨交、进口索赔等环节。

（四）善后处理阶段

善后处理阶段是妥善处理进口贸易遗留问题的阶段，一般包括收汇核销或付汇核销、争议解决和拟写善后函等业务内容。

项目一 认知国际贸易业务流程

实 训 活 动

【实训目的】

1. 使学生了解进口业务过程，明确进口工作任务。
2. 培养学生的团队合作精神和探究问题、解决问题的能力。

【实训内容】

将学生分为若干小组，根据情景导入的内容，每组以业务员小李的身份进行工作。现要从美国采购一批 A 款女士服装的原料，试结合上述相关知识，了解进口业务的一般流程，讨论业务员的工作任务，绘制进口业务流程图，并由一人来解说，说明进口业务员应完成的工作任务。

【实训方法】

学生分组讨论、搜集资料，绘制出口业务流程图（见图 1-2）并展示说明，学生互评、教师点评。

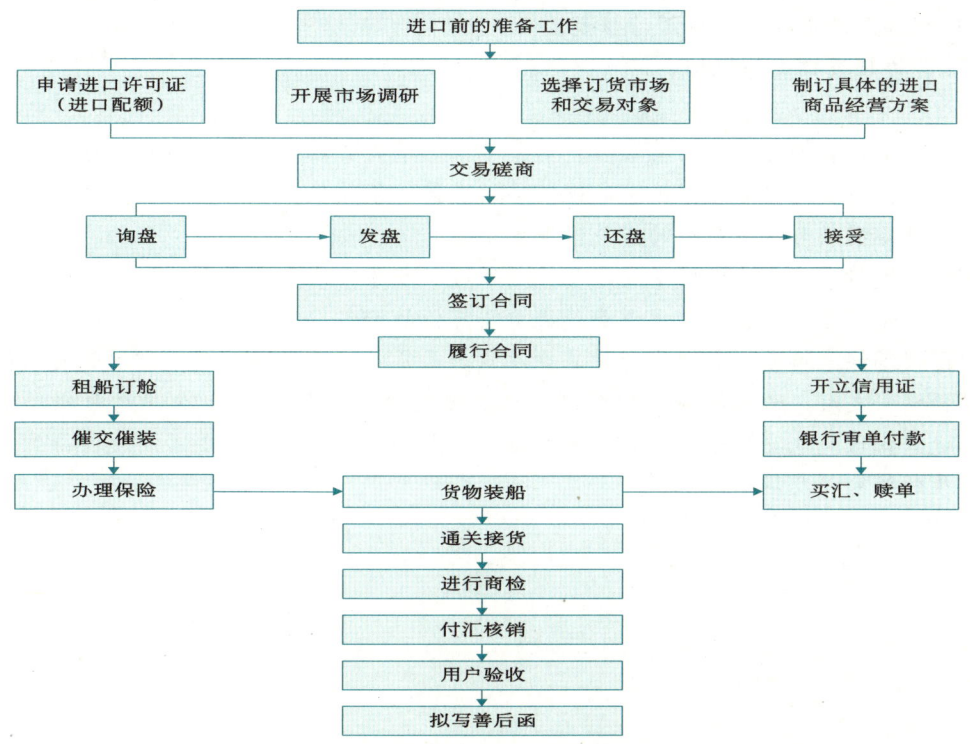

图 1-2 进口贸易业务流程图

16 国际贸易流程

【重点提示】

进口业务不单纯是将出口业务倒置那么简单，而是有其一系列特定的操作内容，具有一些与出口业务操作不同的相关国际贸易知识及操作要求。且进口业务工作分为自营进口和代理进口两种，在工作任务环节上有所不同。

拓展阅读　　　　进口代理流程及其注意事项

进口代理是指海外出口商委托货运公司负责运输货物到指定地点。出口商按照一定的货运收费标准付费给货运公司，货运公司提供优质服务，并保证货物的安全。按照运输方式的不同，分为进口海运代理、进口空运代理、快递进口代理和进口陆运代理等操作。

1. 代客户与国外采购商签订出口成交合同，制作形式发票；
2. 代客户与国内供货商签订采购合同；
3. 代追踪合同执行程度；
4. 按合同规定代制作进口单证（发票、箱单）；
5. 代报进口商检、卫检；
6. 配合办理涉及进口所需要用的进口许可证（重工业进口许可证、进口机电证等）；
7. 配合办理进口批文手续；
8. 代办理进口报关；
9. 代办进口运输；
10. 代办理进口收汇、结汇、核销；
11. 代办理进口文件归档。

进口报关：货物到了目的港之后，需要专业的报关公司代理进口报关业务，当然，进口代理公司会帮助进口委托单位准备报关单、发票、装箱单，教委托单位提供全套的报关文件，并准备提供给海关商检的报关情况说明。

进口代理费用：贸易代理受买方委托办理进口业务，从中为当事人提供各种代理服务并收取代理手续费。一般进口代理费是进口总货值的1%。

进口代理注意事项：进口代理最需要注意的是货物的所有权问题，货物所有人在跟进口代理商谈妥之后，必须签订进口代理协议，规定货物的所有权，以避免由此产生的纠纷。而进口代理商也要适时维护自己的权益，避免由于放货给客户之后而没有得到应得利益而产生的纠纷以及法律诉讼。

项目小结

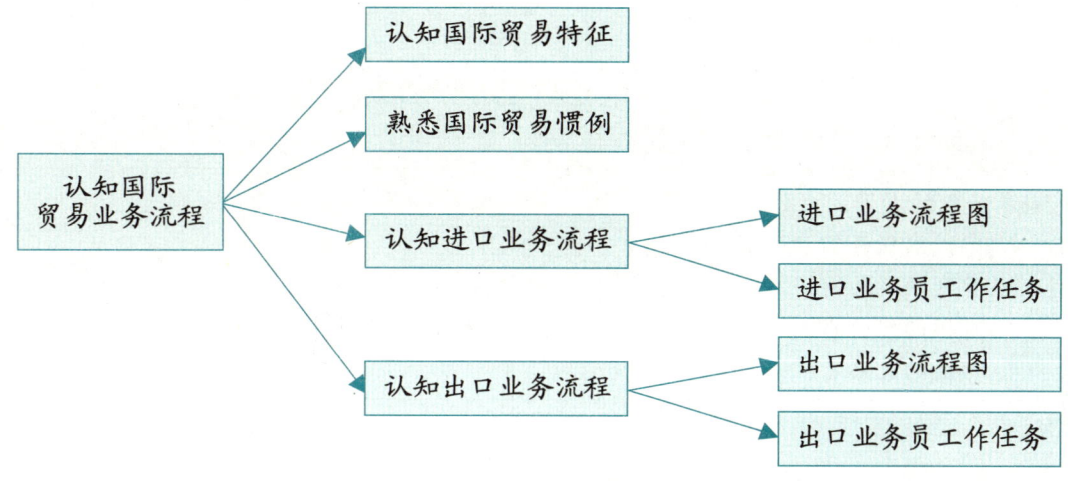

学生自我总结

通过完成项目一，我能够做如下总结：

一、主要知识

完成本任务涉及的主要知识有：

二、主要技能

完成本任务的主要技能有：

三、主要原理

完成本任务的主要原理有：

四、相关知识与技能

完成本任务中：
　1. 过程要素有：
　2. 操作要领有：
　3. 这么做的原因有：

五、成果检验

完成本任务的成果：
　1. 完成本任务的意义有：
　2. 学到的经验有：
　3. 自悟的经验有：
　4. 形成的策略有：

自 主 练 习

一、选择题

1. 国际贸易的英文全称是（　　）。
　A. commodity trade　　　　　　B. international trade
　C. direct trade　　　　　　　　D. service trade
2. 制定《国际贸易术语解释通则》的国际组织是（　　）。
　A. 国际法协会　　　　　　　　B. 国际商会
　C. 联合国贸易署　　　　　　　D. 商业协会
3. 商品生产国与商品消费国不直接买卖商品，交易通过第三国进行，对第三国来说，这是（　　）。
　A. 过境贸易　　　　　　　　　B. 转口贸易
　C. 直接贸易　　　　　　　　　D. 间接贸易
4. 一国在一定时期内商品出口总额超过进口总额，叫作"（　　）"。
　A. 贸易顺差　　　　　　　　　B. 贸易逆差
　C. 净出口　　　　　　　　　　D. 净进口
5. 在我国，出口贸易一般包括（　　）阶段。
　A. 出口交易前的准备　　　　　B. 合同的履行
　C. 合同磋商及订立　　　　　　D. 出口善后

二、简答题

1. 国际贸易的主要特征有哪些？

2. 国际贸易惯例在什么情况下产生法律约束力？
3. 试分析进、出口贸易的业务流程。

三、实训题

假如你是刺绣出口商，现要将一批"杭州刺绣"卖到英国伦敦。

【实训要求】

1. 在这一出口业务流程中，你需要与哪些关系人进行沟通协调？
2. 出口前应做的准备工作有哪些？
3. 分组讨论：绘制刺绣的出口流程图。

项目二
国际贸易的准备

| 项目描述 |

通过认知国际贸易业务流程，我们知道开展国际贸易，首先要做好各项准备工作，如取得进出口经营权、办理海关登记注册、申请进出口许可证等、开展市场调研、制订进出口经营方案、选择交易对象、建立业务关系等，为后续开展国际贸易业务工作做好准备。

学习目标

【理论知识目标】
- □ 了解国际贸易准备工作的主要环节
- □ 熟悉国际市场调研的内容
- □ 掌握资信调查内容

【岗位技能目标】
- □ 知悉进出口经营权、许可证办理程序
- □ 掌握国际市场调研途径与方法
- □ 熟练填写资信调查申请书
- □ 掌握建立业务关系信函书写

模块一　办理进出口经营相关手续

情境导入

天津绮华服装股份有限公司成立于 2002 年，是以经营服装、鞋帽等轻工产品为主的生产型企业，其生产的女装晚礼服在国内有一定的知名度。随着公司贸易业务的扩大，2013年拟进军国际纺织品服装市场。如果您是公司的市场拓展人员，您将从哪些方面、运用什么方法开始着手这项工作？

任务一　办理进出口经营相关手续

企业要从事对外经济贸易活动，必须办理对外贸易经营者备案登记、到后续部门办理有关证照的申办手续，才能合法取得进出口经营权，开展自营进出口业务。

申请办理流程涉及工商、商务、税务、海关、出入境检验检疫局、电子口岸、外汇管理局七个部门。办理流程如下：

一、到工商局增加经营范围

（如果经营范围中已有"自营和代理各类进出口商品"字样，无需此步骤。）
1. 营业执照经营范围一栏加一条：从事货物与技术的进出口业务。
2. 所需要的资料：
（1）到工商局领取"公司变更登记申请书"，公司加盖公章；
（2）到工商局领取"企业（公司）申请登记委托书"，公司加盖公章；
（3）股东会决议，全体股东签名；
（4）公司章程修正案，全体股东签名；
（5）公司营业执照正本、副本；
（6）公章；
（7）其他相关资料。

二、变更组织机构代码和税务变更

到工商局质量监督部门或质量技术监督变更组织机构代码，到原任务登记机构办理税务登记变更。
1. 组织机构代码证变更提交的资料：
（1）营业执照副本原件及复印件；
（2）法人（负责人）和经办人身份证复印件（印在两张 A4 纸上）；

（3）公章；
（4）组织机构代码证书。
2. 税务变更需要提交的资料：
（1）企业法人营业执照副本原件和复印件；
（2）已变更的组织机构代码证书原件和复印件；
（3）法人代表身份证原件和复印件；
（4）税务登记证正副本原件；
（5）其他相关资料。

三、办理对外贸易经营者备案登记

1. 网上（网址 http：//iecms.ec.com.cn/iecms/index.jsp）填写"对外贸易经营者备案登记表"并打印。
2. 所需资料：
1. 已在背面条款上签字、加盖公章的"对外贸易经营者备案登记表"，一式两份；
2. 企业营业执照复印件；
3. 企业组织机构代码证复印件；
4. 企业法人代表身份征复印件（若委托其他人办理，则需提供单位介绍信和经办人身份证复印件）。

对外贸易经营申请者领取加盖备案登记印章的"对外贸易经营备案登记表"后，需在30天内到海关、检验检疫等部门办理开展对外贸易业务所需的有关后续手续。逾期未办理的，"对外贸易经营备案登记表"自动失效。

四、报关企业登记

先到直属海关的企管处或者企管科得到许可，再到企业所在地隶属海关办理登记。
1. 申请报关企业注册登记许可所需资料：
（1）报关企业注册登记许可申请书；
（2）"企业法人营业执照"副本或者"企业名称预先核准通知书"复印件；
（3）企业章程；
（4）出资证明文件复印件；
（5）所聘报关从业人员的"报关员资格证"复印件；
（6）从事报关服务业可行性研究报告；
（7）报关业务负责人工作简历；
（8）报关服务营业场所所有权证明、租赁证明；
（9）其他与申请注册登记许可相关的材料。
2. 报关企业申请办理注册登记所需资料：
（1）直属海关注册登记许可文件复印件；
（2）企业法人营业执照副本复印件（分支机构提交营业执照）；
（3）税务登记证书副本复印件；

（4）银行开户证明复印件；
（5）组织机构代码证书副本复印件；
（6）"报关单位情况登记表"、"报关单位管理人员情况登记表"；
（7）报关企业与所聘报关员签订的用工劳动合同复印件；
（8）其他与报关注册登记有关的文件材料。

五、办理报检注册备案登记

1. 网上（网址：www.eciq.cn）填写"自理报检单位登记备案申请表"并打印。
2. 所需资料：
（1）加盖公章，法定代表人签字的"自理报检单位登记备案申请表"；
（2）加盖企业公章的企业工商营业执照复印件（同时交验原件）；
（3）加盖企业公章的组织机构代码证复印件（同时交验原件）。

六、办理中国电子口岸登记并领取电子口岸 IC 卡

1. 企业提出入网申请，到所在地的数据分中心或制卡代理点（联系电话可登录中国电子口岸综合服务网站 www.chinaport.gov.cn 查询，或拨打 010-95198 直接向中国电子口岸热线咨询），领取并填写"中国电子口岸企业情况登记表"和"中国电子口岸企业 IC 卡登记表"，由企业法人签字并加盖公章。
2. 企业信息备案。企业到所在地的数据分中心或制卡代理点进行企业信息备案工作，各类企业进行备案所需携带的文件（正本或副本原件及复印件）如下：
（1）企业营业执照；
（2）税务登记证；
（3）"中华人民共和国组织机构代码证"，包括电子副本 IC 卡；
（4）"报关单位登记注册证明"，如企业有报关员，需带"报关员证"；
（5）企业负责人签字并加盖公章的"中国电子口岸企业情况登记表"和"中国电子口岸企业 IC 卡登记表"；
（6）"对外贸易经营者备案登记表"。

七、到外汇管理局办理出口备案

1. 到外汇管理局申请出口核销备案、进口单位进入名录备案、外汇账户开立申请。
2. 所需资料：
（1）开立经常项目外汇账户申请书；
（2）营业执照或社团登记证等有效证明的原件和复印件；
（3）有权管理部门颁发的涉外业务经营许可证明原件和复印件；
（4）组织机构代码证的原件和复印件；
（5）外汇管理局要求的其他材料。

八、到国税局办理出口退税登记

1. 到国税局领取"出口企业退税登记表"，申请办理退税登记证。

2. 所需资料：

(1)"出口企业退税登记表"加盖公章；
(2) 工商营业执照（副本及复印件）；
(3) 税务登记证（副本及复印件）；
(4) 出口经营批文；
(5) 税务机关要求的其他资料。

实 训 活 动

【实训目的】

1. 了解我国取得进出口经营权所涉及的主要管理部门；
2. 熟悉办理进出口经营的程序及应准备的相关资料。

【实训内容】

将学生分组，以天津绮华服装有限公司市场拓展部业务员身份，向公司管理层提交一份取得进出口经营权的工作流程图，并请注明所涉及的管理部门及时间期限等要求。

【实训方法】

结合所授知识，让学生进行实际模拟，搜集资料，理清程序。

【重点提示】

取得进出口经营权是我国企业开展国际贸易的前提，它涉及部门多，程序繁杂，资料要求也不相同。企业可以自行申报取得，也可以委托中介机构代办手续，但企业应当紧密关注国家各类政策变化，知悉具体要求。

拓展阅读　　　　　我国进出口贸易管理的主要政策

一、进出口商品的配额管理

配额是指我国在一定时期内对某些敏感商品的进出口在数量、金额上进行控制的一种手段，旨在调整国际收支和保护国内工农业生产。我国1998年对77种机电产品和35种一般进口商品实施配额管理；2002年对53种（324个海关税号）关系国计民生的商品、资源性商品、出口市场单一的商品和在国际市场居垄断地位的商品实行出口配额管理，出口企业必须凭"配额证明"向有关主管机关申领出口许可证。

二、进出口许可证管理

进出口许可证管理制度是国家对进出口货物、技术的品种、数量、质量、价格及进出口国别进行管理的一项措施，分为进口许可证管理和出口许可证管理。进口许可证是国家商务部门签发的准许货物进口的证件，是海关监管、验放进口货物的依据。我国只对部分进口商品实行许可证管理。出口许可证是国家对实行配额管理的商品允许出口的证件，由商务部配额许可证事务局等部门签发，当年有效，是海关监管验放出口货物的依据。

三、外汇管理

外汇管理是国家为了维持国际收支平衡、汇价稳定和外汇市场活动所实行的管制政策。我国1994年3月26日由中国人民银行颁布了《结汇、售汇及付汇管理暂行规定》及实施细则，规定境内机构必须全部结售外汇给指定银行，对进口付汇和出口付汇实行核销制度。

四、出口退税

出口退税是指对出口货物退还其在国内生产和流通环节实际缴纳的产品税、增值税、营业税和特别消费税。它是政府鼓励出口的一项重要政策，有利于扩大出口，开拓国际市场，但并非所有出口商品都可以退税。退税原则是：不征不退，征多少退多少，只退间接税，不退直接税。

五、海关监管

海关是国家的进出关境监督管理机关。海关的四项基本任务是：货运监管、征收关税、查缉走私和编制海关统计。我国一切进出关境的货物、物品、运输工具必须经由海关管理的海港、空港、车站、国际邮件交换或国界孔道进出，并按海关规定办理申报。

模块二　寻找目标市场，制订进出口经营方案

情境导入

2013年天津绮华服装股份有限公司正式变更为天津绮华进出口有限公司，主营各种服装、鞋帽。因公司经营产品品种丰富，公司决定将经营目标伸展到国外。如果您是公司的市场拓展人员，您将从哪些方面、运用什么方法开始着手市场调研，寻找目标市场，制订进出口经营方案？

任务一　开展国际市场调研

一、国际市场调研

国际市场调研是指运用科学的调研方法与手段，系统地搜集、记录、整理、分析有关国

际市场的各种基本状况及其影响因素,帮助企业制定有效的市场营销决策,实现企业经营目标。

国际市场调研是整个进出口业务准备阶段非常重要的工作。开展国际市场调研的主要目的是了解和把握产品的市场供求状况、价格动态、竞争状况、相关贸易规定,以便寻找和争取有利的贸易机会,顺利开展贸易。

二、国际市场调研的内容

一个企业要想进入某一新市场,往往要求国际市场调研人员提供与此有关的一切信息——该国的政治局势、法律制度、文化属性、地理环境、市场特征、经济水平等。

从国际贸易商品进出口角度看,国际市场调研主要包括国际市场环境调研、国际市场商品情况调研、国际市场营销情况调研、国外客户情况调研等。

(一) 国际市场环境调研

企业开展国际商务,进行商品进出口,如同军队作战首先需分析地形、了解作战环境一样,要先了解商务市场环境,做到知己知彼、百战不殆。企业对国际市场环境调研的主要内容为:

1. 国外经济环境,包括一国的经济结构、经济发展水平、经济发展前景、就业、收入分配等。

2. 国外政治和法律环境,包括一国政府的重要经济政策,政府对贸易实行的鼓励、限制措施,特别有关外贸方面的法律法规,如关税、配额、国内税收、外汇限制、卫生检疫、安全条例等。

3. 国外文化环境,包括使用的语言、教育水平、宗教、风俗习惯、价值观念等。

4. 其他,包括国外地理、交通、人口等情况。

(二) 国际市场商品情况调研

企业要把产品打入国际市场或从国际市场进口产品,除需了解国外市场环境外,还需了解国外商品市场情况,主要有:

1. 国外市场商品的供给情况,包括商品供应的渠道、来源,国外生产厂家、生产能力、数量及库存情况等。

2. 国外市场商品需求情况,包括国外市场对商品需求的品种、数量、质量要求等。

3. 国际市场商品价格情况,包括国际市场商品的价格、价格与供求变动的关系等。

(三) 国际市场营销情况调研

国际市场营销情况调研是对国际市场营销组合情况的调研,除上述已经提到的商品及价格外,一般还应包括:

1. 商品销售渠道,包括销售网络设立,批零商的经营能力、经营利润、消费者对他们的印象、售后服务等。

2. 广告宣传,包括消费者购买动机、广告内容、广告时间、方式、效果等。

3. 竞争分析,包括竞争者产品的质量、价格、政策、广告、分配路线、占有率等。

(四) 国外客户情况调研

每个商品都有自己的销售(进货)渠道。销售(进货)渠道是由不同客户所组成的。

企业进出口商品必须选择合适的销售（进货）渠道与客户，做好国外客户的调查研究。一般说来，商务企业对国外客户的调查研究主要包括以下内容：

1. 客户的政治情况，主要了解客户的政治背景、与政界的关系、公司企业负责人参加的党派及对我国的政治态度。
2. 客户的资信情况，包括客户拥有的资本和信誉两个方面。资本是指企业的注册资本、实有资本、公积金、其他财产以及资产负债等情况；信誉是指企业的经营作风。
3. 客户的经营业务范围，主要是指客户企业经营的商品及其品种。
4. 客户公司、企业业务，指客户的公司企业是中间商还是用户，或专营商，或兼营商等。
5. 客户经营能力，包括客户的业务活动能力、资金融通能力、贸易关系、经营方式和销售渠道等。

三、国际市场调研的方法

（一）案头调研法

案头调研法就是第二手资料调研或文献调研，是以查阅的方式搜集与研究项目有关资料的过程。第二手资料的信息来源渠道很多，如企业内部有关资料、本国或外国政府及研究机构的资料、国际组织出版的国际市场资料、国际商会和行业协会提供的资料等等。

（二）实地调研法

实地调研法是国际市场调研人员采用实际调研的方式直接到国际市场上搜集情报信息的方法。采用这种方法搜集到的资料是第一手资料，也称为"原始资料"。实地调研常用的调研方法有三种：询问法、观察法和实验法。

（三）网络和在线调研

随着信息技术的发展，网络和在线调研法已成为搜集市场信息的重要手段。按采用的技术不同，网络和在线调研可分为站点法、电子邮件法、随机IP法和视频会议法等。

1. 站点法。将调研问卷的 HTML 文件附加在一个或几个网络站点的 Web 上，由浏览这些站点的网上用户在此 Web 上回答调研问题的方法。
2. 电子邮件法。通过向被调研者发送电子邮件的形式将调研问卷发给一些特定的网上用户，由用户填写后，以电子邮件的形式反馈给调研者的调研方法。
3. 随机 IP 法。以产生一批随机 IP 地址作为抽样样本的调研方法。利用这种方法可以进行纯随机抽样，或者依据一定的标准进行分层抽样和分段抽样。
4. 视频会议法。是基于 Web 的计算机辅助访问 CAWI，将分散在不同地域的被调研者通过互联网视频会议功能虚拟地组织起来，在主持人的引导下讨论调研问题的调研方法。这种方法适用于关键问题的定性调查研究。

四、国际市场调研的程序

国际市场调研程序如图 2-1 所示。

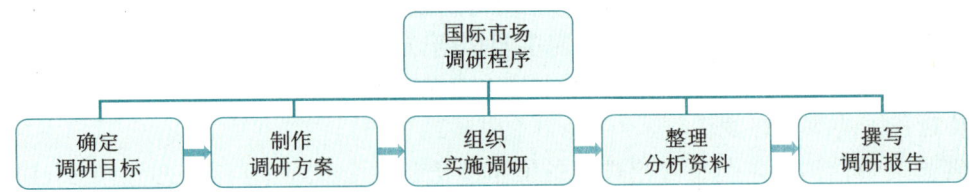

图 2-1 国际市场调研程序

（一）确定调研目标

国际市场调研首先要确定调研的任务是什么。具体来说，就是要明确调研的意义、调研的内容、调研所得信息能解决什么问题。只有确定了调研目标，才能确定调研范围、内容和方法，才能使搜集的资料完整充分，准确找出企业所要解决的问题。

（二）制作调研方案

调研方案是为确保国际市场调研顺利实施而拟定的具体工作安排，包括确定调研对象、调研时间、调研提纲，安排调研人员，确定调研方法，安排预算调研经费，拟定调研活动进度表等。调研方案直接关系到调研的质量和效益，如调研人员的工作态度、技术水平、沟通能力、创新能力等对调研结果产生会重要影响；调研费用因调研范围和调研方法不同而有很大差异；调研活动进度表是指调研项目的期限和各阶段工作安排，能保证调研工作顺利开展和按时完成。

（三）组织实施调研

市场调研资料的搜集阶段也就是市场调研的实施阶段。该阶段的主要任务是选择合适的调研途径，设计调研问卷，按调研方案的要求和进度活动表的安排，有序、细致地搜集各种市场资料。

（四）整理分析资料

市场调研人员不仅要搜集市场资料，还需要对调研所取得的分散、零星的资料进行核实，剔除虚假成分，再将资料进行分类整理，并运用科学的方法进行分析研究，从众多资料中找到本质内容。

（五）撰写调研报告

国际市场调研报告是以国际市场为对象，运用科学的方法，对国际上各国市场环境、市场供求关系、购销状况以及消费情况等进行深入细致地调查研究后所写成的书面报告。它是市场调研结果的最终体现，能帮助企业了解掌握市场的现状和趋势，是一个企业进行国际营销决策的重要依据。

调研报告一般包括：

1. 标题。可以是公式标题，即由国度、商品名称和市场组成，例如《关于美国运动鞋市场的调研报告》；也可以是文章式标题，即用概括的语言形式直接交待调查的内容或主题，例如《德国汽车驶向何方》。

2. 正文。一般由开头、主体和结束语组成。开头写调研概况，如调研目的、时间、地点、对象与范围、方法等与调查者自身相关的情况；主体写被调查的国际市场的情况，并对产生该情况的原因进行分析；结束语是提出的建议或对未来的展望。

3. 署名。一般放在文末。

实训活动

【实训目的】

1. 使学生了解国际市场调研内容。
2. 掌握国际市场调研的方法。
3. 培养学生的团队合作精神和探究问题、解决问题的能力。

【实训内容】

将学生分为若干小组，根据情景导入的内容，每组以天津绮华进出口有限公司市场拓展部业务员身份，针对该公司女装晚礼服的出口，讨论本岗位业务员的工作任务；结合上述相关知识，开展市场调研，撰写市场调研报告。

【实训方法】

学生选择调研方法并提供调研结果，教师引导学生进行归纳总结。

【重点提示】

随着经济全球化进程的不断深入，企业经营越来越多地直接面对国际竞争。如果想在国际竞争中取胜，必须不断通过有效的市场调研来搜集信息，才能做出正确的经营决策。因此明确调研目的，选择合适的调研途径，运用恰当的调研方法，制定切实可行的调研活动进度，开展细致的调研分析活动，是选择目标市场的前提和保证。

拓展阅读　　国际市场调研注意事项

一、调查的方向

1. 同类产品市场销售情况、流行情况，以及市场对新品种的要求；
2. 现有产品的内在质量、外在质量所存在的问题，消费者不同年龄组的购买力，不同年龄组对造型的喜好程度，不同地区消费者对造型的好恶程度；
3. 竞争对手产品策略与设计方向，包括品种、质量、价格、技术服务等；
4. 对国外有关期刊、资料所反映的同类产品的生产销售、造型以及产品的发展趋势的情况也要尽可能地搜集。

二、具体的资料内容

1. 关于使用环境的资料；
2. 关于使用者的资料；
3. 关于人体工程学资料；

4. 有关使用者的动机、欲求、价值观的资料；
5. 有关设计功能的资料；
6. 相关的技术资料（机械装置、材料等）；
7. 市场竞争资料；
8. 其他有关资料（文化背景、流行趋势等）。

三、调研报告其他注意点
1. 资料尽量全面（不要大段的产品介绍，要有自己的总结）；
2. 总结资料时多采用分类或者比较的方法；
3. 多用图表、数据来概括总结；
4. 特别注意同类产品、周边产品以及与产品相关的其他方面。

任务二 选择目标市场

一、国际目标市场的含义

国际目标市场就是企业决定进入的那部分市场，即企业所选择的准备以相应的产品和服务满足其需求的那部分购买者群体。选择目标市场能够使企业更好地发现市场机会。研究每一个市场的大小、需求者被满足的程度、竞争对手的活动情况，以确定本企业在该市场的销售能力。目标明确，有利于企业发掘和掌握市场机会，发挥优势，避开威胁，有助于竞争。

二、影响企业选择国际目标市场的因素

（一）目标市场的现有规模及其发展潜力

细分市场现在的规模是否已大到足够给公司提供获利的机会；如果它今天还不够大或是不太容易获利，那么它是否具有很高的发展潜力以使其在公司的长期战略方面极具吸引力。事实上，选择国际目标市场的一个优点就是如果细分市场存在于几个国家里，那么范围较窄的细分市场也能通过标准产品获利，而只存在于单一国家的细分市场，则显得太小了。公司必须考虑子市场是否对公司具有吸引力，比如它的大小、成长性、盈利率、规模经济及低风险等。从全球角度挑选目标市场的优点是：单个国家的某个子市场可能太小，而如果几个国家之内存在同样的子市场，那么这个子市场就要大得多，企业可以通过采用标准的产品为其服务并获得利润。

（二）潜在竞争

竞争过于激烈的市场或细分市场也许应该回避或者是使用不同的战略。本地品牌常常成为新进入的外国公司的竞争威胁。跨国公司可能的应对策略是进行更多的或不同类型的促销，还可以收购本地公司或者与它们联营。

（三）一致性和可行性

如果一个国际目标市场足够大并且没有强大的竞争者或者该竞争者并不是难以逾越的障碍，则最终需考虑的问题是公司是否能够且应当进入该目标市场。可以确定的是，进入全球

细分市场需要大量的资源投入——分销和人员旅行等其他营销花费。

三、国际目标市场选择程序

一个企业只有选好了自己的经营服务对象，才能有的放矢地制定市场营销策略，取得较好的经济效益。对企业来讲，一个好的目标市场必须具备以下条件：第一，该市场有一定的购买力，能取得一定的营业额和利润；第二，该市场有尚未满足的需求，有一定的发展潜力；第三，企业有能力满足该市场的需求；第四，企业有开拓该市场的能力，有一定的竞争优势。

目标市场的选择，是在市场细分的基础上进行的。根据市场细分化原理，企业在目标市场的选择上一般要经过以下几步：

（一）分析市场状况

企业要进入某一国际市场，必须首先对该市场上的现状有较充分的了解。例如，应掌握目前国际市场上生产该产品的主要厂家和竞争强度，该产品进入国际市场需要哪种或哪些营销方式、销售渠道，了解国际市场上对企业的有利和不利因素等。

（二）发现市场机会

根据所搜集到的国际市场信息，企业可以从中发现有利于自身的市场机会，弄清市场上需要哪些产品和企业有哪些产品可供应于市场。从供求方面分析，企业可供产品可分为原有产品和新产品，国际市场需求可分为原有市场需求和新市场需求。在原有市场上，扩大原有产品的销售称为"市场渗透"。在新市场上通过发现原产品新用途而进行营销活动称为"市场开发"。在原有市场上打入新产品称为"产品开发"。在新市场上进行多种新产品的营销活动则为多样化发展。对这些市场机会，企业必须根据自身的条件是否在国际市场上占有优势来决定进入哪种市场。

（三）确定目标市场

企业分析了可选用的营销机会后，还要对国际市场进行需求评估和预测，推算出每个市场机会的市场潜量和利润。在此基础上，企业把那些看来机会不错、值得从事经营的市场进一步细分，并对细分后的每个子市场进行评估，评估的重点是各子市场的发展潜力和赢利能力，这样，企业可最终确定哪些细分市场可作为本企业的目标市场，并采取相应的策略去占领。

实 训 活 动

【实训目的】

1. 使学生认识目标市场，明确选择国际目标市场的工作任务；
2. 培养学生的团队合作精神和探究问题、解决问题的能力。

【实训内容】

以前一任务小组为单位，根据情景导入中的内容，在前一实训活动基础上，利用网络资源，了解女装晚礼服主要的出口市场，简要列出市场需求情况，注明信息来源途径，并推选出代表进行目标市场选择的阐述发言。

【实训方法】

学生分组讨论并阐述，教师引导学生进行归纳总结。学生互评，教师点评。

【重点提示】

通过进一步系统研究市场调研资料，分析潜在市场的不同情况，结合自身产品特点，从中选择某个或某几个作为目标市场，进而决定企业应该出口或进口哪些产品，以什么样的方法和价格进出口，最终制订本企业的进出口经营方案。

拓展阅读　　选择国际目标市场的策略

一、产品——市场集中化

这是一种最简单的目标市场覆盖模式。企业只选择一个细分市场，只生产一类产品，供应某一单一的顾客群体，进行集中营销。如娃哈哈、乐百氏公司，在开始的时候都是专一生产软饮料，目标市场是儿童市场。选择市场集中模式一般基于以下考虑：企业具备在该细分市场上从事专业化经营或获胜的优势条件；企业资金有限，只能经营一个细分市场；该细分市场可能没有竞争对手；立足该细分市场，获得成功后，再向更多的细分市场扩展。

企业通过密集营销，可以更加了解市场的需要，并树立一定的声誉，在该细分市场建立牢固的市场地位。另外，通过生产、销售和促销的专业化分工，也可以获得相当的经济效益。但是，采取这一方式的市场过于狭小，长此以往，企业很难获得大规模的发展。所以，这是一种容易进入市场的方式，但不是一种长期发展方式。

二、产品专业化

这是指企业集中生产一种产品并向各类顾客销售这种产品。如海尔公司专心做冰箱整整7年，长虹公司一直到1996年以后才向彩电以外的项目发展，它们在这之前都执行了产品专业化策略。福特汽车公司在20世纪初也是靠这一策略赢得最初的成功，可口可乐公司至今尚被许多人认为采用的是产品专业化策略。这一方式通常能使企业比较容易地在某一产品领域树立起很高声誉，而且也有很大的发展余地。

三、市场专业化

市场专业化是指企业专门经营满足某一顾客群体需求的各种产品。如企业为实验室生产一系列产品，包括显微镜、示波器、拉力器、化学烧瓶等等。这种方式的好处是企业专门为某一顾客群服务，可以在这一顾客群中建立相当广泛的信誉和知名度。市场专业化经营的产品类型众多，能有效地分散经营风险。但由于集中于某类顾客群，当这类顾客的需求下降时，企业也会遇到收益下降的风险。

四、选择性专业化

选择性专业化是指企业选取若干个有良好的赢利潜力和结构吸引力,且符合企业的目标和资源的细分市场作为目标市场,分别针对每个细分市场的需求开展营销活动,其中每个细分市场之间很少有或者根本没有联系。既然每个细分市场都有吸引力,这种目标市场选择相对于上述集中方式的优点是分散风险。因为即使在某个细分市场失去吸引力,企业仍然可以在其他市场赢利。采用选择性专业化这一模式的企业应具相当资源规模和较全面的营销能力。

五、完全市场覆盖

完全市场覆盖是用各种产品满足各种子市场的需求。只有大公司才能采取完全市场覆盖战略,例如像通用汽车公司(汽车市场)、微软公司(计算机操作系统市场)。大公司可用两种方法达到覆盖整个市场的目的,即无差异市场营销和差异市场营销。

1. 无差异市场营销。公司不考虑细分市场的区别,仅推出一种产品和制定一个营销计划,凭借广泛的销售渠道和大规模的广告宣传,来迎合最大多数的购买者。它致力于顾客需求中的相同之处,而非他们的不同之处,旨在树立该品牌的超级形象。可口可乐公司的早期营销就是无差异营销的例子。制造业中的标准化生产和大批量生产可以降低生产、存货和运输成本;无差异的广告方案可以缩减广告成本,而不进行细分市场的营销调研和计划工作又可以降低营销调研和产品管理的成本。

2. 差异市场营销。公司同时经营几个细分市场,并为每个细分市场设计不同的产品。例如,德国大众汽车公司为"财富目的和个性"各不相同的人生产不同的小汽车。差异市场营销一般要比无差异市场营销创造更大的总销售额,但也会增加经营的成本,包括生产成本、管理成本、存货成本和促销成本。某些公司因为过分地细分了市场,结果并不划算,所以它们转向"反细分化"或拓宽顾客基础。如强生公司把洗发水市场从婴儿产品扩大到成年人产品。

过去几年中经常会听到或看到这样的高论,"全国各地都是我们企业的市场,所有人都是我们的用户和潜在用户",此话听起来很有企业家的气魄,但恰恰是违背市场细分这一最重要的市场经济原则的具体表现,也是我国在过去几十年中出现大量重复建设、一窝蜂上同样或类似项目,最后导致恶性竞争、资源浪费的根本原因之一。综观过去几年的中国市场,一个明显的特点就是少数产品成为社会的消费热点,产品差异性很小,所以价格战、广告战在所难免。与此同时,很多用户的深层次需求无人去研究、去关注,产品的创新速度很慢,往往是跟着别人后面走。

所以,聪明的企业必须重视市场细分,要在子市场中选出用户需求最强烈、购买动力最大、有明显的回报和影响的子市场,并分辨出谁是第一目标用户群,谁是第二、第三目标用户群,谁是相应的竞争对手,从而更有效地制订市场经营方案,达成企业的经营目标。

任务三 制订进出口经营方案

一、进出口经营方案的含义

进出口经营方案是指为完成某项进出口任务而事先制订的具体工作安排。为了完成国际贸易工作任务，需要根据不同的工作对象和任务制订各种不同的方案。

二、进出口经营方案的内容

（一）出口经营方案的内容

1. 货源情况。主要是指出口商品的生产发展规划和货源的落实。它应包括生产或供货单位的名称、地点，出口商品的品种、花色、生产能力、可供出口的数量、必要的技术设备、资金以及原材料的供应、交货时间、交货数量、调运方式、保护措施等方面的内容。

2. 国外市场情况。主要是指对国外市场的分析和今后一定时期内发展趋势的预测等。

3. 出口经营的历史情况。包括前一个时期出口推销的情况和存在的问题，并根据上述情况进行综合分析，提出当前具体经营意见。

4. 推销计划安排。主要包括推销商品的品种、数量或金额，并结合目标市场、销售网点和客户，列明对某国、某地区出口的具体数量和进度。

5. 计划采取的措施。包括如何做好客户的工作，采取什么贸易方式，对价格、佣金和折扣如何掌握，收汇方法，花色品种如何搭配，以及应掌握的原则和策略。

（二）进口经营方案的内容

1. 订购数量和时间的安排。订购的数量和时间的安排，要根据用货部门需要的缓急，结合国外市场的情况进行适当的安排，既要防止过度集中，又要避免前松后紧，在满足国内需要的情况下，既要争取有利的成交价格和良好的采购时机，又要为合理安排运输创造有利条件。

2. 采购国别（地区）的安排。对于采购国别（地区）的安排，既要贯彻国别政策，也要注意经济效果。

3. 交易对象的选择和安排。交易对象的选择，首先要考虑他们对我们国家的政治态度，要优先考虑对我国友好、态度积极的厂商，并应注意厂商的资信和经营能力，要选择资信好、能力强的客户，以使我进口合同订立在比较可靠的基础上。其次，对于不同类型的厂商和经营渠道，应适当地加以利用。

4. 价格的掌握。价格是进出口交易洽谈的重要问题。在交易洽谈中，如果对于价格条件处理不当，将带来不应有的损失：出价过低，完不成采购任务；出价过高，又将浪费国家外汇。

5. 贸易方式和交易条件的掌握。采用什么贸易方式，运用什么交易条件，也是安排进口工作应注意的问题。对于这些问题，应结合不同商品的特点、交易地区和对象，根据进口计划的要求和经营意图，在经营方案中做出大体的规定。关于对各种交易条件的灵活运用，在经营方案中也可以提出一些原则性意见。

三、进出口经营方案的写作格式

进出口经营方案写作的一般格式分为三部分：标题、正文和落款。

1. 标题要写得清楚明确：要写单位、期限和方案的性质，使人一目了然。如"××单位××年出口（进口）经营方案"。

2. 正文一般也分为三部分：即开头、经营目标和经营措施。

（1）开头扼要地写明制订方案的背景依据，如当前市场情况、商品货源情况和经营情况等；

（2）经营目标是指销售指标或购买指标，如××年××商品的销售（出口）指标为××，或××年××商品的购买（进口）指标为××等；

（3）经营措施是指为了完成经营目标而采取的具体措施、方法和策略。

3. 落款要写明××单位，××年××月××日。

四、进出口经营方案的写作要求

1. 一定要符合党和国家的路线、方针、政策和法令，符合上级的规定和指示精神。进出口经营方案属于对外贸易业务，更要注意政策性和策略性。

2. 在制订进出口经营方案前要做好深入调查研究，以实际情况和可靠的数据为依据。

3. 方案中所提出的要完成的任务、达到的指标必须明确、具体，为完成任务而订出的具体措施和办法必须切实可行。

4. 语言简明扼要，文章条理清楚，格式规范。

实 训 活 动

【实训目的】

1. 使学生掌握进出口经营方案的写作。
2. 培养学生的团队合作精神和探究问题、解决问题的能力。

【实训内容】

将学生分为若干小组，根据情景导入的内容，每组以天津绮华进出口有限公司市场拓展部业务员身份，针对该公司女装晚礼服的出口，为公司编制一份出口经营方案。

【实训方法】

学生分组讨论并由代表进行阐述并编制出口经营方案，教师引导学生进行归纳总结。

【重点提示】

完成进出口商品经营方案的制订只是做好进出口贸易的第一步，要把它变成现实还要经过许多努力。在执行方案的过程中，我们应注意经常检查方案的执行情况、定期总结经验，及时修订方案中不再适用的内容。

拓展阅读

××公司××年红茶出口经营方案

一、基本情况

红茶是我传统出口商品之一，出口额每年达××吨，目标市场主要是西欧。我××茶厂、××茶厂和××茶厂等年产红茶达××吨，可供出口额达××吨。我红茶出口的货源是充足的。

英国、德国、荷兰和爱尔兰等国是世界红茶的主要进口、转口和消费国。其中，英国每年进口红茶约××吨，占世界红茶销售量的××%；德国每年进口红茶的××吨；荷兰每年进口红茶和转口红茶约××吨；爱尔兰每年进口红茶约××吨。

经过多年的努力工作，我红茶在英国、德国和荷兰市场虽然已具有一定的客户基础，出口业务有所发展，但由于我红茶品质与外国红茶相比仍然档次较低，不能适应市场的需要，交易量在这些国家年进口量中所占比重仍然很小，仅占××%。而我国在爱尔兰基本上无客户基础，红茶市场尚在开发阶段。

由于上年世界红茶主要生产国继续保持高产，今年西欧红茶市场供货充实，价格疲软，买主观望，交易不旺，低档红茶生意尤其清淡，故我红茶成交进度缓慢，目前尚有相当数量低档红茶库存待售。

二、出口指标

××年我公司计划出口红茶××吨，比上一年增加××吨。

三、经营措施

1. 要充分挖掘现有货源潜力，尽可能生产和提供品质较高的红茶现货。特别是我××厂和××厂生产的××牌和××牌红茶，要在原有品质的基础上争取进一步提高，以便在国际市场上具有更大的竞争能力。

2. 统一报盘和成交。为了统一步调，避免多头发盘，各分公司、各口岸及各红茶厂家如遇客户询盘，都统一交由我公司报盘。

3. 价格掌握。根据今年国际市场红茶的产销情况，结合我库存货源情况和推销目标，灵活掌握，力争多销。

4. 客户使用。对于英国客户，利用A公司增强其经营中国红茶的信心，发挥其推销中国红茶的积极性。同时继续充分利用B公司的推销能力。伦敦拼配商C公司与我国有直接成交业务，可在原有基础上继续进行交易。其他如D、E等公司，可继续进行接触，增进相互间的了解，但不勉强进行交易。

对德国客户，仍以F公司等几家老客户为基础，多做工作。如条件许可，也可以在专业茶商中发展一些新客户。

对荷兰客户，对茶叶专销户Y和红茶代理商W，要继续巩固和发展关系。对其他几家有多年业务往来的老客户，要继续发挥其推销我红茶的积极性，增进关系，如条件许可，也可扩大接触一些专业茶商，加深了解。

对爱尔兰，目前基本上尚无客户基础。要通过各种渠道和一切机会尽可能接触客户，在专业茶商中物色对象，建立关系，为我红茶直接进入当地市场提供条件。

5. 付款条件。一般维持现状，继续使用××付款方式。如果遇特殊情况、特殊要求，另外酌情考虑。

6. 佣金掌握。基本上维持现状，一般不超过××%。但对英国A公司等几家主要老客户，今年也可采取按成交量累进佣金率（一般不超过××%），以鼓励扩大成交量。

7. 包装。根据口岸现有条件对外成交。但要尽可能适应市场要求，争取提供国际标准箱以利成交。

8. 交货期。要改目前跨3个月的交货期为1个月的交货期，以提高客户购买我红茶的兴趣，进一步扩大贸易。

9. 贸易方式。继续使用原来的××和××交易方式。但根据今年的推销任务，国际市场的情况和客户的具体问题，也可以采取其他灵活的贸易方式。

10. 视今年上半年红茶外销成交情况，必要时可派一茶叶小组出访西欧，目的是扩大红茶的出口量。

××公司
××年××月××日

资料来源：岳海翔：《商务文书写作：要领与范文》，中国言实出版社2008年版。

模块三　选择交易对象，进行资信调查

情境导入

天津绮华进出口有限公司在国际市场调研的基础上，确定东南亚市场为目标市场，制定了出口经营方案。业务员李明的下一步工作是要在东南亚市场上选择交易对象，并进行相关资信调查。

任务一　寻找国外客户

寻找国外潜在客户可以从以下几种途径着手进行：

一、网络查询

信息时代，网络成为所有信息传递、加工、处理的最好载体。因此可以在Internet上建立自己的Web站点，直接发布购销信息；也可以向一些有名的公用搜索引擎网站提供自己的网站信息；还可以在相关行业网站或国内外贸门户网站或平台上发布购销信息。通过网

络寻找客户已成为最方便、快捷、有效的一种途径。

（一）我国国际商务方面的主要站点

1. 中华人民共和国商务部，http：//www.mofcom.gov.cn。

2. 中国国际贸易促进委员会/中国国际商会，http：//www.ccpit.org。

3. 在线广交会，http：//www.cecf.com.cn。

通过这些网站可以链接到外交部、海关总署等政府部门网站，还可以链接到众多的海外贸易投资机构网站，获得众多信息。

（二）国际贸易业务中最常用的搜索引擎

1. 搜索英文信息：Google——www.google.com。

2. 搜索中文信息：百度——www.baidu.com。

国际贸易业务中最常用的网站见表2-1。

表2-1　　　　　　　　　　国际贸易业务中最常用的网站

国际市场调查资源	http：//www.Research-sources.com
国际营销传播	http：//www.globalmarketing.cn
市场报告销售	http：//www.marketresearch.com
全球公司查询	http：//www.alibaba.com/companies/o/company.html
联合国全球贸易数据查询	http：//unstats.un.org/unsd/comtrade/dgbasicQuery.aspx
商贸行业网站（中文）	http：//china.alibabacom，http：//www.hc360.com
海关编码查询	http：//www.china-customs.com/customs-tax
网站目录查询	http：///directory.Googl.com
世界黄页	http：//www.worldyellowpages.com
中华大黄页	http：//www.chinabig.com.cn
中国黄页	http：//www..chinapages.com

二、多方推介

1. 通过商会、领事馆及对外贸易协会介绍合作对象。

2. 请国外银行介绍客户。

3. 利用国内外的专业咨询公司介绍客户。

4. 充分利用来华的各种外国代表团选择贸易对象。

5. 参加国内外展览会、交易会发展客户，建立联系。

6. 通过查阅网站、国内外出版企业名录、报纸杂志的广告等寻找企业地址或邮箱，发送资料进行自我介绍。

7. 由驻外分支机构开发新的顾客。各大公司在国外设立分公司，其主要目的就是开发新的顾客，为公司争取更多的贸易机会。因为驻外人员较了解该地的情况，容易发现新的往来顾客。

8. 国外老顾客的介绍。

实 训 活 动

【实训目的】

1. 了解寻找国外客户的途径;
2. 掌握寻找国外客户的方法;
3. 培养学生的团队合作精神和探究问题、解决问题的能力。

【实训内容】

以前一任务小组为单位,根据情景导入中的内容,在前一实训活动基础上,选择合适的东南亚市场的国外客户,并推选出代表阐述选择途径、方法及经计算的成本和结果预测。

【实训方法】

学生分组讨论开发客户的途径,各小组分别展示五种寻找客户的网络资源,学生讨论、教师点评。

【实训方法】

学生分组讨论开发客户的途径,各小组分别展示五种寻找客户的网络资源,学生讨论,教师点评。

【重点提示】

在国际市场上寻找客户的途径众多,其中利用网络搜寻客户是最方便、快捷,成本最低的一种方式,但也存在着很大的风险,这就需要多渠道搜集信息,分析处理后再选择交易对象。

拓展阅读　　　**用 google 搜索国外客户的 30 个绝招**

1. 在 Google 中输入产品名称 + importers(也可以用 importer 代替 importers 进行搜索。不同的产品或者行业,这些网站的排名往往不太一样,大家要是用自己的产品测试,应选取排名比较靠前的网站加以利用)。

2. 关键词上加引号,即搜索 "Product – A importer",在输入时将引号一起输入。这种方法可以保障在搜索出来的网页中我们输入的关键词是连接在一起的,不像上一种方法得到的结果中那样,输入的关键词可能是分开的。这种搜索结果虽然数量上大大降低,但准确性必然大大提高。

3. 搜索产品名称 + distributor,搜索时如果加上引号,能得到更准确的结果。虽然这样做可能牺牲很多潜在客户,但如果运气好的话就可以找到很多分销商的信息。

4. 其他类型目标客户搜索:产品名称 + 其他客户类型。相关目标客户的词语还包括:

buyer, company, wholesaler, retailer, supplier, vendor 及复数形式，可以用来和产品名称结合搜索。这样搜索的结果不会很多，但包含比较丰富的客户信息和其他市场信息，比如行业状况、竞争对手信息和技术资料等。

5. Price + 产品名称。通过这种方法得到的信息，其中一部分往往能让你找到很多的在网上销售产品的零售商和经销商，还有一部分搜索结果是一些市场报告、谈论产品行情的文章。如果是比较新的资料，可以作为参考。

6. 搜索 buy + 产品名称。这种方法可以帮助你发现可能被我们忽略的求购信息。

7. 国家名称限制方法。在前面6种方法的基础上加入国家名称限制。一般从这种搜索结果中我们可以得到我们关心的产品在目标市场的情况，其中也包含不少客户信息和客户信息源。

8. 关联产品法。产品名称 + 关联产品名称。这样的搜索结果往往是一些目标客户网站和行业网站。

9. 著名买家法。产品名称 + 你的行业里面著名买家的公司简称或者全称。这种方法可以帮助我们找到行业市场的情况，并能在相关的网站中找到其他买家的名字。

10. Market research 方法。产品名称 + Market research。这种方法用以搜索某种产品的市场研究报告。一般在这种报告的提要或者内容中可能会提到很多著名的行业内的公司，包括制造商和分销商。

11. 观察搜索引擎右侧广告。搜索产品名称后，查看搜索结果右侧广告。我们经常可以看到在 Google 右侧会出现一些文字广告。这是 Google 为了防止影响搜索结果的公正性而特别置于右侧的，这种方式既照顾到了搜索人不想受广告干扰的心理，也照顾到了广告主的利益。当我们根据以上很多的关键词搜索目标客户信息时，往往那些广告主提供的服务也是值得我们关注的。

12. 寻找行业展览网站。到目前为止，出口营销最为有效的方式还是参加面向国际贸易的行业展览。这类展览一般有专门网站，这个网站上往往会罗列上次展览的参展商名单和本次已经报名参展的客户名单。

13. 高级搜索的 title 方法。使用 Google 高级搜索功能的 Allintitle 功能，搜索上述各个项目的关键词。Title 方法的原理是把客户可能用在他们的网页标题中描述他们自己的关键词找出来，然后我们在网页标题中搜索关键词。这时候搜索出来的内容相关性比以往大大提高，非常准确。

14. 寻找有链接到大客户网站的网页。即使用 Google 查找大客户网站的链入网页。无论是什么情况，链入网页很可能是个比较专业的网页，考虑到该网页可能同时包含其他潜在客户，所以非常值得关注。

15. 寻找有引用有客户网址的网页。方法同上，只是查找的是引用客户网址的页面，而不是链入页面。

16. 网址包含大客户公司名。在 Google 高级搜索功能输入大客户名称，在字词位置选择"网页内的网址"搜索。这种方法搜索出来的网页与方法14、15一样，都是非常专业的页面，而且一般如果某个网站会以某个客户的名称来命名网页，那么很有可能是在介绍一系列的公司，这其中很有可能还有其他潜在客户。

17. 多语言方法。搜索关键词的其他语言写法。这种方法对非英语的国家比较有用，如东欧、南美国家等。因为这种方法很少有人使用，所以非常值得我们尝试一下。

18. 专业文档方法。搜索引擎还提供类似于 PPT、PDF、WORD、EXCEL 文档的高级搜索功能。一般互联网上这种文档数量比网页数量要少得多，而且这种文档一般都是专业的资料，绝对值得研究。

19. 网址目录方法。注重在网络上宣传自己的公司往往会将自己登录到 Yahoo.com 和 DMOZ.org 这两个世界上最有名的网址目录中。因此，我们也可以到这两个网址目录中去寻找一些客户信息。

20. 企业名录网站方法。全球有一些专门提供买家名录的公司和网站。在这些公司中，Kompass（www.kompass.com）和 Thomas Tlobal Register（www.tgrnet.com）最为有名和受市场好评。我们可以从这两个公司提供的名录中找到很多潜在客户信息。

21. 进口商与分销商名录网站方法。可以通过搜索 importers directory 和 distributors directory 来查找。

22. 行业网站方法。专业网站在买家、卖家信息的真实性、完整性方面一般都比综合商贸网站专业，而且分类更加细致，更容易找到对口的信息。

23. 综合商贸网站方法。如通过阿里巴巴、生意宝、环球资源、慧聪网、商品资源网、中国制造网等诸多综合性 B2B 电子商务平台及其站内搜索引擎。

24. 黄页网站查找方法。在研究区域市场时，该区域的黄页是很有用的。特别是一些新兴市场。

25. 商务部世界买家网（win.mofcom.gov.cn）。中国商务部为中国广大出口商搜集了世界上 40 多万进口商的资料，并免费对中国出口商开放。

26. 商务部驻外机构。商务部驻外机构的信息在这里可以查询到：www.mofcom.gov.cn/jingshangjigou.shtml。

27. 进出口协会或者商会。我们在开发区域市场时，往往需要罗列该区域的主要进口商，然后选择合适的代理。我们可以参考商务部给我们提供的信息：service.win.mofcom.gov.cn/jmwz.htm。另外，商务部还提供了很多其他免费资料供查询：www.mofcom.gov.cn/quanqiu/qqswzd.shtml。

28. 各国行业商会。在搜索引擎中搜索行业名称+Association。一般来说，某国的行业协会都包含了制造商、经销商的相关信息。

29. 行业巨头渠道。可以到网站 www.tgrnet.com 来查找信息源。

30. Alexa 工具篇。Alexa 网站可以检测一些行业网站、贸易网站的流量，据此来判断这些网站的知名度。另外，也可以通过"联盟网站——网盛生意宝"（www.toocle.com）查询同类的 B2B 网站，寻找新的商业机会。

资料来源：http://b2b.toocle.com/detail——4467057.html。

任务二　进行资信调查

一、资信调查的含义

资信调查是指专业机构对企业的注册登记情况、股权结构、人力资源、经营业绩、管理水平、财务状况、行业声誉、以往信用情况等进行调查研究，必要的时候进行实地调查，根据调查结果出具信用报告并对其信用等级给予评定。

资信调查是企业信用管理的基础。通过资信调查，企业能够及时、系统、客观地了解和掌握目标企业的资信状况，在选择合作伙伴、确定结算方式或处理纠纷等决策中有着非常重要的参考价值。

二、资信调查的方法

1. 通过国内往来银行，向对方的往来银行调查。这种调查通常是拟好文稿，附上调查对象的资料，寄给往来银行的资信部。
2. 直接向对方的往来银行调查，直接将文稿和调查对象的资料寄给对方的往来银行。
3. 通过国内的咨询机构调查。
4. 通过国外的咨询机构调查。国外有名的资信机构不仅组织庞大、效率高，而且调查报告详细且准确。其调查报告均以密码编排各类等级，这种等级的划分以估计财力与综合信用评价分为 High，Good，Fair，Limited 四个等级。
5. 通过国外商会调查。
6. 通过我国驻外商务机构调查。
7. 通过国外的亲朋好友调查。
8. 由对方来函自己判断调查。
9. 要求对方直接提供资信资料。

三、资信调查的内容

1. 厂商企业的组织情况。包括公司、商号企业的组织性质、创建历史、主要领导人员、分支机构。要弄清英文名称及公司是有限的还是无限的。
2. 往来对象的性格和道德。贸易往来对象诚实可靠是交易成功的基础。在国际贸易中，如果遇到不可靠的贸易对象，就难免出现货物品质不良、开来与合同不符的信用证、延交货物等现象。
3. 贸易经验。一个具有国际贸易经验的贸易对象至关重要。
4. 资信情况。所调查对方的资信情况包括企业的资金和信用两个方面。资金指的是企业的注册资金、实收资金、公积金、其他财产及资产债务的情况等。信用是指企业的经营作风、履约守信用等。这些情况对客户要求做经销、代理、独家包销、寄售等业务做出决定时是十分重要的。
5. 经营范围。调查对方的经营范围也是较重要的，同时还要调查经营的性质，如代理商、零售商、批发商、实用户等。

6. 经营能力。该企业每年的经营金额、销售渠道、贸易关系、经营做法等。

7. 往来银行名称。了解对方往来银行的名称、地址同样重要。

四、资信调查表

资信调查表模本如表2-2所示。

表2-2　　　　　　　　　　　资 信 调 查 表

★需方单位名称（全称）：			
★需方单位地址：			
营业执照号码		★开户银行	
经济性质		★账号	
注册资金		★法定代表人或负责人	
需方单位概况及项目资金来源：			
是否初次合作：			
历次合作回款情况（我方或第三方是否有违约情况发生）：			
是否有可靠资信：			
★联系人姓名		★联系人电话	
★填表单位			
★填表人姓名		★填表日期	

　实 训 活 动

【实训目的】

1. 了解资信调查的各种方式。
2. 填写资信调研表，开展资信调查活动，有效搜集客户信息。
3. 培养学生的团队合作精神和探究问题、解决问题的能力。

【实训内容】

将学生分为若干小组，根据情景导入的内容，每组以业务员李明的身份，在前一实训活动基础上，对所选择合适的东南亚市场的国外客户进行资信调查，填写资信调查表并推选出代表阐述调查方法。

【实训方法】

学生分组按不同方式开展资信调查，完成资信调查表，形成资信调查结论，并进行比较。学生互评，教师点评。

【重点提示】

资信调查是企业信用管理的基础。通过资信调查，企业能够及时、系统、客观地了解和掌握目标企业的资信状况，在选择合作伙伴、确定结算方式或处理纠纷等决策中有着非常重要的参考价值。

拓展阅读　　　　　　　**资信调查实务操作步骤**

1. 搜集信息：搜集调查对象个体相关资料，比如个人身份信息、企业基本信息，通过各种渠道搜集尽量丰富的信息。
2. 分析资料并制订调查计划：对搜集材料进行实证对比分析，找出调查关键点，制订实地资信调查计划，制定调查对象访问的腹稿。
3. 进行实地资信调查：这一步应为双人作业，一个人负责调查，一个人负责核对情况、记录反馈。
4. 撰写资信调查报告：客观如实地撰写资信调查报告，真实情况及调查的基本判断应包含在内。

模块四　建立客户关系

情境导入 ⇨

天津绮华进出口有限公司自中国驻越南大使馆商务参赞处获悉，越南胡志明市 Flushing 大街 56 号的 Nelson & Peterson 有限公司（邮政编码 94672）拟购买一批晚礼服，并想在中国内地寻求与其建立长期合作关系的客户。得知此消息，公司决定让李明于 2013 年 9 月 26 日以商务函电的形式与 Nelson & Peterson 有限公司沟通。

任务一　建立业务关系的途径

一、建立业务关系的含义

建立业务关系，实际上就是确定贸易对象。贸易对象选择得合适与否，决定着贸易的成败。贸易双方只有在相互了解、彼此信任的基础上，才能进行积极的合作，并使双方贸易活动得以顺利开展。

二、建立业务关系的方法

获取潜在客户的名称和联系方式后，可以通过以下两种途径与之建立业务关系：

1. 派出代表到客户所在国接洽交易对象，直接进行面对面的联系；这种方式适用于商品价值较高或难以用文字描述的商品或服务贸易，对于一般的国际贸易活动，由于距离、时间、成本费用等原因不太适用。

2. 通过函电或发送资料的方式建立业务联系。随着互联网等信息技术的发展，利用信函、电子邮件、在线交流等方式建立业务关系已成为目前国际贸易中交易双方的主要联系方式。

实 训 活 动

【实训目的】

让学生了解建立业务关系的各种方式及所需要准备的资料。

【实训内容】

将学生分为若干小组，根据情景导入的内容，每组以业务员李明的身份，在前一实训活动基础上，分别演练建立业务关系的各种方式，并分析优缺点，推选出代表进行阐述。

【实训方法】

学生分组讨论并由代表进行阐述，并填制资信调查表，学生互评、教师点评。

【重点提示】

随着现代通信业的不断发展，信函的范围不断扩大，从传统的书信、电报、电传发展到传真、电子邮件、EDI 等，不仅提高了通信速度，也降低了通信成本，从而缩短了国际货物买卖双方地理位置上的距离。

拓展阅读　　　　　如何建立业务关系（美国篇）

在美国建立业务关系并不难，只要自己真正有业务。但泛泛去做，也可能到美国来回跑而毫无结果。"绕树三匝，无枝可依。"

一、有限目标，知己知彼

美国是个总概念，对具体企业而言，太大而又太空。美国大公司在中国开拓业务也是从具体几个省市着手的。但目标如何选择，就需要事先并随时大量搜集信息，进行深入的分析比较，尽可能做到知己知彼。比如寻找代理，最好不要贸然到美国，而是先请一些中介机构、贸易促进机构介绍推荐，或自己先在网上搜集美国代理商协会，从中再细化到自己的品类。然后请驻美经商机构帮助联系。有了初步眉目后，先把自己公司和产品比较详细的介绍用电子邮件发过去，同时将印刷的介绍材料寄过去。

二、把自己介绍好

国内很多到美建立业务关系的效果往往取决于第一次交往。其中，又取决于你自己的情况是否引起对方的兴趣。在少说空话、开门见山务实的前提下，如何务实又成为关键。首先，介绍自己公司的材料要信息丰富、扎实，抓住对方关注。使人觉得对他有利益。同时，印刷精美、内容符合美国习惯，英文简洁、符合美式习惯。其次，要详细说出为什么要建立这种业务关系，对双方可能带来多大生意、多少销售额。最后，对未来要有清楚的商业计划。人家如果感兴趣，会接着问你很多细节。因此必须准备得非常好，对自己的情况及未来打算一清二楚。不合格的经理或业务员，显然是不适合承担初次同新单位建立业务关系任务的。也要把自己团队介绍好。美国人非常看中团队的资格和素质。因为今后的合作是具体的，是和人打交道。

三、要访问和参观公司

美国人一般很喜欢邀请他们认为有潜在商业价值的机构或人访问自己的公司。除了详细介绍外，总是要带你参观。这样才能给对方全局印象。因此，打算同他们尝试建立业务关系，一定要认真访问和参观对方公司。对对方讲的内容要认真听和记。这既表明对他们的尊重，又表明你认真地想做生意。对方介绍完，一般要请你提问题。如果你提不出什么，建立业务关系恐怕没有什么希望。因为人家会觉得你根本不懂他们在干什么。

访问公司要预约。一般至少提前7到10天。预约好后要守时。万一因为交通原因晚到，要在约定时间10分钟前打手机解释，并告之可能到达的时间。这点虽然看起来是小事，但体现了一个人和机构起码的礼貌和业务素质。素质不高是很难在美国建立业务联系的。

四、后续是关键

一般初次认识并有意向后，就要认真忙起来。对方提出的建议要随时回应；对方提出的建议，要说话算数。2002年在纽约帮助国内某地区开完招商会后，几次接到美国公司电话，说他们在会上谈好的石化那个项目，怎么也找不到人，留下的电话号码，接电话的人不会英文。更多的反映是，为某某代表团来访花了不少时间、不少钱，当时说的都很好，但回去后杳无音信。还有反映说，留下的电话已经过时了，传真也发不通。这样去交往是很不负责任的。如何会有业务联系？

任务二 拟写建立业务联系信函

信函联系是国际交易中双方最主要的联系方式之一。草拟建立业务关系的信函是每个外贸业务人员必须掌握的操作技能。一般说来，建立业务联系的信函包括以下几个部分的内容：

一、开头

良好的开端是成功的一半。因此在拟定有关建立贸易关系的信函时，礼貌，得体，热情，诚挚，富有策略并将写信人的意图表述清楚，完整地告诉对方，是非常关键的。开头一般包括两个部分内容：

1. 说明取得对方信息的来源途径。在首次发函与国外客商进行联系时，说明信息来源是非常必要的，比如通过商会、驻外商务参赞介绍，从报纸杂志广告或网络信息知悉，在展会认识等。

2. 说明去函的目的。如购买某种商品、寻找某种服务、销售某种商品、寻找国外经销商或代理商、扩大商品销售渠道等。

二、介绍

建立业务关系的阶段是国际贸易双方从陌生到熟悉，再走向信任的阶段。信任的基础是了解，因此，介绍自己，展示自身优势，让对方尽可能了解自己，树立起良好的形象，对贸易双方都很重要。

1. 介绍公司基本情况。要介绍本公司的名称、地址、电话、隶属关系、所有制形式、经营范围、经营方式、资金状况、市场竞争力等内容。公司简介内容较多，但并不是篇幅越长、内容越全面越好，应该条理清晰，简明扼要。

2. 产品介绍。一般包括产品名称、质量、价格水平、销售情况等内容。可以是对本公司经营产品整体情况的介绍，也可以是针对对方感兴趣的某类特定产品进行推荐性介绍。

三、激励性结尾

通常结尾部分包括：盼望对方尽早回音、下订单或告知意见并表示敬意的语句。

可以随信函附寄公司简介、商品目录、价目表和小册子等，以便对方全面了解我方信息。假如我方收到类似的国外来信，应及时礼貌地按对方的要求答复。即使不能满足对方的要求，也应及时答复，婉言说明原因，为以后可能的交易留下余地。

实训活动

【实训目的】

1. 通过实际操作，让学生掌握建立业务联系信函的撰写。
2. 培养学生的团队合作精神，提高探究与解决问题的能力，实现"做中学"。

【实训内容】

将学生分为若干小组，根据情景导入的内容，每组以业务员李明的身份，在前一实训活动基础上，撰写建立业务联系信函。

【实训方法】

学生分组撰写，学生互评，教师点评。

【重点提示】

撰写建立业务联系信函应言简意赅，避免篇幅过长。

撰写建立业务联系信函应主题明确，避免被当作推销邮件或垃圾邮件。

介绍公司时应简明扼要、突出优势和特点，避免长篇大论介绍公司。

达到吸引客户的目的，语言应诚恳、真挚、礼貌，避免生硬、平淡。

撰写建立业务联系函最好全文本，不出现任何的图片和附件。

拓展阅读   建立业务联系信函范例（英文）

Dear Sir：

    On the recommendation of your Chamber of Commerce, we have learned with pleasure the name and address of your firm. We wish to inform you that we specialize in the export of Chinese textiles and shall be glad to enter into business relations with you on the basis of equality and mutual benefit.

    To give you a general idea of our products, we are sending you under separate cover a catalogue together with a range of pamphlets for your reference.

    Please let us have your specific enquiry if you are interested in any of the items listed in the catalogue. We shall make offers promptly.

    We look forward to your early reply.

    Yours faithfully

译文

经你方商会介绍，我方欣悉贵公司的名称和地址。我公司专营中国纺织品出口，很乐意在平等互利的基础上与贵公司建立业务关系。

为使贵方对我方产品有全面的了解，我方另函寄去一本目录册及一套小册子，供参考。

如对目录中所列之商品感兴趣，请具体询价，我方将立即报价。

望尽快答复。

 项目小结

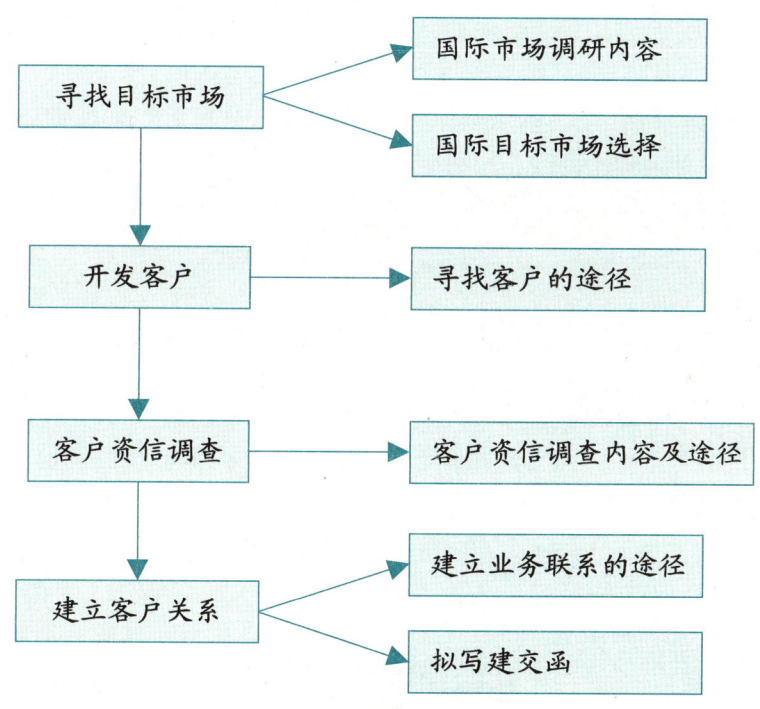

学生自我总结

通过完成项目二，我能够做如下总结：

一、主要知识

完成本任务涉及的主要知识有：

二、主要技能

完成本任务的主要技能有：

三、主要原理

完成本任务的主要原理有：

四、相关知识与技能

完成本任务中：
1. 过程要素有：
2. 操作要领有：
3. 这么做的原因有：

五、成果检验

完成本任务的成果：
1. 完成本任务的意义有：
2. 学到的经验有：
3. 自悟的经验有：
4. 形成的策略有：

自 主 练 习

一、选择题

1. 如果东道国的投资政策较为严厉，法制不很健全，一般而言，企业可以考虑以（   ）方式进入该国市场。
   A. 合资经营　　　　　　　　B. 间接或者直接出口
   C. 独资经营　　　　　　　　D. 交钥匙进入

2. 实地调研常用的方法有（   ）。
   A. 询问法　　　　　　　　　B. 观察法
   C. 实验法　　　　　　　　　D. 以上三者都是

3. 建立业务联系，实际上就是（   ）。
   A. 相互认识　　　　　　　　　　B. 确定贸易对象
   C. 确定目标市场　　　　　　　　D. 签订贸易合同
4. 某跨国集团将其目标市场划分为亚洲、欧洲、美洲、非洲等，其划分的依据属于（   ）。
   A. 地理细分　　　　　　　　　　B. 人口细分
   C. 心理细分　　　　　　　　　　D. 行为细分
5. 国际贸易资信调查的内容包括（   ）。
   A. 贸易经验　　　　　　　　　　B. 往来银行
   C. 资信情况　　　　　　　　　　D. 经营范围

二、简答题

1. 影响企业选择国际目标市场的因素有哪些？
2. 国际贸易资信调查的方法有哪些？
3. 试分析第一手资料与第二手资料的区别及各自的优缺点。

三、实训题

美国新泽西州的国际食品香料公司，全称为 International Flavors & Fragrances Inc.，网址为 www.iff.com，详细地址为 1515 State Highway 36, Union Beach, NJ 07735, U.S.A.，出口部的电子邮箱为 george.rice@iff.com。2010 年 8 月 5 日，本公司从互联网上 www.cofco.com 获悉中国的中粮集团（COFCO Limited）的名称地址，意欲与之建立食品香料的进出口业务关系。其详细地址为：中国北京建国门内大街 8 号中粮广场 A 座 9 层，邮政编码为 100005 (Add.：9th Floor, Tower A, COFCO Plaza, No. 8 Jian Guo Men Nei Ave., Beijing 100005, P.R.China)，网址为 www.cofco.com，进口部的电子邮箱为 Jack.Zhou@cofco.com。请为本公司出口部向中粮集团进口部及其进口部经理发一封建立业务关系的 Email，主要内容可以涉及公司的介绍、可提供的产品介绍、随附产品目录，并表达期待尽快与对方达成具体交易的热切愿望等。

【实训要求】

根据下列提供的背景资料，分析目标市场、资信调查并书写建交函。

项目三
交易磋商

| 项目描述 |

  在国际贸易中,交易双方按各自的经营方案和购销意图,在平等互利的基础上进行交易磋商,形成共识,订立合同,这是国际贸易业务的必经阶段和重要环节。本项目旨在帮助学生了解国际贸易的磋商程序,熟悉国际贸易发盘和相关法律规定,掌握交易磋商时英文函电的写作要点和常用句型。

▷ 学习目标

【理论知识目标】
☐ 了解交易磋商的重要性
☐ 熟悉交易磋商的内容、形式、程序和主要环节

【岗位技能目标】
☐ 识记交易磋商的流程
☐ 熟练进行交易磋商,询盘、发盘函电书写

项目三 交易磋商

模块一 认识交易磋商

情景导入

天津绮华服装股份有限公司向外商寻购某服装原料，不久收到对方7月12日的发盘，发盘有效期至7月19日。绮华公司于7月18日复电对方：若价格能降至56美元/件，我方可以接受。对方未做答复。7月20日绮华得知国际市场行情有变，于当日又向对方去电表示完全接受对方7月12日的发盘。双方的合同是否成立？请认真学习下面内容，你就会找到答案。

任务一 认识交易磋商

交易磋商是国际贸易的重要环节之一，商品的国际交易能否顺利签订合同，主要取决于交易双方对交易条件磋商的结果。交易双方为了争取有利的贸易条件，经常会产生争端。因此，双方要在平等互利的基础上，通过友好协商尽量争取做到对双方都有利；同时还要保证所达成的协议符合各自国家的法律法规，以及国际贸易惯例。

一、交易磋商的含义

交易磋商是指买卖双方就交易条件进行协商，协调双方的经济利益，求得一致，达成交易。在国际贸易中，交易磋商有明确的内容和规范的程序。交易磋商的过程，是双方通过要约和承诺，确立契约关系的过程。双方在交易磋商的过程中，即在达成交易之前，就对自己的行为承担一定的法律责任，而程序的合法性，又保证了所达成合同法律上的有效性。

二、交易磋商的形式

交易磋商的形式有两种：口头磋商和书面磋商。

（一）口头磋商

口头磋商主要是指在参加各种交易会、洽谈会以及贸易小组出访、邀请客户来访等场合洽谈交易时，在谈判桌上面对面地谈判达成交易。另外，还有双方通过国际长途电话进行的交易磋商。口头磋商可以直接进行交流，便于了解对方的诚意和态度，可以有针对性地采取相应的对策，对于内容复杂、交易数额巨大的交易更为适合。

（二）书面磋商

书面磋商是指通过信件、电报、电传、电子邮件、EDI（电子数据交换）等通信方式来洽谈交易。随着现代通信技术的快速发展，书面洽谈越来越简便易行，费用低廉，成为企业常用的交易磋商方式。

三、交易磋商的内容

交易磋商的内容就是双方就买卖的商品,对各项交易条件进行协商,双方必须在各项交易条件取得一致意见后,才能订立合同。交易磋商的内容涉及商品的品名、品质、数量、包装、价格、装运、保险、支付,以及商检、索赔、仲裁和不可抗力等。

在实际进出口业务中,并不是每笔交易都要将全部的交易条件一一进行磋商,因为在普通商品交易中,一般都使用固定格式的合同,而合同条款中的检验、索赔、仲裁、不可抗力等通常作为一般交易条件固化在合同中,只要双方没有异议,就不必重新协商。这些"一般交易条件"(general terms and conditions),是指进、出口商为出售或进口商品而拟定的对每笔交易都适用的一套共性的交易条件(一般交易条件内容不是完全固定的,其内容可因所经营商品品种的不同而不同),是双方进行交易的基础。为了简化交易磋商的内容,加速磋商进程,节省磋商的时间和费用,精明的进、出口商往往在正式进行磋商交易之前,先与对方就"一般交易条件"达成协议。当然,在磋商具体交易时,买卖双方完全可以根据交易的实际需要提出与一般交易条件不同的条件。例如,一般交易条件中原规定:支付方式为"凭不可能性撤销即期信用证",经双方洽商后支付方式为"D/p(documents against payment)即期",则合同条款以后者为准。

交易磋商的过程和内容,关系到买卖双方的经济利益,因为交易磋商的结果决定着合同条款的具体内容,从而确定了合同双方当事人的权利和义务。

在对外磋商交易过程中,由于双方分属不同的国家或地区,彼此有不同的社会制度、政治制度、法律体系、经济体制和贸易习惯,有着不同的文化背景、价值观念、信仰和民族习惯,而且还有语言和文字沟通方面的困难,因此,其复杂性和困难都超过国内贸易。交易磋商的内容,不仅涉及商务和技术方面的问题,还包括法律和政策问题。它是一项政策性、策略性、技术性和专业性很强的工作,这就要求参加此项工作的人员必须具有较高的政策水平、丰富的商品知识以及有关商务、法律和金融等方面的专业知识,尤其要切实掌握有关合同法方面的基本知识,而且还要善于把原则性和灵活性结合起来,采取灵活机智的策略和洽谈技巧,使交易磋商达到预期的最佳效果。

参加交易磋商人员的任务是:根据购销意图,针对交易对手的具体情况,施展各种行之有效的策略,正确处理和解决彼此间的冲突和矛盾,谋求一致,达成一项双方都能接受的公平合理的协议。

由于交易双方达成的协议不仅直接关系着双方当事人的利害得失,而且具有法律上约束力,不得轻易改变,所以是否拍板成交和达成协议,彼此都应持谨慎态度。

实 训 活 动

【实训目的】

1. 思考并确定交易磋商内容；
2. 组建交易磋商团队，模拟口头磋商。

【实训内容】

将学生分为两组，分别扮演天津绮华服装有限公司及外商，确定交易磋商内容，组建交易磋商团队，模拟口头磋商。

【实训方法】

结合所授知识，让学生进行实际模拟，搜集资料，教师引导学生进行归纳总结。

【重点提示】

通过口头磋商和书面磋商，双方对交易条件达成协议后，即可制作正式书面合同。这两种磋商方式在法律上均具有同等的效力。

目前企业多采用传真进行磋商，有的企业也用电子邮件进行磋商，但应注意相关法律问题。

拓展阅读　　　　　　　　　交易磋商前的准备

在交易磋商前，需要准备的事项很多，主要包括下列方面：

一、选配素质较高的洽谈人员

为了保证洽商交易的顺利进行，事先应选配精明能干的洽谈人员，尤其是一些大型的和内容复杂的交易，更要组织一个能干的谈判班子。这个谈判班子必须包括熟悉商务、技术、法律和财务方面的人员，应具有较高的整体素质，要善于应战、善于应变并善于谋求一致，这是确保交易成功的关键。

二、选择较理想的目标市场

在交易磋商之前，我们必须从调查研究入手，通过各种途径广泛搜集市场资料，加强对国外市场供销情况价格动态、政策法令、措施和贸易习惯等方面情况的调查研究，以便择优选择较理想的目标市场和合理地确定市场布局。

三、选择适当的交易对象

在交易磋商之前，我们必须通过各种途径对客户的政治文化背景、资信情况、经营范围、经营能力和经营作风等方面的情况进行了解和分析。为了正确地选择和利用客户，需要建立健全客户档案，以便对各种不同类型的客户进行分类排队，做到心中有数，并实行区别对待的政策。

四、正确制订洽商交易的方案

洽商交易的方案，是指为了完成某种或某类商品的进出口任务而确定的经营意图需要达到的预定目标以及为实现该目标所应采取的策略步骤和方法。它是对外洽谈人员遵循的依据，方案内容的繁简不一，对大宗进出口商品交易所拟定的经营方案一般比较详细具体，尤其是制定某些大宗交易或重点商品的谈判方案时更要考虑周全，因为谈判方案的完善与否，是决定交易成败的关键，对于一般中小商品的进出口则只要拟定简单的价格方案即可。

模块二　交易磋商的程序

情景导入

2013年4月1日天津绮华服装股份有限公司向德国惠尔公司发盘，限4月10日前复到有效。德国惠尔公司于4月8日来电要求降价，绮华公司置之不理，于9日与另一公司成交。德国惠尔公司于9日又来电表示全部接受天津绮华发盘。天津绮华以货物已经售出为由拒绝德国惠尔公司来电。李明身为刚入职的绮华业务人员很疑惑：这种情况下，本公司算不算违约？与德国惠尔公司之间是否存在合同关系？请认真学习下面内容，解决问题。

任务一　熟悉交易磋商的程序

一、交易磋商的程序

交易磋商的程序一般从询盘开始，经过发盘、还盘和接受几个环节，最终以交易达成而告终。其中，发盘和接受是必不可少的两个基本环节（见图3-1）。

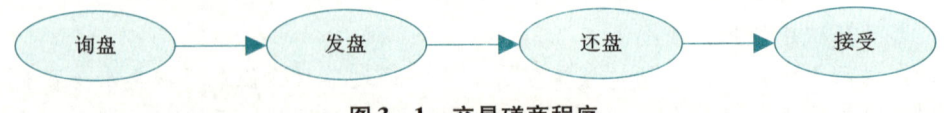

图3-1　交易磋商程序

（一）询盘（Inquiry）

1. 询盘的含义。**询盘，又称"询价"，指买方为购买商品或卖方为出售商品而向对方提出有关交易条件的询问。**询盘可以只询问价格，也可以询问其他交易条件，或者可要求对方向自己发盘。一般情况，由买方询盘多一些。

询盘对询盘人和被询盘人都没有法律约束力,不是交易的必经步骤。但是询盘往往是一笔交易的起点,所以,被询盘人应对接到的询盘给予重视,及时进行适当的答复。

【例3-1】 请报1000台"海尔"牌空调CIF大坂的最低价,5月装运,尽速电告。

2. 询盘的方式。在国际贸易中,询盘有时只是想了解市场信息,有时是确实想进行交易。意图不同,询盘的内容繁简不同,方式也不同。

(1) 只为了解市场的询盘——一般询函方式。一般询函主要是为了了解市场行情、对方的心理预期,以便做出对应性的措施,属于试探虚实性质。具体可采用:向对方索取商品目录(Catalogue)、规格型号图样、价格单(Price List)、样品(Sample)、报价单(Quotation)、形式发票(Proforma Invoice)等。

(2) 有明确成交意图的询盘——具体询函方式。具体询函是双方有具体交易意图和要求,具体指要某种商品的品种、规格、价格、包装、付款条件、交货期等,内容需相对完整、确切,如条件合适,成交的可能性较大。

3. 书写询盘函电。无论是一般询函还是具体询函,询盘函电的书写至关重要,应以简洁、清楚和切题为原则。

(1) 电报、电传询盘函电书写。电报、电传询盘传递速度快,在日常交易磋商中采用较多,一般从陈述所感兴趣商品开始,开门见山,简明扼要。常用术语如下:

Please quote…	请报价……
Please advise…	请告……
Please offer…	请发盘……
Interested in… please quote…	对……有兴趣,请报盘……

【例3-2】 Please quote lowest price CIF Hague for 2000PCS FLYING PIGEON Brand bicycles MARCH Shipment cable promptly. (请报2000辆飞鸽牌自行车成本加运费加保险费运到海牙最低价,7月装运,尽速电告。)

Interested in northeast soubean, please telex CFR Singapore lowest price. (对东北大豆感兴趣,请电告CFR新加坡最低价。)

(2) 书信、电子邮件询盘函电书写。在书写书信、电子邮件询盘函电时,应注意开门见山、简明扼要、具体明了,除了要说明商品品种、规格、价格、包装、付款条件、交货期等具体询问内容外,一般还应带有礼貌性语言,以及对交易内容的宣传,以达到吸引对方发盘的目的。但语言不宜冗长和过分客气,更不可显得自卑。如果双方是首次接触,则称为"首次询函"(First Inquiry)。首次询函通常要先说明如何得知对方的名称、地址,并对本公司经营范围、经营状况进行简单的介绍,然后再写明写信的目的和要求,如询问某种产品的价格及其他交易条件等。

【例3-3】 第一次询价函的书写

Dear sirs:

We have learned from Smith and company of Birmingham that you manufacture a range of high-fashion handbags in a variety of leathers. We operate a quality retail business and although our sales volume is not large, we obtain high prices for our goods. Would you please send me a copy of your handbag catalogue withdetails of your prices and payment terms?

We would find it most helpful if you could also supply samples of thevarious skins from which the handbags are made.

从伯明翰史密斯公司获悉：贵公司制作了一系列款式新颖的皮革手提包。本公司经营高档零售业务，虽然销量不多，但是全属优质高价。现恳请惠寄货品目录、价格表和付款方式细则。

此外，希望贵公司惠赠各类革样本，不胜感激。

（资料来源：http://english.7139.com/2565/01/2301.html）

【例 3-4】 具体询价函的书写

Dear sirs:

We are glad to learn from your letter of JUNE 20, as exporters of Korea Silk Piece Goods, you intend to establish direct business connections with us which happens to be our desire.

At present, we are interested in Crepe Georgette and please let us have your latest CIFC3% Lagos together with your terms of payment and state whether you would be able to effect delivery withn one month after receiving our order.

In order to acquaint us with the material and workmanship of our products, we shall be pleased if you could send us your catalogues, sample books and all necessary information on Crepe Georgette.

Should your price be found competitive and delivery date is acceptable, we intend to place a substantial order.

Your early reply will be highly appreciated.

Yours faithfully,

从你方5月20日来信中欣悉贵公司是韩国绸缎出口商，有意与我公司建立直接贸易关系，这恰好与我们的愿望一致。

目前，我们对乔其纱感兴趣，请给我们最新的成本加运费加保险费含佣金3%的拉各斯报价以及你方的支付条件，并说明你方能否在收到订单后一个月内完成交货。

为使我方对你们的产品和工艺情况有所了解，如能寄给我们有关乔其纱的目录册、样品和一切必要资料，将不胜感激。

倘若你方价格具有竞争力且交货期可接受的话，我们有意向你方大批量订购。

如蒙早日答复，将不胜感激。

（资料来源：赵轶：《进出口贸易实务》，清华大学出版社2008年版）

（二）发盘（Inquiry）

发盘是买方或卖方向对方提出交易条件并愿意按此条件达成交易的表示，也叫"报盘"、"报价"、"发价"，法律上称发盘为"要约"。发盘可以由卖方提出，习惯上叫"卖方发盘"，也可以由买方提出，习惯上叫"买方发盘"，或称"递盘"（Bid）或"订单"（Order）。发盘人将受其约束，并承担发盘条件和对方订立合同的法律责任。

【例 3-5】 感谢5月12日的询价。今5月14日已经去函，报1000台"海尔"牌空调规格01425每台450美元CIF越南净价，装运期为9月或10月，以5月30日前复到为准。

该发盘中，发盘日为5月14日，有效期为5月30日。

（三）还盘（Counter Offer）

1. 还盘的含义。还盘是受盘人对发盘内容不完全同意，为了进一步协商，反过来向发盘人提出需要变更内容或建议的表示,也叫"还价",法律上称还盘为"新要约"。实际上就是还盘人(原受盘人)要求原发盘人答复是否同意还盘人提出修改的交易条件,这样原受盘人成了新的发盘人,还盘就成了新的发盘,而原发盘人则成了新的受盘人,原发盘随之失效。一笔交易的达成,往往要经过多次还盘和再还盘的过程,发盘人与受盘人的地位多次转化。再还盘时,对双方已经同意的条件一般无须重复列出。还盘不是交易磋商程序中必备的环节。

【例 3-6】 已收到你方 5 月 15 日来信,报 1000 台"海尔"牌空调每台 450 美元 CIF 越南。价格太高,如降价 10%,我方可成交。请尽快答复。

2. 还盘的注意事项。

(1) 要识别还盘的形势,有的明确使用"还盘"字样,有的则不使用。

(2) 接到还盘后,要与原发盘进行核对,找出还盘中提出的新内容,然后结合市场变化情况和销售意图,认真予以对待。

(3) 还盘是对发盘的拒绝,原发盘人可以就此停止磋商。如果原发盘人继续与受盘人进行还盘或再还盘,一旦达成协议,在履约中发生争议,所有交易磋商全过程的函电或谈判记录即为解决争议的依据。

(4) 在表示还盘时,一般只针对原发盘提出不同意或需要修改的部分,已同意的内容在还盘中可以省略。

还盘可以用口头方式或书面方式表达,一般与发盘采用的方式相符。

(四) 接受(Acceptance)

受盘人声明或以其他行为表示无条件地同意对方在发盘中提出的各项条件,即为接受,接受在法律上称为"承诺",其实质是对发盘表示同意。发盘一经接受,合同就告成立,对双方都有约束力,发盘人和受盘人任何一方都不得任意更改或撤销。

接受是受盘人同意发盘的意思表示。受盘人接到发盘的全部内容,向发盘人发出通知表示同意,即构成接受。

【例 3-7】 你 5 月 16 日来电接受。

实 训 活 动

【实训目的】

1. 通过接触企业实践,认识国际贸易交易磋商工作;
2. 培养学生书写电报电传、电子邮件询价函,并思考如何答复。

【实训内容】

教师与校企合作企业接洽,引领学生访问企业相关工作人员,了解其工作职责。

模拟进口商、出口商书写电报电传询价函和电子邮件询价函。

【实训方法】

学生选择实地调研，聘请企业人员讲解交易磋商工作内容，教师引导学生进行归纳总结。

教师给出不同的进口商、出口商名称、商品品名、装运方式等条件，要求学生选择以进口商或出口商的身份分别书写电报电传询价函、电子邮件式询价函，学生互评，教师点评，找出问题，纠正书写错误。

【重点提示】

交易磋商程序包括询盘、发盘、还盘、接受四个环节，但询盘和还盘不是必经程序，可能发生，也可能不发生，发盘与接受是交易磋商的必经程序，具有法律约束力。

询盘虽然不是交易磋商的必经程序，但却是建立贸易关系、开展交易活动的先驱。询盘函的书写质量往往反映写信人的业务素质和可靠程度，会直接影响到被询盘人对交易条件的各种考虑，因此书写质量较高的询盘函至关重要。

拓展阅读　　　　　　　　　　询盘注意事项

1. 询盘在通常的交易中并非必不可少的环节，询盘的主要作用是笼统地询问对方能否供应或购买某种商品，具体、详尽的交易条件还需在沟通信息之后，根据双方的真实意图进一步磋商。所以询盘仅仅是对一项交易进行的询问，是正式进入磋商过程的先导。

2. 询盘对双方均无法律上的约束力，即买方询价后无购买货物的义务，卖家询价后也无出售货物的责任。在实际业务中，为了确保企业的商业信誉，同时也出于相互的尊重，应尽量避免出现只询价不购买或不售货的现象，对有关询盘应及时答复。

3. 询盘的对象应事先有所选择。除因用货单位订购特定的商品，只能向指定的供应商询盘外，一般可根据以往的业务资料，或从其他方面查询，选择适当的对象进行询盘。询盘对象的多少要根据商品和交易特点选择确定，即不宜只局限于个别客户而无法货比三家，也不宜在同一地区多头询盘，影响市场价格。如订购数量大且又是向中间商发出的询盘，家数更不宜太多。因为如果几家中间商把同一询盘转到同一厂商手中将会造成市场的虚假需求现象，生产厂商将抬高价格。对数量较大的采购任务，应适当安排采购进度，防止在一个时期内大量集中采购，遭受对方抬价。

4. 询盘中要注意策略。一般来说，不能过早地透露自己需要采购的数量、可接受的价格等意图，以免在磋商时处于不利地位。对技术含量较高的机械设备，如果厂商自己可以直接签约的，最好直接向对方生产厂商询盘，供需直接见面，以减少中间环节，这样既可以节约费用，又可加快磋商进程。

任务二　解析发盘

发盘的特点是：发盘一生效，在有效期内对发盘人有法律约束力。发盘在有效期内，发盘人不能随意撤销或修改发盘的内容。发盘一经对方在有效期内无条件接受发盘人将受其约束，并承担按发盘条件与对方订立合同的法律责任。

一、构成有效发盘的条件

1. 向一个或一个以上特定的人提出。发盘必须向具体的公司或个人提出，可以是一个人，也可以是多个人。不指定受盘人，只能视为发盘邀请，如出口商刊登的商品广告、提供的商品目录或报价单，都不是发盘。

2. 表明订约意旨。《联合国国际货物销售合同公约》规定：一方当事人是否向对方表明在发盘被接受时承受约束的意旨，是判别一项发盘的基本标准。如果在发盘中出现"仅供参考""以……确认为准"等不确定性语句时，就不能被认为是一项有效发盘。

3. 内容必须十分确定。

（1）发盘的全部内容是明确的。

（2）发盘的各项条件要完整。

完整的交易条件一般认为应包括商品的品质、数量、包装、价格、交付及支付几个条件，但是按《联合国国际货物销售合同公约》第14条规定："一项订立合同的建议，如果写明货物，并且明示或暗示的规定数量和价格或如何确定数量和价格，既为十分确定。"

（3）发盘内容要无保留。发盘应是终局的，没有限制性条件。发盘一经受盘人接受，发盘人必须按发盘条件与受盘人建立合同关系。

4. 送达受盘人。发盘只有被送达受盘人时才生效。如果发盘在传递过程中遗失，或受盘人通过其他途径了解到发盘内容，在未收到发盘的情况下，主动做出接受的表示，合同是不成立的。

二、发盘的有效期

在国际货物买卖中，发盘一般应有有效期。**发盘的有效期是指可供受盘人对发盘做出接受的期限**。其表现形式有：

（一）明确规定发盘的有效期

1. 规定最迟的接受期限。如："Offer subject reply tenth our time"（发盘限10日复到，我方时间为准）。

2. 规定一段接受的期限。如："Offer valid eight days"（发盘8天有效）。

期限的计算，按照《联合国国际货物销售合同公约》的规定，从电报交发时刻或信上载明的发信日期起算。如未载明发信日期，则从邮戳的日期起算。采用电话、电传发盘时，则从发盘送达受盘人时起算。如果由于时限的最后一天在发盘人营业地是正式假日或非营业日，则应顺延至下一个营业日。

（二）合理时间

"合理时间"的规定，需根据具体情况而定。根据《联合国国际货物销售合同公约》的规定，采用口头发盘时，除发盘人发盘时另有声明外，受盘人只能当场接受方为有效。

三、发盘的撤回

《联合国国际货物销售合同公约》第15条规定："一项发盘，既使是不可撤销的，得予撤回,如果撤回通知于发盘送达被发盘人之前或同时送达被发价人。"根据《联合国国际货物销售合同公约》规定,一项发盘(包括注明不可撤销的发盘),只要在其尚未生效之前都是可以修改和撤回的。发盘人只要用更快捷的通讯方式,将撤回或修改的通知赶在受盘人收到该发盘之前或同时送达受盘人,则发盘即可撤回或修改。

四、发盘的撤销

发盘的撤销是指发盘人将已经被受盘人收到的发盘予以取消的行为。

英美法规定,发盘在被接受前可被撤销,既使发盘规定有有效期,该发盘对发盘人也无约束力,除非受盘人为使发盘保持可供接受而付出某种"对价",如支付一定金额或给付一定物品。

大陆法认为:发盘对发盘人有约束力,发盘生效后不能撤销,除非发盘人在发盘中注明不受约束。

《联合国国际货物销售合同公约》第16条规定:"已为受盘人收到的发盘,如果撤销的通知在受盘人发出接受通知之前送达受盘人,可予撤销,但是,下列情况不能撤销:(1)发盘规定有效期或以其他方式表明是不可撤销的,(2)受盘人有理由信赖这项发盘是不可撤销的,并已本着这种信赖采取了行动。"

五、发盘的终止

任何一项发盘,其效力均可在一定条件下终止。其终止的原因,一般有以下几个方面:

1. 在发盘规定的有效期内未被接受,或虽未规定有效期,但在合理时间内未被接受,则发盘的效力即告终止。
2. 发盘被发盘人依法撤销。
3. 被受盘人拒绝或还盘后,即拒绝或还盘通知送达发盘人时,发盘的效力即告终止。
4. 发盘人发盘之后,发生了不可抗力事件,按出现不可抗力可免除责任的一般原则,发盘的效力即告终止。
5. 发盘人或受盘人在发盘被接受前丧失行为能力,则该发盘的效力也可终止。

六、书写发盘函

进出口商可以直接向客户发盘,也可以在收到客户询盘后发盘。直接发盘时需考虑发盘的准确性和吸引力;收到询盘后,发盘要有针对性。书写发盘函时,内容必须明确无误,不能有含糊之词,语句需诚恳、礼貌且有说服力,以赢得对方信任。一般发盘函应表明以下意思:

1. 对客户询盘表示感谢。
2. 明确答复对方在询盘中所问事项,或准确阐明产品品名规格、价格、数量、包装、付款方式、装运等各项交易条件。
3. 声明此项发盘的有效期及其他约束条件和事项。
4. 鼓励对方尽早订货,并保证供货满意。

【例3-8】 常见的进口商发盘函如下:

Dear Sirs,

　　Thank you for your letter of June 30, 2011 and we are pleased to offer you as follows:

Commodity: Green Beans Hebei Origin, 2011 Crop

Quantity: 200 metric tons

Price: at £ 250 per metric ton CFR Antwerp

Packing: in ordinary second-hand gunny bags

Shipment: in September, 2000

Payment: by irrevocable L/C, payable by draft at sight

　　This offer is subject to our confirmation. If you find it acceptable, please offer valid fifteeth days.

Yours faithfully,

译文

敬启者：

6月30日来函收到，谢谢。现报盘如下：

品名：2000年产河北绿豆

数量：200公吨

价格：安特卫普成本加运费价每公吨×××英镑

包装：用普通旧麻袋包装

装运期：2000年9月份

支付：凭不可撤销信用证、即期汇票支付

本报盘以我方确认有效。

如你方认为可以接受，请15天内答复。

……启

实 训 活 动

【实训目的】

　　1. 使学生了解发盘的特点，认识发盘函的格式和语言特征，运用发盘函的写作方法和写作技巧撰写发盘函；

　　2. 培养学生判断发盘与发盘邀请，掌握发盘成立有效条件。

【实训内容】

　　1. 将学生分为若干组，分别以天津绮华服装股份有限公司业务员身份，根据情景导入的内容给德国惠尔公司发盘，并撰写发盘函。

2. 判断案例中的哪些内容属于发盘。

【实训方法】

学生根据教师讲解范例和实训提示，自主书写发盘函，并判断哪些内容属于发盘，学生互评，教师点评。

【重点提示】

在交易磋商过程中，必须掌握发盘的各项法律原则和业务做法，弄清当事人的行为是实盘还是虚盘，以免引起误会或纠纷。

> **拓展阅读**
>
> **实盘与虚盘的区别**
>
> 1. 实盘是发盘人（Offerer）按其提供的条件以达成交易目的之明确表示。实盘具有法律效力。受盘人（Offeree）若在有效期限内接受实盘上的条件和内容，发盘人就无权拒绝售货。
>
> 一项实盘必须具备：
>
> （1）发盘的内容和词句必须肯定，不能用"大约（about）"、"参考价（reference price）"等模棱两可的词。
>
> （2）发盘的内容明确完整，其内容应包括商品品质（Quality）、数量（Quantity）、包装（Packing）、价格（Price）、装运（Shipment）、支付（Payment）、有效期（Validity）等。
>
> （3）发盘中不能有保留条件，例如：以我方最后确认为准（subject to our final confirmation）、以货物的未售出为准（subject to goods being unsold）。
>
> 2. 虚盘是发盘人所做的不肯定交易的表示。凡不符合实盘所具备的上述三个条件的发盘都是虚盘。虚盘无须详细的内容和具体条件，也不注明有效期。它仅表示交易的意向，不具有法律效力。出现下列一类的词句者，皆为虚盘：
>
> - Without engagement.（不负任何责任）
> - Subject to prior sale.（有权先售）
> - All quotations are subject to our final confirmation unless otherwise stated.（所做报价，除特别注明外，须经我方确认后方能生效）
> - Our offer is subject to approval of export license.（出口许可证准许签证，我方报价才有）
>
> 3. 对询盘，可以在还盘中直接告诉对方哪里不合适，我方认为应该如何。

任务三　解析接受

根据《联合国国际货物销售合同公约》规定，受盘人对发盘表示接受，既可以通过口头或书面向发盘人发表声明的方式接受，也可以通过其他实际行动来表示接受。双方另有协议除外。

一、接受应具备的条件

（一）接受必须由受盘人做出

一项有效的发盘必须是向一个或一个以上特定的人做出的。因此，对发盘表示接受，也必须是发盘中所指明的特定的受盘人，而不能是其他人。如果其他人通过某种途径获悉发盘内容，而向发盘人表示接受，该接受无效。

（二）接受必须同意发盘所提出的交易条件

按照《联合国国际货物销售合同公约》第18条第1款的规定，受盘人表示接受有两种方式：声明（Statement），即受盘人用口头或书面形式向发盘人表示同意；做出行为（Performing an Act），通常指由卖方发运货物或由买方支付价款。

如果受盘人在主观上愿意接受对方的发盘，但默不作声或不做出任何其他行动表示其对发盘的同意，那么在法律上并不存在接受。

根据《联合国国际货物销售合同公约》的规定，一项有效的接受必须同意发盘所提出的交易条件，只接受发盘中的部分内容或对发盘条件提出实质性的修改，或提出有条件的接受，均不能构成接受，而只能视作还盘。但是，若受盘人在表示接受时，对发盘内容提出某些非实质性的添加、限制和更改（如要求增加重量单、装箱单、原产地证明或某些单据的份数等），除非发盘人在不过份延迟的时间内表示反对期间的差异外，仍可构成有效的接受，从而使合同得以成立。在此情况下，合同成立的条件就以该项发盘的条件以及接受中所提出的某些更改为准。

（三）接受必须在发盘规定的时限内做出

发盘中规定有效期有两种意义：一方面约束发盘人不得在有效期内任意撤销或修改发盘的内容；另一方面约束受盘人只有在有效期内做出接受才有法律效力。如发盘中未规定有效期，则应在合理时间内接受方为有效。

（四）接受的传递方式应符合发盘的要求

如发盘没有规定传递方式，则受盘人可按发盘所采用的或采用比其更快的传递方式将接受通知送达发盘人。

二、接受生效的时间

接受是一种法律行为，何时生效，各国法律有不同的规定。英美法采用"投邮生效"的原则，即接受通知一经投邮或交给电报局发出，则立即生效。大陆法系采用"到达生效"的原则，即接受通知必须送达发盘人时才能生效。《联合国国际货物销售合同公约》规定，接受通知送达发盘人时生效。此外，接受还可以在受盘人采取某种行为时生效。

三、逾期接受

接受通知未在发盘规定的时限内送达发盘人，则该项接受称作"逾期接受"。它不是有效接受，只能视作一个新的发盘，但《联合国国际货物销售合同公约》对此做了灵活的处理：

1. 一般的逾期接受。它不是有效的接受，但只要发盘人毫不迟延地用口头或书面通知受盘人，认为该项逾期接受可以有效，合同仍可于接受通知送达发盘人时成立。

2. 特殊的逾期接受。依照正常情况，该接受能够及时送达发盘人的，则此项逾期接受应当有效，合同于接受通知送达发盘人时成立，除非发盘人毫不迟延地用口头或书面通知受盘人该逾期接受无效。

四、接受的撤回或修改

根据"到达生效"的原则，如果撤回通知于接受原发盘应生效之前或同时送达发盘人，接受得予撤回。

【例3-9】 常见的买方接受函如下：

Dear Sirs：

In reply to your counter – offer of February 8, we are here sending you this confirming letter, placing an order with you as follows：

Commodity：	Automatic Copying Machines
Specifications：	As per list attached herewith
Quantity：	3 sets
Packing：	In firm, plastic – lined, waterproof cases
Price：	US $ 10000 per set FOB Tianjin
Shipment：	Not later than March 19, 2012
Payment：	Confirmed and Irrevocable L/C payable at sight

Please acknowledge this order immediately.
We are looking forward to your reply.

Sincerely yours,

译文

敬启者：

关于贵方2月8日还盘，我方确认并下订单如下：

产品名称：自动复印机

规格：详见随附单据

数量：3台

包装：置于结实的，有塑料内衬的，防水的箱子里

价格：10000.00美元/台 FOB 天津

装船：不迟于2012年3月19日

付款方式：凭保兑的不可撤销的即期信用证付款

请尽快确认订单。

我们期待着你的回信

诚挚问候

实训活动

【实训目的】

1. 使学生了解接受的特点，认识接受函的格式和语言特征，运用接受函的写作方法和写作技巧撰写接受函。
2. 培养学生的团队合作精神和探究问题、解决问题的能力。

【实训内容】

天津绮华进出口有限公司收到德国惠尔公司的还盘后，同意德国惠尔公司对其价格做出的修改，向其发出接受函，并下订单。

订单相关信息：

订购商品：女士晚礼服布料（红色）

订购数量：1000 套

价格条款：每套 20 美元 CIF 汉堡

交货时间：2013 年 6 月

付款方式：即期的、保兑的信用证

【实训方法】

学生根据教师讲解范例和实训提示，自主书写接受函，学生互评，教师点评。

【重点提示】

对发盘的接受必须由特定受盘人在发盘有效期内无条件将接受发盘意思送达发盘人，接受送达发盘人，合同即告成立。接受不可撤销；有条件的接受相当于还盘；特定受盘人之外的人接受是新的发盘；超过有效期的接受按逾期接受处理。

拓展阅读

在国际贸易中，由于各种原因，导致受盘的接受通知有时晚于发盘人规定的有效期送达，这在法律上称为"迟到的接受"。对于这种迟到的接受，发盘人不受其约束，不具法律效力。但也有例外的情况。《联合国国际货物销售合同公约》第 21 条规定，过期的接受在下列两种情况下仍具有效力：

1. 如果发盘人毫不迟延地用口头或书面的形式将此种意思通知受盘人。
2. 如果载有逾期接受的信件或其他书面文件表明，它在传递正常的情况下是能够及时送达发盘人的，那么这项逾期接受仍具有接受的效力，除非发盘人毫不迟延地用口头或书面方式通知受盘人，他认为发盘已经失效。

项目小结

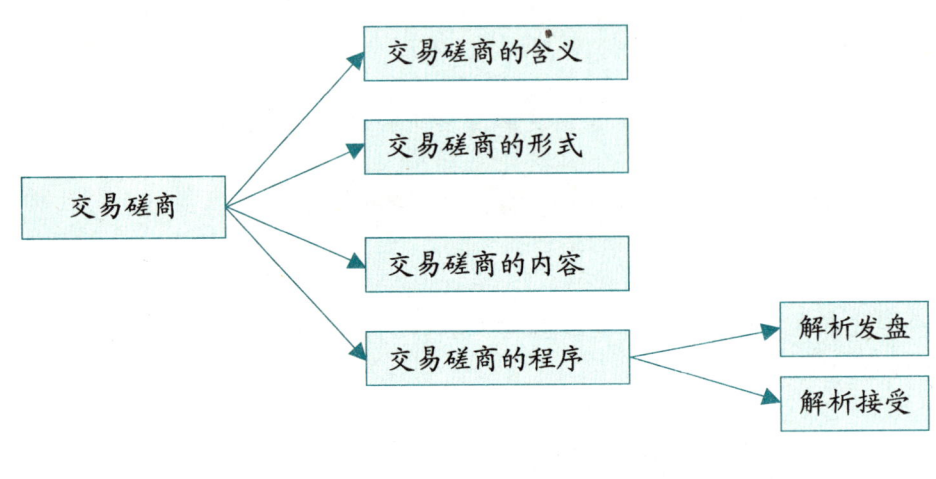

学生自我总结

通过完成项目三，我能够做如下总结：

一、主要知识

完成本任务涉及的主要知识有：

二、主要技能

完成本任务的主要技能有：

三、主要原理

完成本任务的主要原理有：

四、相关知识与技能

完成本任务中：
1. 过程要素有：
2. 操作要领有：
3. 这么做的原因有：

五、成果检验

完成本任务的成果：
1. 完成本任务的意义有：
2. 学到的经验有：
3. 自悟的经验有：
4. 形成的策略有：

自 主 练 习

一、选择题

1. 下列条件中，（　　）不是构成发盘的必备条件。
   A. 发盘内容必须十分确定　　　　B. 主要交易条件必须十分完整齐全
   C. 向一个或一个以上特定的人发出　　D. 表明发盘人承受约束的意旨

2. 我国某企业6月10日向国外某客户发盘，限6月15日复到有效。6月13日接到对方复电称"你10日电接受，以获得进口许可证为准"。该接受（　　）。
   A. 相当于还盘
   B. 在我方缄默的情况下，则视为有效接受
   C. 属于有效的接受
   D. 属于一份非实质性变更发盘条件的接受

3. 按《联合国国际货物销售合同公约》规定，一项发盘在尚未送达受盘人之前，是可以阻止其生效的，这叫发盘的"（　　）"。
   A. 撤回　　　　　　　　　　　　B. 撤销
   C. 还盘　　　　　　　　　　　　D. 接受

4. 我方公司星期一对外发盘，限星期五复到有效，客户于星期二回电还盘并邀我电复。此时，国际市场价格上涨，故我未予答复。客户又于星期三来电表示接受我方公司星期一的发盘，在上述情况下，（　　）。
   A. 接受有效　　　　　　　　　　B. 接受无效
   C. 如我方未提出异议，则合同成立　　D. 属于有条件的接受

5. 在国际货物买卖中，（　　）是交易磋商中必不可少的法律步骤。
   A. 询盘和发盘　　　　　　　　B. 发盘和还盘
   C. 发盘和接受　　　　　　　　D. 询盘和接受

二、简答题

1. 在法律上，撤销与撤回的概念有什么区别？
2. 导致发盘效力终止的原因有哪些？
3. 构成一项有效的接受必须具备哪些条件？

三、实训题

秦皇岛金海公司是一家国营专业进出口公司，主要经营各种调味品（Seasoning）和食品（Foodstuff），包括大蒜（Garlic）、孜然（Cumin Seeds）、花椒（Red Pepper）、核桃仁（Walnut Kernel）、花生（Peanut）、瓜子仁（Shelled Pumpkin Seeds）等产品。

2012年6月，马来西亚富威食品贸易公司收到金海公司关于孜然（Cumin Seeds）的报盘信函，仔细阅读后，对价格提出还盘，要求降价10%。（原报价：Price：USD2850 PER MT CIF SINGAPORE）

任务一：请根据以上提供的资料，以马来西亚富威食品贸易公司业务员的身份回复秦皇岛金海公司的报盘信函。

任务二：请你以金海公司销售部业务员的身份根据还盘的内容给富威食品贸易公司撰写一份接受信函并下订单。

【补充资料】

Commodity：Cumin seeds

Specification：moisture 12% max；admixture 1.5% max

Quantity：500 metric tons

Origin：Inner Mongolia

Packing：in gunny bag of 50kgs net each

Price：USD2565 PER MT CIF SINGAPORE

Payment：sight，confirmed L/C

项目四
订立合同条款（一）

| 项目描述 |

贸易术语是在长期的国际贸易实践中产生的，用来表明商品的价格构成，说明货物交接过程中有关的风险、责任、费用划分问题的专门用语，在国际贸易中起着积极的作用。本项目旨在帮助学生理解各贸易术语的含义，并能根据不同贸易情况，选择贸易术语，核算成本费用、佣金、折扣，确定合理的价格订立合同价格条款。

学习目标

【理论知识目标】
- ☐ 理解贸易术语的含义
- ☐ 掌握《2010年国际贸易术语解释通则》（INCOTERMS 2010）中的11个贸易术语的内容

【岗位技能目标】
- ☐ 学会选择合适的贸易术语来简化交易洽商内容、缩短成交过程
- ☐ 掌握不同贸易术语下的价格换算
- ☐ 熟悉含佣金、折扣价的核算
- ☐ 确定合同中的价格条款

模块一　　选择贸易术语

情境导入

天津绮华进出口有限公司近日与法国惠尔公司商谈出口一批晚礼服，李明被指派协助业务员小张，在交易磋商中小张问李明：如果该批晚礼服属法国公司专门请求我方制作，并愿意先支付50%货款时，我方应选择在何地交接？采用哪个贸易术语较为合适？如果该批晚礼服是我方准备提供给法国公司参展法国巴黎时装周，挑选后下订单的样品，我方又应选择在何地交接？采用何种贸易术语风险较小？

任务一　认识国际贸易术语

一、贸易术语的定义

所谓贸易术语（Trade Terms），又叫"贸易条件"、"价格术语"，是在长期的国际贸易实践中产生的，用来表明商品的价格构成，说明货物交接过程中有关的风险、责任、费用划分问题的专门用语。它一般以简短的概念或3个字母的缩写来表示。

二、贸易术语的国际惯例

（一）《1932年华沙—牛津规则》

《1932年华沙—牛津规则》是国际法协会专门为解释CIF合同而制定的。这一规则对于CIF的性质、买卖双方所承担的风险、责任、费用的划分以及所有权转移的方式等问题都做了比较详细的解释。

（二）《1941年美国对外贸易定义修订本》

《1941年美国对外贸易定义修订本》是经美国商会、美国进口商协会和全国对外贸易协会所组成的联合委员会通过，由美国对外贸易协会予以公布，主要在北美国家采用。它所解释的贸易术语共有六种，分别为：

Ex（Point of Origin）（产地交货）；

FOB（Free on Board）（在运输工具上交货）；

FAS（Free Along Side）（在运输工具旁交货）；

C&F（Cost and Freight）（成本加运费）；

CIF（Cost, Insurance and Freight）（成本加保险费、运费）；

Ex Dock（Named Port of Importation）（目的港码头交货）。

《1941年美国对外贸易定义修订本》对于FOB和FAS的解释与《2000年国际贸易术语

解释通则》有明显差异，这主要表现在以下几个方面：

1. 美国惯例把 FOB 笼统地解释为在某处某种运输工具上交货，其适用范围很广，因此，在同美国、加拿大等国的商人按 FOB 订立合同时，除必须标明装运港名称外，还必须在 FOB 后加上"船舶"（Vessel）字样，否则，卖方不负责将货物运到港口并交到船上。

2. 在风险划分上，不是以装运港船舷为界，而是以船舱为界，即卖方负担货物装到船舱为止所发生的一切丢失与损坏。

3. 在费用负担上，规定买方要支付卖方协助提供出口单证的费用、出口税，以及因出口而产生的其他费用。

因此，在同北美国家进行交易时应特别注意约定采用哪一个惯例的贸易术语。

（三）《2000 年国际贸易术语解释通则》

《2000 年国际贸易术语解释通则》（INCOTERMS 2000，以下简称《2000 通则》）是国际商会于 1999 年 9 月公布，在 2000 年 1 月 1 日生效。它包含 13 种贸易术语，分为 E、F、C、D 四个组（见表 4-1）。

表 4-1　　　　　　　　《2000 年国际贸易术语解释通则》贸易术语

贸易类别	国际代码及英文含义		中文含义
E 组 启运	EXW	Ex Works	工厂交货
F 组 主要运费未付	FCA	Free Carrier	货交承运人
	FAS	Free Alongside Ship	装运港船边交货
	FOB	Free on Board	装运港船上交货
C 组 主要运费已付	CFR	Cost and Freight	成本加运费
	CIF	Cost Insurance and Freight	成本、保险费加运费
	CPT	Carriage Paid To	运费付至
	CIP	Carriage and Insurance Paid To	运费、保险费付至
D 组 抵达	DAF	Delivered At Frontier	边境交货
	DES	Delivered Ex Ship	目的港船上交货
	DEQ	Delivered Ex Quay	目的港码头交货
	DDU	Delivered Duty Unpaid	未完税交货
	DDP	Delivered Duty Paid	完税后交货

（四）《2010 年国际贸易术语解释通则》

2010 年 9 月，国际商会充分考虑到近 10 年贸易领域出现的新变化，对《2000 年国际贸易术语解释通则》进行了修订，形成了《2010 国际贸易术语解释通则》（INCOTERMS 2010，以下简称《2010 通则》），并于 2011 年 1 月 1 日发布生效。新版本内容更清晰简洁，操作性和指导性进一步加强，更符合当前贸易实务的需要（见表 4-2）。

表 4－2　　　　　　　　《2010 年国际贸易术语解释通则》贸易术语

组别	术语缩写	术语中文名称
第一组 （适用于任何运输方式）	EXW	工厂交货
	FCA	货交承运人
	CPT	运费付至
	CIP	运费和保险费付至
	DAT	目的地或目的港的集散站交货
	DAP	目的地交货
	DDP	完税后交货
第二组 （适用于水上运输方式）	FAS	装运港船边交货
	FOB	装运港船上交货
	CFR	成本加运费
	CIF	成本、保险费加运费

实 训 活 动

【实训目的】

1. 识记《2000 通则》的 13 个贸易术语和《2010 通则》的 11 个贸易术语名称。
2. 对比四种国际惯例中各贸易术语区别。
3. 培养学生的团队合作精神，提高探究与解决问题的能力，实现"做中学"。

【实训内容】

学生利用网络，自主查找四种国际惯例中各贸易术语的含义，独立完成对比分析表（见表 4－3）。

表 4－3　　　　　　　　四种国际惯例的主要情况对比表

对比内容	《1932 年华沙—牛津规则》	《1941 年美国对外贸易定义修订本》	《2000 通则》	《2010 通则》
贸易术语数量				
主要贸易术语				
适用性				
法律效力				

分组讨论《2000 通则》和《2010 通则》，找出删减的贸易术语和新增的贸易术语，并分析各自的特点及适用情况，教师总结评价。

【实训方法】

学生书写分析报告，教师总结对比并分析原因。

【重点提示】

贸易术语属于国际惯例，只有在合同中采用的时候才对交易双方有约束力；不同的贸易术语对买卖双方的权利和义务有决定性的影响，当事人应根据自己的能力采用切合实际的贸易术语。

拓展阅读

《国际贸易术语解释通则》这一用于国内与国际贸易事项的国际商会规则使得全球贸易行为更便捷。在销售合同中参引《2010 年国际贸易术语解释通则》，可清晰界定各方义务并降低法律纠纷的风险。

国际商会（The International Chamber of Commerce，ICC）成立于 1919 年，发展至今已拥有来自 130 多个国家的成员公司和协会，是全球唯一的代表所有企业的权威代言机构。国际商会商法和实践委员会成员来自世界各地和所有贸易领域，该委员会宽泛的专业技能确保了《2010 年国际贸易术语解释通则》与各地的商贸需要相照应。

任务二　解析 FOB、CFR、CIF

在我国对外贸易中，常用的主要贸易术语是 FOB、CFR 和 CIF。因此，作为国际商务人员应首先了解和运用《2010 通则》中这三种主要贸易术语。

一、FOB

FOB 的全文是 Free on Board（…named port of shipment），即船上交货（指定装运港），是指货物在指定的装运港，将货物交至买方指定的船只上，卖方即完成交货，买方将承担货物灭失或损坏造成的所有风险。该术语仅适用于海运或内河运输。如当事各方无意将货物装上船交货，则应使用 FCA 术语。

按《2010 通则》，在 FOB 术语下，买卖双方主要义务如下：

（一）卖方

1. 负责取得出口许可证或其他核准证书，办理货物出口手续；
2. 负责在合同规定的日期或期限内，将符合合同的货物在指定装运港按惯常方式交到买方指定的船上，并给予买方充分的通知；
3. 承担货物在指定装运港装到船上以前的一切费用（包括出口清关费用和出口应缴纳的一切税费）和风险；
4. 提供符合销售合同规定的货物和商业发票，以及合同要求的其他单证。

（二）买方

1. 负责安排船只，并及时通知卖方船名、装船泊位及装船日期。
2. 负担货物在指定装运港装到船上后的一切费用和风险。
3. 负责办理进口许可证或其他官方许可，货物进口的一切海关手续以及通过任何国家的运输。
4. 负责办理保险，支付保险费。
5. 负责按合同规定支付价款。

采用 FOB 术语时的注意点如下：

第一，FOB 术语下，卖方负责发运货物，而买方负责安排船只。如果买方指定了船只，而未能及时将船名、装货泊位及装船日期通知卖方；或者买方指派的船只未能按时到达，或未能承载货物；或者在规定期限终了前截止装货，买方要承担由此产生的一切风险和损失。反之，如果船只按时到达装运港，卖方因货未备妥而未能及时装运，则卖方同样要承担责任。

第二，装船费用负担、货物交接及《2000 通则》与《1941 年美国对外贸易定义修订本》的区别。如在实际业务中，往往会在 FOB 术语后加附加条件，形成 FOB 术语的变形，以明确装船费用的负担责任。在同美国、加拿大等北美国家按 FOB 订立合同时，除了必须标明装运港名称外，还必须在 FOB 后加上"船舶"（Vessel）字样，即装运港船上交货价，并明确由卖方负责办理出口结关手续。

在 FOB 术语下，买卖双方的主要责任划分如图 4-1 所示。

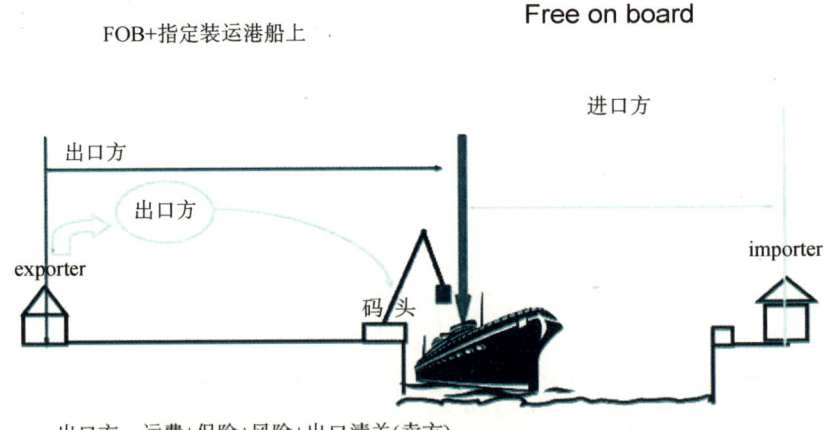

资料来源：http://wenku.baidu.com/view/bd60ea920c22590102029db4.html。

图 4-1 FOB 术语下买卖双方主要责任划分图

二、CFR

CFR 术语的全文是 Cost and Freight（…named port of destination），即成本加运费（指定目的港，是指卖方必须负担货物运至约定目的港所需的成本和运费，但当货物在指定装运港装到船上时，卖方即完成交货，交货后货物灭失或损坏的风险以及任何额外费用，均由买方负担。

CFR 术语只适用于海运和内河运输，如当事各方无意装运港船上交货，则应使用 CPT 术语。

按《2010 通则》，在 CFR 术语下，买卖双方主要义务如下：

（一）卖方

1. 负责办理租船或订舱，并支付至目的港的正常运费；
2. 负责在合同规定的日期或期间内，在装运港将符合合同的货物交到船上，运往指定目的港，并通知买方；
3. 负责取得出口许可证或其他核准证书，办理货物出口手续；
4. 承担货物在装运港装上船为止的一切费用和风险；
5. 提供符合销售合同规定的货物和商业发票，以及合同要求的其他单证。

（二）买方

1. 承担货物在指定装运港装上船后除基本运费外的一切费用和风险；
2. 负责办理进口许可证或其他核准证书、货物进口的一切手续，收取卖方交付的货物，接受与合同相符的单据；
3. 负责办理保险，支付保险费；
4. 负责按合同规定支付价款。

采用 CFR 术语时的注意点如下：

第一，装船通知的问题。按照 CFR 术语成交，需要特别注意的问题是卖方在货物装船之后必须及时向买方发出装船通知，以便买方办理投保手续。因为在 CFR 条件下，由卖方安排运输、买方办理货运保险，如果卖方不及时发出装船通知，则买方就无法及时办理货运保险，甚至有可能出现漏保货运险的情况。因此，卖方装船后务必及时向买方发出装船通知，否则，卖方应承担货物在运输途中的风险和损失。

第二，卸货费用负担问题。在实际业务中，往往会在 CFR 术语后列加附加条件，形成 CFR 术语的变形，以明确卸货费用的负担人。

在 CFR 术语下，买卖双方的主要责任划分如图 4-2 所示。

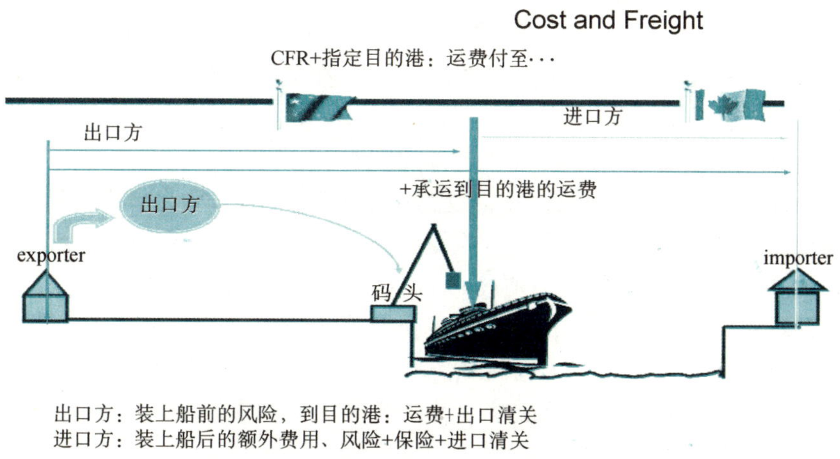

资料来源：http://wenku.baidu.com/view/bd60ea920c22590102029db4.html。

图 4-2　CFR 术语下买卖双方主要责任划分图

三、CIF

CIF 的全文是 Cost, Insurance and Freight (…named port of destination),即成本、保险费加运费(指定目的港),是指卖方负责将货物装船,并承担保险费和运费,但当货物在指定装运港装到船上时,卖方即完成交货义务,交货后货物灭失或损坏的风险以及任何额外费用,均由买方负担。CIP 仍属于装运术语,而不是目的港交货,也不是"到岸价"。

按《2010 通则》,在 CIF 术语下,买卖双方主要义务如下:

(一) 卖方

1. 负责办理租船或订舱,并支付至目的港的正常运费;
2. 负责在合同规定的日期或期间内,在装运港将符合合同的货物交到船上,运往指定目的港,并通知买方;
3. 负责取得出口许可证或其他核准证书,办理货物出口手续;
4. 承担货物在装运港装上船为止的一切费用和风险;
5. 负责办理货物运输保险,支付保险费;
6. 提供符合销售合同规定的货物和商业发票,以及合同要求的其他单证。

(二) 买方

1. 承担货物在指定装运港装上船后除运费和基本保险费外的一切费用和风险;
2. 负责办理进口许可证或其他核准证书、货物进口的一切手续,收取卖方交付的货物,接受与合同相符的单据;
3. 负责按合同规定支付价款。

采用 CIF 术语时的注意点如下:

第一,办理保险问题。在 CIF 合同中,卖方是为了买方的利益办理货运保险的,因为货物在装运港越过船舷后的风险是由买方承担的,而此项保险主要是为了保障货物装船后在运输途中的风险。CIF 术语只要求卖方投保最低限度的保险险别。如买方需要更高的保险险别,则需要与卖方明确地达成协议,或者自行做出额外的保险安排。

第二,卸货费用问题。按照 CIF 条件成交,卖方负责将合同规定的货物运往合同规定的目的港,并支付正常的运费。至于货到目的港后的卸货费用由谁负担,买卖双方在合同中应做出具体明确的规定。

在 CIF 术语下,买卖双方的主要责任划分如图 4-3 所示。

第三,象征性交货问题。CIF 是一个典型的象征性交货术语。所谓"象征性交货",是指卖方按合同规定在装运港口将货物装船并提交全套合格单据就算完成了交货义务,即使货物在运输途中损坏或灭失,买方也必须履行付款义务。反之,如果卖方提交的单据不合要求,即使合格的货物安全运达,买方仍有权拒收单据、拒付货款。但必须指出,按照 CIF 术语成交,卖方履行其交单义务,只是得到买方付款的前提条件,除此之外,他还必须履行交货义务。如果卖方提交的货物不符合要求,买方即使已经付款,仍然可以根据合同的规定向卖方提出索赔。

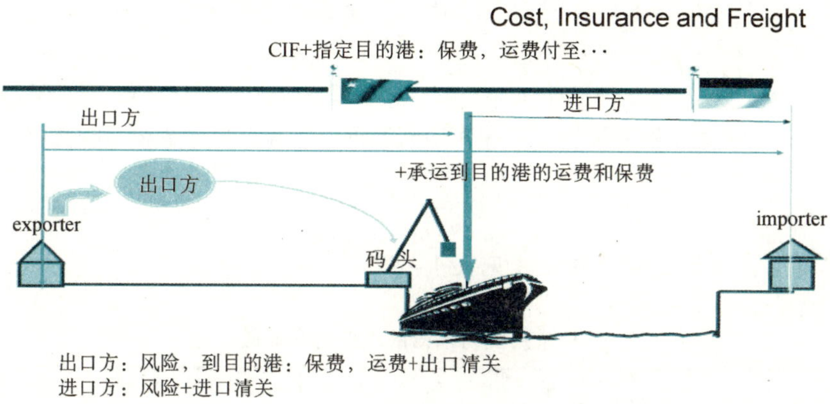

项目四 订立合同条款（一）

资料来源：http://wenku.baidu.com/view/bd60ea920c22590102029db4.html。

图 4-3 CIF 术语下买卖双方主要责任划分图

实 训 活 动

【实训目的】

1. 理解三种贸易术语内涵，并能熟练运用三种贸易术语分析、解决问题；
2. 比较三种贸易术语的相同点与不同点。

【实训内容】

将学生分组，根据实训所给案例内容，每组负责一个案例分析，并推选出代表进行术语的阐述。

［案例1］我某公司以 FOB 条件出口一批速冻食品。合同签订后接到买方来电，称租船较为困难，委托我方代为租船，有关费用由买方负担。为了方便合同履行，我方接受了对方的要求，但时至装运期我方在规定装运港无法租到合适的船，且买方又不同意改变装运港。因此，到装运期满时货仍未装船，买方因销售季节即将结束，便来函以我方未按期租船履行交货义务为由撤销合同。试问：我方应如何处理？

［案例2］我方以 CFR 贸易术语与 B 国的 H 公司成交一批消毒碗柜的出口合同，合同规定装运时间为4月15日前。我方备妥货物，并于4月8日装船完毕。由于遇星期日休息，我公司的业务员未及时向买方发出装运通知，导致买方未能及时办理投保手续，而货物在4月8日晚因发生了火灾被火烧毁。试问：货物损失责任由谁承担，为什么？

［案例3］我某出口公司与外商按 CIF Landed London 条件成交出口一批货物。合同规定，商品的数量为500箱，以信用证方式付款，5月份装运。买方按合同规定的开证时间将信用证开抵卖方。货物顺利装运完毕后，卖方在信用证规定的交单期内办好了议付手续并收回货款。不久，卖方收到买方寄来的货物在伦敦港的卸货费和进口报关费的收据，要求我方

按收据金额将款项支付给买方。试问：我方是否需要支付这笔费用，为什么？

【实训方法】

学生分组讨论，完成案例分析报告，并派代表汇报，教师引导学生分析评价并归纳总结。

【重点提示】

三种常用贸易术语主要异同点比较见表4-4。

表4-4　　　　　三种常用贸易术语的主要异同比较

贸易术语	交货地点	风险界限	租船订舱	支付运费	办理保险	支付保费	出口报关责任费用	进口报关责任费用	运输方式
FOB	装运港船上	装运港船上	买方	买方	买方	买方	卖方	买方	水运
CFR	装运港船上	装运港船上	卖方	卖方	买方	买方	卖方	买方	水运
CIF	装运港船上	装运港船上	卖方	卖方	卖方	卖方	卖方	买方	水运

拓展阅读　　　　　常用贸易术语的变形

在国际贸易业务中，为了明确装卸费用的负担问题，出现了一些贸易术语的变形。

一、FOB术语的变形

1. FOB Liner Terms——FOB班轮条件，指有关装船费用按班轮条件办理，即由买方支付。

2. FOB Under Tackle——FOB吊钩下交货，指卖方仅负责将货物交到买方指定船只的吊钩所及之处，有关装船的各项费用均由买方负责。

3. FOBS（FOB Stowed）——FOB包括理舱，指卖方负责将货物装入船舱，支付包括理舱费在内的装船费用。

4. FOBT（FOB Trimmed）——FOB包括平舱，指卖方负责将货物装入船舱，并支付包括平船费在内的装船费用。

5. FOBST（FOB Stowed and Trimmed）——FOB包括理舱、平舱，指卖方负责将货物装上船，并支付包括理舱费和平舱费在内的装船费用。

二、CFR术语的变形

1. CFR Liner Terms——CFR班轮条件，指卸船费用按班轮条件处理，即由卖方负担。

2. CFR Ex. ship's——Hold—CFR船底交货，指买方负担将货物从船底起吊卸到码头的费用。

3. CFR Ex Tackle——CFR吊钩交货，指卖方负担将货物从船底吊至船边卸离吊钩为止的费用。

4. CFR Landed——CFR卸到岸上，指卖方负担将货物卸到目的港岸上的各项费用，包括驳船费和码头费。

贸易术语的变形仅仅是为了解决装卸费用由谁负担的问题，并不改变交货地点和风险划分界限。但在实际业务中，如果要应用贸易术语变形，双方应事先取得一致理解。

任务三 解析 FCA、CPT、CIP

近几年，随着集装箱运输和国际联运业务日益增多，FCA、CPT、CIP 贸易术语的使用也日渐增多。

一、FCA

FCA 的全文是 Free Carrier（…named place），即货交承运人（……指定地点），是指卖方办理货物出口清关手续，并将货物交到指定的地点由买方指定的承运人监管，就完成其交货义务。买方必须自负费用订立从指定地或地点发运货物的运输合同，并将有关承运人的名称、要求交货的时间和地点充分地通知卖方，负担货交承运人后的一切费用和风险。该术语可适用于各种运输方式，包括多式联运。

按照《2010 通则》，在 FCA 术语下，买卖双方的主要义务见表 4-5。

表 4-5

卖方	买方
取得出口许可证和其他证件，办理出口清关手续	指定承运人，支付运费，并及时通知卖方承运人名称、交货时间及地点
在合同规定时间内，将符合合同要求的货物交给买方指定承运人，并及时通知买方	取得进口许可证和其他证件，办理进口通关手续
承担货交承运人之前的一切风险和费用	承担货交承运人之后的一切风险和费用
提供符合销售合同规定的货物和商业发票，以及合同要求的其他单证	购买保险，支付保费

采用 FCA 时的注意点如下：

第一，交货地点、装卸货的问题。FCA 术语下，卖方必须在指定地点，在约定的交货日期或期限内，将货物交付给买方指定的承运人或其他人，若指定地点在卖方所在地，则卖方应负责将货物装上买方指定的承运人，或代表买方的其他人提供的运输工具；若指定地点不是卖方所在地，而是其他任何地点，则当货物在卖方的运输工具上尚未卸货而交给买方指定的承运人或其他人，或由卖方选定的承运人或其他人处置时就完成交货，卖方不负责卸货和再装货；若在指定地点没有约定具体交货地点，且有几个交货地点可供选择时，卖方可以在指定地点选择最适合自己的交货点。

第二，指定承运人问题。如果买方无法办理指定承运人事情，可以与卖方协商，请卖方代办，但费用和可能出现的风险应由买方承担。

在 FCA 术语下，买卖双方的主要责任划分如图 4-4 所示。

二、CPT

CPT 术语的全称是 Crriage Paid To（…named place of destination），即运费付至（……指定目的地），是指卖方支付货物运至指定目的地的运费，但货物在交给指定承运人时，风险就转由买方承担。它适用于各种运输方式。

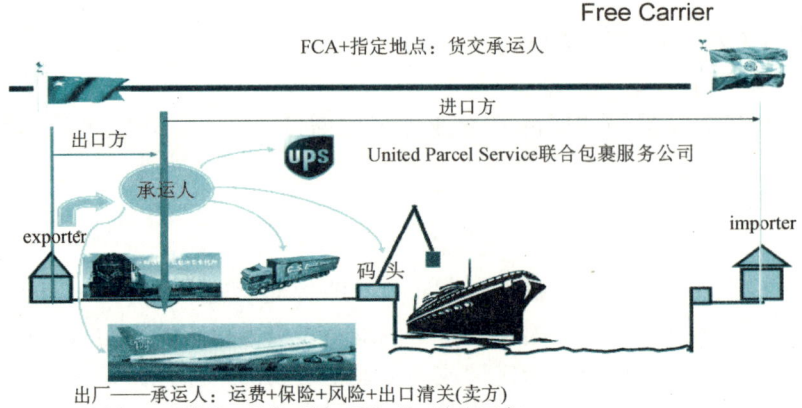

资料来源：http://wenku.baidu.com/view/bd60ea920c22590102029db4.html。

图 4-4　FCA 术语下买卖双方主要责任划分图

按照《2010 通则》，在 CPT 术语下，买卖双方的主要义务见表 4-6。

表 4-6

卖方	买方
取得出口许可证和其他证件，办理出口清关手续	在指定的时间和地点，接受货物
指定承运人，在合同规定时间和地点，将合同规定货物交给指定承运人，并及时通知买方	取得进口许可证和其他证件，办理进口通关手续
承担货交承运人之前的一切风险和费用	承担货交承运人之后的一切风险和费用
提供符合销售合同规定的货物和商业发票，以及合同要求的其他单证	购买保险，支付保费

在 CPT 术语下，买卖双方的主要责任划分如图 4-5 所示。

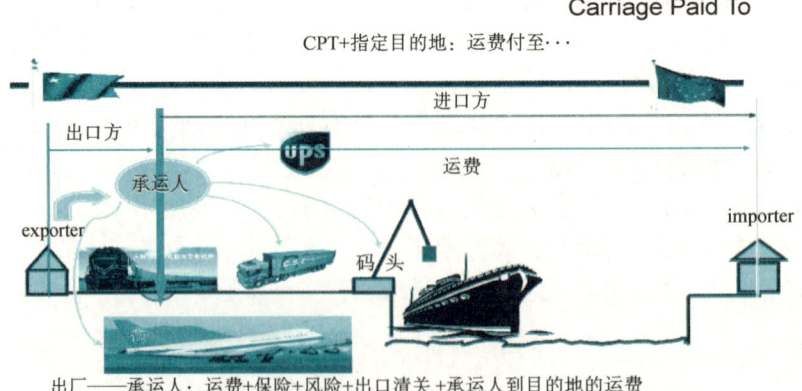

资料来源：http://wenku.baidu.com/view/bd60ea920c22590102029db4.html。

图 4-5　CPT 术语下买卖双方主要责任划分图

三、CIP

CIP 术语的全称是 Crriage Insurance Paid To（…named place of destination），即运费、保险费付至（……指定目的地），是指卖方除负有与 CPT 术语相同的义务外，卖方还须办理货物在运输途中灭失或损坏货物保险，订立保险合同，并支付保险费。如买卖双方事先未在合同中规定保险险别和保险金额，卖方只需按最低责任保险险别取得保险，最低保险金额为合同价款加 10%，即 CIP 合同价款的 110%，并以合同规定的货币投保。

在 CIP 术语下，买卖双方的主要责任划分如图 4-6 所示。

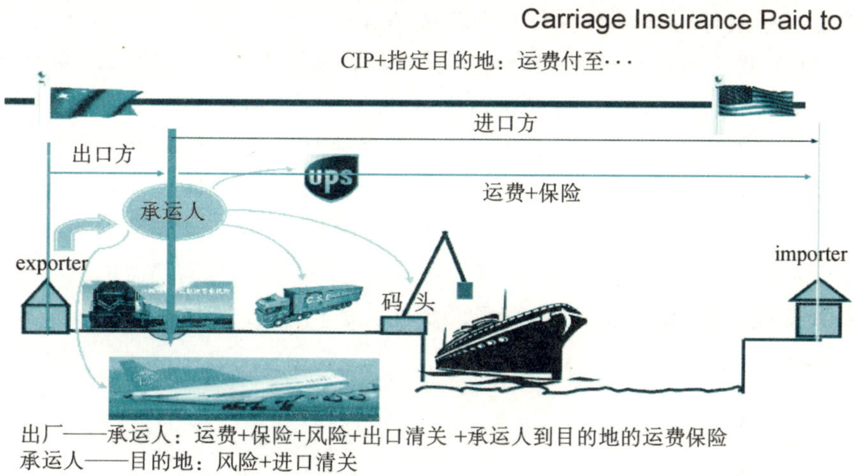

资料来源：http：//wenku.baidu.com/view/bd60ea920c22590102029db4.html。

图 4-6　CIP 术语下买卖双方主要责任划分图

实 训 活 动

【实训目的】

1. 了解 FCA、CPT、CIP 三种术语买卖双方的主要义务。
2. 运用贸易术语分析、解决问题。

【实训内容】

1. 填写表 4-7 中的空白栏。

表 4-7

贸易术语	交货地点	风险界限	指定承运人	支付运费	办理保险	支付保费	出口报关责任费用	进口报关责任费用	运输方式
FCA									
CPT									
CIP									

2. 西安一家洗衣机生产和出口商于 2013 年向荷兰鹿特丹的一家洗衣机进口商出售 3000 台 A 型号洗衣机，双方约定采用集装箱多式联运方式运输。请从降低我国公司成本费用和风险的角度出发，分组讨论选用哪种贸易术语较为合适？

3. 我方以 FCA 贸易术语从意大利进口布料一批，双方约定最迟的装运期为 4 月 12 日，由于我方业务员的疏忽，导致意大利出口商在 4 月 15 日才将货物交给我方指定的承运人。当我方收到货物后，发现部分货物有水渍，据查是因为货交承运人前两天大雨淋湿所致。据此，我方向意大利出口商提出索赔，但遭到拒绝。问：我方的索赔是否有理？为什么？

【实训方法】

学生先自主完成实训内容 1，师生共评，分析总结；在完成实训内容 1 的基础上，分组讨论实训内容 2 和 3，并选代表进行阐述。

【重点提示】

FCA、CPT、CIP 三种术语是在 FOB、CFR 和 CIF 三种贸易术语的基础上，为适应多种运输方式的需要而产生的，它们既有相同之处，又有区别，且 FCA、CPT、CIP 没有术语变形。

拓展阅读 FOB、CFR、CIF 和 FCA、CPT、CIP 的主要区别

六种贸易术语的主要区别如表 4-8 所示。

表 4-8　　　　FOB、CFR、CIF 和 FCA、CPT、CIP 的主要区别

	FOB、CFR、CIF	FCA、CPT、CIP
适用的运输方式	仅适用于海运和内河运输，承运人一般为船公司	适用于各种运输方式，承运人因运输方式不同而不同
装卸费用负担	贸易合同中要采用贸易术语变形加以明确	无贸易术语变形，运费中含装货费或卸货费
交货地点	装运港船上	货交承运人
风险转移点	装运港船上	货交第一承运人
运输单据	一般卖方要提交"清洁已装船"提单	因运输方式不同而有多种情况，如铁路运单、航空运单、国际多式联运单据等
保险内容	主要涉及海洋货物运输保险	涉及各种运输方式下的货物保险

任务四　了解其他贸易术语

一、EXW

EXW 是 Ex Works（…named place）的缩写，即工厂交货。它是指当卖方在其所在地或其他指定的地点（如工场、工厂或仓库）将货物交给买方处置时，即完成交货，卖方不办理出口清关手续或将货物装上任何运输工具。该术语适用于任何运输方式和多式联运。

二、FAS

FAS 是 Free Alongside Ship（…named port of shipment）的缩写，即船边交货（指定装运港）。它是指卖方在指定的装运港将货物交到船边，即完成交货。买方必须承担自那时起货物灭失或损坏的一切风险。运费、保险费、进口报关的责任费用等由买方负担。FAS 术语要求卖方办理出口清关手续。该术语仅适用于海运或内河运输。

三、DAT

DAT 是 Delivered At Terminal（…named of destination）的缩写，即终点站交货（指定目的地或目的港）。它是指卖方在指定的目的港或目的地的指定终点站卸货后将货物交给买方处置即完成交货。终点站包括任何地方，如码头、仓库、集装箱堆场或公路、铁路、空运货运站。卖方应承担货物运至指定目的地和卸货所产生的一切风险和费用。买方办理货物进口通关手续，并支付任何进口税费。它适用于任何运输方式和多式联运。

四、DAP

DAP 是 Delivered At Place 的缩写，即目的地交货。它是指卖方在指定的目的地交货，只需做好卸货准备而无需卸货即完成交货。术语所指的目的地包括港口，到达车辆包括船舶。卖方应承担将货物运至指定目的地的一切风险和费用，但买方办理进口通关手续，支付进口通关费用。它适用于任何运输方式和多式联运。

五、DDP

DDP 是 Delivered Duty Paid（…named place）的缩写，即完税后交货。它是指卖方在指定的目的地，办理完进口清关手续，将在交货运输工具上尚未卸下的货物交于买方，完成交货。卖方必须承担将货物运至指定的目的地的一切风险和费用，包括关税、捐税和其他费用；货物在运输途中发生灭失损坏的风险以及办理货物出口和进口时所要支付的一切费用（如增值税）从卖方的义务中排除，则应在销售合同中明确写明。若卖方不能直接或间接地取得进口许可证，则不应使用此术语。

实 训 活 动

【实训目的】

1. 了解五种非常用贸易术语。
2. 熟悉《2010通则》中11种贸易术语适用的运输方式、交货地点、风险转移界限和买卖双方责任。

【实训内容】

1. 连连看

(1) FAS　　　　　A. 装运港船上交货
(2) FOB　　　　　B. 运费、保险费付至（……指定目的地）
(3) CIF　　　　　C. 指定装运港船边交货
(4) CIP　　　　　D. 买方承担风险责任最小
(5) EXW　　　　　E. 成本、保险费加运费（指定目的港）
(6) DDP　　　　　F. 卖方承担风险责任最小

2. 把学生分成四个小组，分别利用 EXW、FCA、CPT、CIP、DAT、DAP、DDP、FAS 八个贸易术语对以下四个案例分别进行讨论，并写出分析报告。

[案例1] 我国东北地区某外贸公司于2002年9月按照DAF满洲里条件与某俄罗斯商人签订了一笔矿产品的买卖合同。合同规定的数量为8000吨，可分批装运，交货期为当年12月底之前。签约后，卖方即开始备货，安排铁路运输，并于12月30日之前将8000吨产品分批发运出去。买方在满洲里接受了货物，经检验发现有短量现象，同时发现有一部分货物是在2003年1月份到达满洲里的。于是，买方向卖方提出异议，指出卖方违反交货期和短交货物，并就此提出索赔。但卖方以铁路承运人出具的运输单据证明自己按时交了货，并以商检证和铁路运单上所载明的数量说明自己是按量交货的，因此拒绝赔偿。

试问：本案中卖方有无违约情况？理由是什么？

[案例2] 某公司按EXW条件出口一批电缆，但在交货时，买方以电缆的包装不适宜出口运输为由，拒绝提货和付款。

试问：买方的行为是否合理？

[案例3] 中国清远公司出口一批货物，DAP术语成交，不可撤销信用证付款，2月20日交货。1月下旬，中国清远公司的货物装船驶向目的港。此时买方要求货装船后卖方将全套提单空邮买方，以便买方及时凭以办理进口通关手续，中国清远公司即以照办。由于海上风浪过大，船舶迟到几天才到达目的港，遭到买方降价要挟，经过争取对方才未予以追究。货物到达目的港后，卸货费用由谁负担的问题双方发生了争议。最后，由中国清远公司负担卸货费用，但中国清远公司却蒙上了不小的损失。

试分析：本案中若采用DAP术语成交，则货物的装卸费用应由谁承担？

[案例4] 我国东北地区某外贸公司某年9月按DAT满洲里条件与某俄罗斯商人签订了一笔矿产品的买卖合同，合同规定的数量为8000吨，可分批装运，交货期限为当年12月底之前。签约后，卖方即开始备货并安排铁路运输，并于12月30日前将8000吨产品分批发运出去。买方在满洲里接受了货物，经检验发现有短量现象，同时发现有一部分货物是在次年1月份到达满洲里的，于是买方向卖方提出异议，指出卖方违反交货期和短交货物，并就此提出索赔。但卖方以铁路承运人出具的运输单据证明自己按时交了货，并以商检证和铁路运单上所载明的数量说明自己是按量交货的，因此拒绝理赔。

试问：卖方拒赔有无道理，分析我方应如何处理？

【实训方法】

学生分组讨论并分析，分别汇报分析报告，学生互评，教师点评后总结。

【重点提示】

EXW术语下卖方承担最小责任，而DDP术语下卖方承担最大责任。

不同贸易术语对买卖双方的权利和义务有决定性影响，交易双方应根据自己的能力选用恰当的贸易术语订立合同。

拓展阅读　　　　《2000通则》和《2010通则》的主要区别

1. 贸易术语的数量由原来的13种变为11种，加入两个新的贸易术语DAT和DAP，取消了4个：DAF、DES、DEQ和DDU。

2. 对术语分类进行了调整，由原来的E、F、C、D四组分为两类：适用于各种运输方式和水运。

3. 加入了术语的使用范围，强调也适用于国内贸易。

4. 加入电子交易的内容。

5. 保险的险别引入了国际商会《跟单信用证统一惯例》中；

6. 加入终端处理费用的归属，以保证不出现真空。终点站处理费用在《2000通则》的CPT、CIP、CFR、CIF、DAT、DAP和DDP等国际贸易术语规则中，运费有时候会包含港口或集装箱终端设施内处理与移动货物的费用，往往是由卖方纳入总体销售价格中，实际上由买方支付。但有时承运人和终点站运营方也可能向收到货物的买方再收取这些费用，就出现了同一服务买方缴费两次，一次付给卖家作为销售价格中一部分与一次单独地付给承运人或者终点站运营方。在《2010通则》中明确分配这类费用，避免了类似情形的发生。

7. 加入连环贸易（或称销售）条款，对《2000通则》的不足之处进行补充。在农矿产品销售中，相对于工业品的销售，货物经常在链条运转中被频繁销售多次。这种情况发生时，在链条中间环节的卖方并不"船运"这些货物，因为这些货物已经由最开始的卖方船运了。连环运转中间环节的卖方因而履行其对买方的义务，并不是通过船运货物，而是通过"取得"已经被船运的货物。为明确起见，《2010通则》的规则包含了"取得已船运的货物"的义务，将此作为相关规则中船运货物义务的替代义务。

模块二 核算进出口价格（运费、保险计算）

情境导入

天津绮华进出口有限公司向英国 A 公司出口一批袜子，报价为每打 35 美元 FOB 天津，如果英国 A 公司要求改为 CFR 伦敦，已知从天津运往伦敦的海运运费为每打 2 美元，试问天津绮华进出口有限公司该如何重新报价？

任务一 认识商品价格构成

由于国际货物交易双方最关心的问题之一是货物的价格，价格条款便成为买卖合同中的核心条款。它不仅直接关系到买卖双方的利益，而且还对其他条款产生影响。因此，订立好合同中的价格条款对提高外贸经济效益具有十分重要的意义。

一、价格条款的基本内容

合同中的价格条款一般包括商品的单价和总值两项基本内容。

1. 商品单价（Unit Price）。商品单价是指单位商品的价格，由计价货币、单位价格、计量单位和贸易术语四个部分组成。如 USD 50Per Dozen FOB Shanghai（每打 50 美元 FOB 上海），其中"USD"为计价货币，"50"为单位价格，"Per Dozen"为计量单位，"FOB 上海"为贸易术语。

2. 商品总值（Total Amount）。商品总值（或总价）是指单价同成交数量的乘积，即一笔交易的货款总金额。

二、进出口商品的价格构成

（一）出口商品价格构成

国际贸易出口价格一般由商品成本（Cost）、出口费用（Export Expenses）、预期利润（Expected Profit）构成。

1. 商品成本，指出口商品的生产成本或进货成本（含税）或加工成本。
2. 出口费用，包括国内费用和国外费用。国内费用包括国内运费、包装费、仓储费、认证费、港区港杂费、商检报送费、垫款利息、银行费用、经营管理费等；国外费用包括出口运费、出口保险费、佣金等。
3. 预期利润。预期利润可由出口商根据具体情况自行确定，一般参考行业平均利润。

（二）进口商品价格构成

进口商品的价格主要包括进口合同价格（供应商报价）和各项进口费用。用公式表示为：

$$进口成本 = 进口合同价格 + 各项进口费用$$

其中，进口合同价格在合同成立之前是一种估价，是在国外供应商报价的基础上通过磋商可以取得一致意见的合同价格，有时也是进口方争取以此为基础交易的价格，在合同成立后，就是合同写明的商品价格。

进口费用包括的内容很多，不同的交易条件下，进口商承担的进口费用也不尽相同。若以 FOB 价格从国外进口，进口费用通常包括以下内容：

1. 国外运输费用。即从出口国港口、边境或机场到我国港口、边境或机场等的海、陆、空的运输费用。
2. 运输保险费用。即上述运输途中的保险费用。
3. 卸货费用。即码头卸货费、起重机费、驳船费、码头建设费、码头仓租费等。
4. 进口税。即货物在进口环节由海关征收（包括代征）的各项进口税，如关税、增值税、消费税等。
5. 银行费用。如开征费、结汇手续费等。
6. 进口商品的检验费和其他公证费。
7. 报关提货费。
8. 国内运输费。
9. 利息支出。即从开证付款到收回货款之间所发生的利息支出。
10. 其他费用，如管理费用、通信费用、其他杂费等。

（三）六种常用贸易术语的价格构成

在国际贸易中，由于交易双方使用的贸易术语不同，其价格构成也不相同，因此需要在熟悉贸易术语的基础上，进一步理清各贸易术语对应的价格构成。

FOB 价 = 进货成本价 + 国内费用 + 预期利润

CFR 价 = 进货成本价 + 国内费用 + 国外运费 + 预期利润

CIF 价 = 进货成本价 + 国内费用 + 国外运费 + 国外保险费 + 预期利润

FCA 价 = 进货成本价 + 国内费用 + 预期利润

CPT 价 = 进货成本价 + 国内费用 + 国外运费 + 预期利润

CIP 价 = 进货成本价 + 国内费用 + 国外运费 + 国外保险费 + 预期利润

由以上贸易术语价格构成，可以推导出：

CFR = FOB + 国外运费

CIF = CFR + 国外保险费 = FOB + 国外运费 + 国外保险费

CPT = FCA + 国外运费

CIP = CPT + 国外保险费 = FCA + 国外运费 + 国外保险费

【例 4-1】 南京鸿运进出口公司出口玉米 1000 公吨，出口价格为 USD1000/MT CIF NEW YORK，现客户提出采用 FOB QINGDAO 报价。已知该批大豆出口总运费为 USD50000.00，保险费为 USD10000.00，请在不改变利润前提下报出 FOB QINGDAO 价格。

FOB 价 =（CIF 总价 - 出口总运费 - 国际保险费）/出口数量

=（1000×1000 - 50000 - 10000）/1000 = 940 美元

实训活动

【实训目的】
1. 熟悉商品单价的表示方法。
2. 根据贸易术语，进行出口报价。

【实训内容】
1. 判断下列出口商品单价表示方法是否正确？如不正确，应如何改正？
(1) 每件 20 元 FOB 上海；
(2) 每吨 1000 美元 CIF 伦敦；
(3) 每箱 320 美元 CFR 美国；
(4) 590 日元 FCA 东京；
(5) 每桶 60 美元。

2. 天津绮华进出口公司获悉美国家用纺织品公司正在求购 17 吨 A 级毛条（计一个 20 英尺集装箱），请以天津绮华公司出口部业务员身份，根据下列资料：

已知 A 级毛条：每吨进货价 5000 元人民币（含增值税 17%），出口退税率 3%；出口包装费每吨 500 元；该批货物国内运杂费共计 1500 元；出口商检费 300 元；报关费 100 元；港区港杂费 800 元；其他各种费用共计 1500 元；

海洋运费从装运港上海至美国旧金山，一个 20 英尺集装箱的包箱费率是 2000 美元；

美国家用纺织公司要求按 CIF 价格的 110% 投保，保险费率 0.85%；

天津绮华公司预计利润 10%（以成交价格计算），人民币对美元汇率为 6.25:1。

以小组为单位完成：
(1) 计算出口实际成本；
(2) 计算国内费用；
(3) 计算出口运费；
(4) 请分别报 FOB 上海价、CFR 旧金山价、CIF 旧金山价。

【实训方法】
学生分组计算，教师点评。

【重点提示】
商品单价是货物买卖合同的重要组成部分，只有明确商品单价的构成，正确表示商品价格，才能将货物按合适价格进行国际贸易。

不同的贸易术语对应着不同的价格构成，在国际贸易中，应特别注意不同贸易术语之间的价格换算关系。

> **拓展阅读**
>
> 一、进出口商品的计价原则
> 1. 按国际市场价格水平计价。
> 2. 结合国别、地区政策计价。
> 3. 考虑影响价格的各种具体因素,如商品质量、成交数量、交货地点、交货期限、支付方式和汇率变动等。
> 二、进出口商品的计价方法
> 1. 固定价格。这是国际贸易采用较多的计价方法。即在国际货物买卖中交易双方在磋商时将具体的货物单价或总价确定下来,事后无论发生什么情况均按确定的价格进行货款结算。
> 2. 非固定价格。非固定价格是指买卖双方订约时不明确规定价格,这样可以避免市场价格变动所带来的风险。它主要包括暂不固定价格、暂定价格和滑动价格三种。

任务二 核算进出口商品的价格

一、核算出口商品价格

(一) 成本核算

实际成本 = 含税进货成本 − 出口退税收入

出口退税收入 = 含税进货成本 × 出口退税率 / (1 + 增值税率)

实际成本 = 含税进货成本 − 含税采购成本 × 出口退税率 / (1 + 增值税率)

【例 4−2】 某公司采购 A 产品的含税进货成本为人民币 1000 元,所含增值税税率为 17%,若 A 产品的出口退税率为 7%,则该产品的实际成本为:

实际成本 = 1000 − 1000 × 7% / (1 + 17%) = 940.17 (元)

(二) 运费核算

出口运费 (集装箱装运) = 包箱费率 / 每集装箱所装数量

出口班轮运费 (散货) = (基本运费 + 附加运费)

= 基本运费 × (1 + 各种附加运费率)

(三) 保险费 = 保险金额 × 保险费率

保险金额 = CIF (CIP) × (1 + 保险加成率)

保险费 = CIF × (1 + 保险加成率) × 保险费率

(四) 核算预期利润

预期利润既可以用某一固定的数额表示,也可以用生产成本、出口成本、出口报价作为基数,按行业平均利润率核算。

预期利润 = 生产成本 × 预期利润率

预期利润 = 出口成本 × 预期利润率

预期利润 = 出口报价 × 预期利润率 = 出口成本／（1 − 预期利润率）− 出口成本

【例 4−3】 出口某商品，生产成本为每单位 185 元，出口的各项费用为 15 元，如果公司的利润率为 10%，公司对外报 FOB 价，试分别以生产成本、出口成本和出口价格为基数计算利润额

按生产成本为基数计算的利润额 = 185 × 10% = 18.5（元）

按出口成本为基数计算的利润额 =（185 + 15）× 10% = 20（元）

按出口价格为基数计算的利润额 =（185 + 15）／（1 − 10%）−（185 + 15）
= 22.22（元）

【出口报价范例】 天津绮华进出口有限公司在国内市场采购陶瓷餐具含税进货成本为人民币 1000 元，所含增值税税率为 17%，若陶瓷餐具出口退税为 9%，国内总费用每套 20 元，国际运费每套 50 元，国际保险按 CIF 成交价加一成投保一切险，保险费率为 0.9%，预期利润为出口成本 10%，计算每套陶瓷餐具实际采购成本、出口成本，并分别以 FOB、CFR 和 CIF 贸易术语对外报价。

实际采购成本 = 1000 − 1000 × 9%／（1 + 17%）= 923.10（元）

出口成本 = 实际采购成本 + 国内总费用 = 923.10 + 20 = 943.10（元）

FOB 报价 = 943.10／（1 − 10%）= 1047.89（元）

CFR 报价 =（943.10 + 50）／（1 − 10%）= 1103.44（元）

CIF 报价 =（943.10 + 50）／［1 − 10% −（1 − 10%）× 0.9%］
= 1113.46（元）

（五）出口还价核算

出口报价由实际采购成本加各种费用和预期利润组成，当出口报价后遭到还价后，价格中的其他要素发生变化，需要重新计算出口价格。常见的有贸易术语变化、含佣金或折扣。

【出口还价范例】 我国某公司出口某商品 100 公吨，每公吨采购成本 1000 元，国内各项费用 500 元，已知该货物运费为每公吨 30 美元。试报出 CFRC4 London 价。如果报价后，客户还价每公吨 268 美元，我公司可否接受？（假设预期利润率为 10%，1 美元 = 6.23 元人民币）

解答：

CFRC4 报价 =（实际采购成本 + 各项国内费用之和 + 国外运费）／（1 − 佣金率 − 预期利润率）

=（1000 + 500 + 30 × 6.23）／（1 − 4% − 10%）

= 1961.519（元）= 314.85（美元）

利润 = 销售收入 − 费用 − 实际采购成本

= 268 × 6.23 − 268 × 6.23 × 4% − 500 − 30 × 6.23 − 1000 = −84.05（元）

CFRC4 报价为 314.85 美元，如果客户还价 268 美元，我方不可接受。

二、核算进口商品价格

（一）核算进口商品总成本

进口商品总成本 = 进口商品合同价 + 进口关税 + 进口费用

【例 4-4】 某商品 B 进口关税税率为 7%，进口数量为 9120 只，FOB 报价金额为每只 0.8 美元，进口报检费 200 美元，报关费 200 美元，开证费 100 美元，赎单费 100 美元，公司综合业务费 500 美元，海运费 1350 美元，保险费 74.27 美元。试计算商品 B 的进口总成本。

进口合同价格 = 0.8 × 9120 = 7296（美元）

进口关税 = 进口合同价格 × 进口关税税率 = 7296 × 7% = 510.72（美元）

国内各项费用 = 200 + 200 + 100 + 100 + 500 + 1350 + 74.27 = 2524.27（美元）

进口总成本 = 7296 + 510.72 + 2524.27 = 10330.99（美元）

（二）核算利润

利润 = 销售收入 - 进口商品总成本

如果上题中进口的 B 商品目前市场销售价格为每只 1.5 美元，试计算商品 B 此次进口的利润额。

销售收入 = 1.5 × 9120 = 13680（美元）

利润 = 13680 - 10330.99 = 3349.01（美元）

正确计算商品进口总成本是判断以对方报价进口商品能否盈利的关键所在，也能够通过利润不变，倒推法计算出进口商品的价格上限。

实训活动

【实训目的】

通过实际业务操作，让学生掌握运用 CIF 核算商品进出口价格。

【实训内容】

将学生分为两组，分别担任买卖双方不同角色，结合实训所给案例内容，核算商品的进出口价格（包括保险费用和运费）。

2013 年 11 月 18 日，中国顺天贸易有限公司与英国伦敦戴尔贸易有限公司签订一项贸易合同，我方上海出口内衣到英国伦敦，按 CIF 伦敦价成交。具体实训方案如下：

中国顺天贸易有限公司出口一批 20 英尺集装箱的内衣到国外，用纸箱装，每箱 40 套，供货价格为 52 元/每套（含 17% 的增值税，出口退税为 13%），出口包装费每纸箱为 15 元，商检费、仓储费、报关费、国内运杂费、业务费、港口费以及其他各种税费每个纸箱约为 1900 元，20 英尺集装箱的国外运费约为 1200 美元，如果按 CIF 伦敦成交，我方按成交金额的 110% 投保一切险，费率为 0.5%。现假设汇率为 8 元人民币兑换 1 美元。试回答：

(1) 我方欲获得 10% 的利润（按成交金额计算），试计算货物的 FOB 价和 CIF 价。

(2) 如果外商在我方所报价的 CIF 基础上还价 10%，我方利润还有多少？

(3) 如果外商坚持所还价格，而我方又想保持 10% 的利润不变，供货价应不高于每套多少元？

【实训要求】

学生根据实际案例计算出结果，教师进行集中评定。

【重点提示】

价格核算国际贸易工作的重要内容之一，而价格条款是贸易合同的主要交易条件之一，也是交易磋商过程中的核心内容，因此确定进出口商品价格时应注意：

1. 选择适当贸易术语。
2. 灵活选择作价办法。
3. 争取选择于己有利的计价货币。
4. 合理运用佣金与折扣。

拓展阅读

计价货币（Money of Account）是指合同中规定用来计算价格的货币。如合同中的价格是用一种双方当事人约定的货币（如美元）来表示的，没有规定用其他货币支付，则合同中规定的货币，既是计价货币，又是支付货币（Money of Payment）。如在计价货币之外，还规定了其他货币（如英镑）支付，则英镑就是支付货币。

在一般的国际货物买卖合同中，价格都表现为一定量的特定货币（如每公吨为300美元），通常不再规定支付货币。根据国际贸易的特点，用来计价的货币，可以是出口国家货币，也可以是进口国家货币或双方同意的第三国货币，由买卖双方协商确定。由于世界各国的货币价值并不是一成不变的，特别是在世界许多国家普遍实行浮动汇率的条件下，通常被用来计价的各种主要货币的市值更是严重不稳。国际货物买卖通常交货期都比较长，从订约到履行合同往往需要有一个过程，在此期间，计价货币的市值会发生变化，甚至会出现大幅度的起伏，其结果必然直接影响进出口双方的经济利益。因此，如何选择合同的计价货币就具有重大的经济意义，是买卖双方在确定价格时必须注意的问题。

除双方国家订有贸易协定和支付协定，而交易本身又属于上述协定的交易，必须按规定的货币进行清算外，一般进出口合同都是采用可兑换的、国际上通用的或双方同意的支付手段进行计价和支付。但是，目前这些货币的软硬程度并不相同，发展趋势也不一致，因此，具体到某一笔交易，都必须在深入调查研究的基础上，尽可能争取把发展趋势对我方有利的货币作为计价货币。从理论上说，对于出口交易，采用硬币计价比较有利；而进口合同却用软币计价比较合算。但在实际业务中，以什么货币作为计价货币，还应视双方的交易习惯、经营意图以及价格而定。如果为达成交易而不得不采用对我方不利的货币，则可设法用下述两种办法补救：一是根据该种货币今后可能的变动幅度，相应调整对外报价；二是在可能条件下，争取订立保值条款，以避免计价货币汇率变动的风险。

模块三　计算佣金、折扣

情境导入

天津绮华进出口有限公司销售陶瓷餐具对外报价是每箱 40 美元 FOB 新港，但是德国惠尔公司要求 4% 的佣金。试问：如果天津绮华进出口有限公司要保持原来的收入，应报价多少？德国惠尔公司获得的佣金为多少？如何在价格中表示出佣金？

任务一　掌握佣金的计算和表示方法

佣金是国际贸易价格构成因素之一。佣金直接关系到商品的价格，也关系到买卖双方以及相关第三者的经济效益，灵活地运用佣金和折扣，可以调动外商的积极性，增强市场竞争，起到扩大出口的作用。

一、佣金的定义

佣金（Commission）是代理人（Agent）或经纪人（Middleman）为委托人（Consignor）介绍买卖或提供其他服务而取得的报酬。

在货物买卖中，佣金常常表现为交易一方支付给中间商的报酬。例如，出口商支付佣金给销售代理人，或进口商支付佣金给采购代理人。

二、佣金的计算

包含佣金的价格称为"含佣价"，不含佣金则为净价。佣金如在价格条款中明确规定则称"明佣"，也有不在价格条款中表示出来的，由当事人按约定另付，这种做法称为"暗佣"。其计算公式为：

佣金 = 含佣价 × 佣金率

净价 = 含佣价 − 佣金 = 含佣价 × （1 − 佣金率）

含佣价 = 净价 / （1 − 佣金率）

【例 4 − 5】 CIFC3% 每公吨 1000 美元，其中佣金为 1000 × 3% = 30 美元。

【例 4 − 6】 卖方拟按 CIF 每公吨 1000 美元成交，但买方提出按 FOBC3% 成交，若运费为 30 美元，保险费为 10 美元，则佣金为多少？

FOB = CIF − 运费 − 保险费 = 1000 − 30 − 10 = 960（美元）

FOBC3% 的佣金 = 960 × 3% = 28.8（美元）

【例 4 − 7】 买方报出 FOB 净价 100 美元，但卖方提出含佣金 4%，问佣金为多少？应如何更改报价？

FOBC4%价 = FOB净价/（1-4%）= 100/（1-4%）= 104.17（美元）
佣金 = 104.17 - 100 = 4.17（美元）

三、佣金的表示方法

1. 用文字表示。

【例4-8】 每公吨335美元CIF纽约包含佣金2%
USD335 per metric ton CIF New York including 2% commission.

2. 在贸易术语后加C并注明佣金的百分比。

【例4-9】 每公吨335美元CIFC2%纽约。
USD335 per metric ton CIFC2% New York.

3. 用绝对数表示。

【例4-10】 每公吨500美元CIF纽约，包括佣金10美元。
USD500 per metric ton CIF New York, including commission USD10.

实 训 活 动

【实训目的】

1. 使学生掌握佣金价格的计算方法。
2. 培养学生分析问题的能力，提高探究与解决问题的能力。

【实训内容】

1. 让学生利用佣金计算的方法算出情景导入中的佣金价格；
2. 案例分析：我某出口公司拟出口化妆品去中东某国，正好该国某中间商主动来函与该公司联系，表示愿为推销化妆品提供服务，并要求按每笔交易的成交金额给予佣金5%。不久，经该中间商中介与当地进口商达成CIFC5%总金额50000美元的交易，装运期为订约后2个月内从中国港口装运，并签订了销售合同。合同签订后，该中间商即来电要求我出口公司立即支付佣金2500美元。我出口公司复电称：佣金需待货物装运并收到全部货款后才能支付。于是，双方发生了争议。

试分析：我出口公司应如何避免产生此类争议？

【实训方法】

对学生的计算结果进行学生互评、教师点评。

【重点提示】

佣金是国际贸易中间商应得的酬金，其比率一般掌握在1%~5%之间。它可以由代理商直接从货价中扣除，也可在委托人收货或收款后按约定另外支付，要防止佣金错付、漏付和重付事故发生。

> **拓展阅读**
>
> 佣金的支付方式极其灵活，可以按月、按季度、按半年甚至一年结算，具体支付时，委托人可采取以下方法向中间商支付佣金：
>
> 1. 在交易达成时就向中间商支付佣金，在此种情况下，虽然交易已达成，但万一合同无法履行，委托人仍要向中间商支付佣金，因此委托人承担了较大的风险。
> 2. 卖方在收到全部货款后，再按事先约定的期限和佣金比率另行支付给中间代理商。
> 3. 由中间商直接从货价中扣除。
>
> 后两种情况对委托人比较有利。因为中间商的服务不仅在于促成交易，还应负责联系、督促实际卖价履约，协助解决履约过程中可能发生的问题，以使合同得以圆满地履行。因此，为了避免和防止误解，除要明确规定委托人与中间商之间的权利与义务外，委托人最好事先与中间商达成书面协议，明确规定支付佣金的方法。否则，有的中间商在交易达成后即可能要求我方支付佣金，而日后有关合同能否得到切实履行、货款能否收到，并无绝对保证。

任务二　掌握折扣的计算和表现形式

折扣是国际贸易价格构成因素之一。折扣直接关系到商品的价格，也关系到买卖双方以及相关第三者的经济效益，灵活地运用佣金和折扣，可以调动外商的积极性，增强市场竞争，起到扩大出口的作用。

一、折扣的定义

折扣（Discount）是指卖方按原价给予买方一定的百分比的减让，即在价格上给予适当的优惠。

凡在价格条款中明确规定折扣率的，叫作"明扣"；凡交易双方就折扣问题已达成协议，而在价格条款中都不明示折扣率的，叫作"暗扣"。

二、折扣的计算方法

折扣通常以成交额或发票金额为基础计算出来，一般按照如下公式计算：

单位货物折扣额 = 原价（含折扣价）× 折扣率

折实售价（单位商品净收入）= 原价 − 单位货物折扣额

= 原价 × （1 − 折扣率）

【例 4-11】 我国某公司以每公吨 670 美元 FOB 青岛、含折扣 3% 的价格对外出口一批货物，我方每公吨扣除折扣的净收入为：

670 × （1 − 3%）= 649.9（美元）

三、折扣的表示方法

1. 一般用文字表示。

【例4-12】 每公吨300美元FOB上海减折扣2%。

USD300 per metric ton FOB Shanghai less 2% discount.

2. 在贸易术语后加注字母D并注明百分比。

【例4-13】 每公吨300美元CIF伦敦，折扣3%。

USD300 per metric ton CIFD3% London.

实 训 活 动

【实训目的】

1. 使学生掌握折扣的计算方法。
2. 培养学生分析问题的能力，提高探究与解决问题的能力。

【实训内容】

结合实训案例内容将学生分为两组，分别计算折扣价格。

[案例1] 我国西南某公司以每公吨520美元CIF纽约、含折扣2%的价格对外出口一批货物，那么，我方的净收入是多少？

[案例2] 我国某外贸企业与英国商人达成一笔交易，合同规定我方出口某商品500公吨，每公吨450美元CFR利物浦，折扣3%，海运运费每公吨29美元，出口收汇后，企业向英商汇付佣金。计算：

（1）该出口企业向中国银行购买支付佣金的美元合多少人民币？

（2）该出口企业的外汇净收入为多少美元？（100美元=627元人民币）

【实训方法】

对学生的计算结果进行学生互评，教师点评。

【重点提示】

折扣一般是在买方支付货款时预先给予扣除。也有的折扣金额不直接从货价中扣除，而按暗中达成的协议另行支付给买方，这种做法通常在给"暗扣"或"回扣"时采用。值得注意的是。如果进出口合同的价格条款未规定含有佣金或折扣，则一般为净价。

拓展阅读

折扣促销是一把"双刃剑",它的作用机制、客观效应具有两面性。

从好的影响方面来说,折扣促销由于给消费者以较明显的价格优惠,可以有效地提高商品的市场竞争力,争取消费者,创造出良好的市场销售态势。同时,刺激消费者的消费欲望,鼓励消费者大批量购买商品,创造出"薄利多销"的市场获利机制。

从不良的影响方面来说,折扣促销活动的消极作用表现在以下几个方面:

1. 企业给以较为明显的折扣幅度后,消费者可能会期望更有利的折扣率,容易萌发观光望等待心理,消费者并不购买打折的商品,从而影响商品的销售。

2. 某一阶段或者某一个企业成功的折扣促销引导消费者大量购买商品后,造成未来市场需求的提前饱和。

3. 采用打折销售,容易降低商品的品牌形象,不利于品牌延伸商品的促销。

4. 打折销售的关键在于让利于消费者,也就是说把企业应得的利润部分地送给了消费者,其结果是降低了企业的市场获利能力。

模块四 确定价格条款

情景导入

天津绮华进出口有限公司与法国惠尔公司签订销售陶瓷餐具的出口合同。如果你是天津绮华进出口有限公司人员,该如何确定合同中价格条款?

任务 确定价格条款

进出口合同中的价格条款应该真实反映进出口双方价格磋商的结果,条款内容应准确、具体、完整。进出口合同中价格条款一般包括商品的单价和总值两项基本内容。单价通常由计量单位、单位价格金额、计价货币和贸易术语四个部分组成,有时还包括佣金、折扣;总值是单价与交易数量的乘积,是一笔交易的货款总金额。确定进出口合同中价格条款应该做到以下几点:

一、确定单位价格金额

一般情况下,进出口合同中单位价格采用固定价格,即交易双方通过协商达成一致,在合同中以单价条款形式规定下来,一经确定就要严格执行,不得擅自更改,如"US $ 1000per M/T CFR Los Angeles(每公吨 CFR 旧金山 1000 美元)"。但在所交易的商品国际市场价格频繁变化时，进出口双方为公平互利，也会采用灵活的暂定价格、浮动价格等作价方法，如"在装船月份前15天，参照当地及国际市场价格水平，协商议定正式价格"。

二、确定计价货币

计价货币是指合同中规定的用来计算价格的货币，可以是出口国或进口国货币，也可以是第三国货币，是由买卖双方协商确定的。一般情况下，在出口贸易中，计价货币应争取采用硬币（即币值稳定或具有一定上浮趋势的货币）；在进口贸易中，计价货币应力争使用软币（即币值不够稳定且具有下浮趋势的货币）。选择计价货币时应注意以下几个原则：使用可自由兑换的货币、把握"进软出硬"原则；必要时可多种货币组合；利用保值条款，以避免计价货币汇率变动的风险。

三、确定贸易术语、佣金、折扣的结合

贸易术语是国际贸易中构成单价条款的不可缺少的重要组成部分。进出口商应根据自己的心理准备或所具备的贸易条件，在正确理解不同国际惯例中贸易术语含义的基础上，灵活选择最符合自身需要的贸易术语。在实际业务中，有些交易是通过中间代理商进行的，因此在制订价格条款时，要考虑佣金的规定；有时出口商为扩大销售会使用折扣以加强对外竞销，所以在确定价格条款时还需考虑折扣问题。

四、注意与其他条款衔接

在国际贸易中，价格会涉及商品品质、数量、包装材料、运输条款等，因此在确定价格条款时，要注意与商品品质、数量、包装、运输、保险等其他条款衔接。

【进出口合同中价格条款范例】
CFR ROTTERDAM US＄1000/MT　　每公吨1000美元，CFR鹿特丹
USD200 per M/T CIF London　　　每公吨200美元，CIF伦敦

实 训 活 动

【实训目的】

使学生掌握进出口合同中价格条款的书写

【实训内容】

以出口商的身份书写合同中的价格条款：
1. 蜂蜜625型号每公吨100欧元 CIF鹿特丹
2. 蜂蜜625型号每公吨120欧元 CIF鹿特丹，包含佣金2%
3. 蜂蜜625型号每公吨130欧元 CIF鹿特丹，折扣3%

4. 蜂蜜625型号每公吨150欧元CIF鹿特丹，含佣金2%、折扣3%

【实训方法】

学生自主书写价格条款，学生互评，教师点评，发现价格条款书写中的问题并及时纠正。

【重点提示】

进、出口方在确定合同中价格条款时，可采用固定价格，也可采用暂定价格或浮动价格表示单位金额；计价货币的选择应把握"进软出硬"原则，必要时可多种货币组合，并利用保值条款以避免计价货币汇率变动的风险；进、出口方还应根据自己的心理准备或所具备的贸易条件，在正确理解不同国际惯例中贸易术语含义基础上，灵活选择最符合互惠互利的贸易术语。

拓展阅读　　　　　　　　**国际贸易合同中的作价方法**

一、固定价格

买卖双方明确约定成交价格，履约时按此价格结算货款。这是我国进出口贸易中最常见的作价方法，也是国际上常用的方法。

二、非固定价格

非固定价格即一般业务上所说的"活价"，适用于行情频繁变动、价格涨落不定且交货期较长的合同，可以使买卖双方避免承担市场价格变动的风险。从我国进出口合同的实际做法看，主要有以下几种做法：

1. 具体价格待定。即在价格条款中不规定具体价格，而是规定定价时间和定价方法，或只规定作价时间而不规定作价方法。例如："在装运月前30天参照当地及国际市场价格水平，协商确定价格"，或者"按提单日期的国际市场价格计算"。

2. 暂定价格。在合同中先订立一个初步价格，作为开立信用证和初步付款的依据，在双方确定最后价格后再进行清算。

3. 部分固定价格，部分非固定价格。为了照顾买卖双方的利益，解决在定价方法上可能存在的分歧，可以采用部分固定价格、部分非固定价格的方法。尤其是分期交货的合同，可以在订约时将交货期近的价格固定下来，其余的在交货前一定期限内由双方议定价格。

资料来源：http://china.findlaw.cn/jingjifa/shewaifalv/gjmy/20110413/90858.html。

项 目 小 结

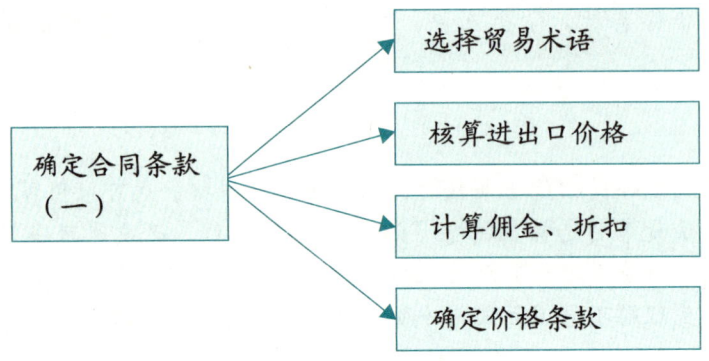

学生自我总结

通过完成项目四，我能够做如下总结：

一、主要知识

完成本任务涉及的主要知识有：

二、主要技能

完成本任务的主要技能有：

三、主要原理

完成本任务的主要原理有：

四、相关知识与技能

完成本任务中：
    1. 过程要素有：
    2. 操作要领有：
    3. 这么做的原因有：

五、成果检验

完成本任务的成果：
1. 完成本任务的意义有：
2. 学到的经验有：
3. 自悟的经验有：
4. 形成的策略有：

自 主 练 习

一、选择题

1. 在以 CIF 和 CFR 术语成交的条件下，货物运输保险分别由卖方和买方办理，运输途中货物灭失和损坏的风险（   ）。
   A. 前者由卖方承担，后者由买方承担   B. 均由卖方承担
   C. 均由买方承担   D. 前者由买方承担，后者由卖方承担

2. 《1932 年华沙—牛津规则》是国际法协会专门为解释（   ）合同而制定的。
   A. FOB   B. CFR
   C. CIF   D. FCA

3. CIF Ex Ship's Hold 与 DES 相比，买方承担的风险（   ）。
   A. 前者大   B. 两者相同
   C. 后者大   D. 买方不承担任何风险

4. 我方公司星期一对外发盘，限星期五复到有效，客户于星期二回电还盘并邀我电复。此时，国际市场价格上涨，故我未予答复。客户又于星期三来电表示接受我方公司星期一的发盘，在上述情况下，（   ）。
   A. 接受有效   B. 接受无效
   C. 如我方未提出异议，则合同成立   D. 属于有条件的接受

5. （   ）是双方在洽谈交易时，对佣金的给予已达成协议，但却约定不在合同中表示出来。在这种情况下的价格条款中，佣金由一方当事人按约定另付。
   A. 报价   B. 折扣
   C. 明佣   D. 暗佣

二、简答题

1. 试比较 FOB、CFR、CIF 三种贸易术语的异同点。
2. 在实际业务中选用贸易术语时应考虑哪些因素？
3. FOB、CFR、CIF 和 FCA、CPT、CIP 贸易术语的主要区别是什么？

三、计算题

1. 某公司向香港客户报水果罐头200箱，每箱132.6港元CIF香港，客户要求改报CFR香港含5%佣金价。假定保险费相当于CIF价的2%，在保持原报价格不变的情况下，计算结果保留小数点后两位。

试求：

（1）CFRC5%香港价应报多少？

（2）出口200箱应付给客户多少佣金？

2. 甲公司收到澳大利亚乙公司来电，询购1000只睡袋，要求按照下列条件报出每只睡袋CIFC3悉尼的美元价格。条件：睡袋在国内的购货成本为每只50元人民币，国内其他费用总计为5000元。甲公司的预期利润率为购货成本加上国内费用的10%；该睡袋为纸箱装，每箱20只；从装运港至悉尼的海运费为每箱20美元。货运出口风险按CIF价加一成投保一切险，保险费率为0.8%。当时人民币汇率为100美元=800人民币（买入价）。

试问：甲公司所报每只睡袋的CIFC3悉尼的美元价应为多少？

项目五

订立合同条款（二）

项目描述

在国际贸易中，商品的品名、品质、数量是货物买卖合同的主要条件，是构成有效合同的必备条款。包装是货物的重要组成部分，是合同的主要条款之一。本项目旨在帮助学生熟悉商品命名方法、品质表示方法；了解货物计量单位、计量方法，熟悉数量机动幅度；认识包装材料，包装方式、包装标识等，并能订立合同中商品的品名、品质、数量、包装条款。

学习目标

【理论知识目标】
- □ 熟悉商品命名方法、品质表示方法
- □ 了解货物计量单位、计量方法
- □ 认识包装材料、包装方式、包装标识

【岗位技能目标】
- □ 熟练订立商品品名、品质条款
- □ 熟练订立商品数量、包装条款
- □ 设立包装标识

模块一　确定品名、品质条款

情境导入

2013年6月,日本某公司向我某农产品贸易公司订购大蒜850公吨,双方当事人经磋商达成交易。但在缮制合同时,通常公司都是以山东作为大蒜货源基地,所以我国农产品贸易公司就按惯例在合同品名条款上打上了"山东大蒜"。但是在临近交货时,大蒜产地由于自然灾害导致歉收,货源紧张,农产品贸易公司只能从其他省份征购,完成交货。但日本公司称所交货物与合同规定不符,要求农产品贸易公司提供山东大蒜或者降价,不然将撤销合同并提出索赔。请问,日本公司的要求合理吗?

任务一　订立商品品名条款

一、商品的品名

商品的品名(Name of Commodity) 是使某种商品区别于其他商品的一种称呼或概念。在国际贸易中,交易双方在洽谈商品交易和签订买卖合同时,很少见到具体商品,一般只是凭借对拟买卖的商品做必要的描述来确定交易的标的。因此,品名的确定是买卖双方进行交易的物质基础和前提条件,是将来买卖双方签订合同和履行合同的依据。

二、商品命名的方法

1. 以商品的主要效用命名,如"玉兰油防晒霜"、"永久自行车",名称直接反映商品的主要性能和用途,多用于日用工业品、化妆品和医药品。
2. 以商品的主要成分命名,如"复方甘草合剂"、"高钙牛奶",名称直接反映商品的原料构成,能方便购买者根据自己的实际情况选择商品,多用于药品、食品。
3. 以商品的外观命名,如"运动鞋"、"喇叭裤"。
4. 以制作工艺或制造过程命名,如"小磨香油"、"手绣丝巾",多用于具有独特制作工艺或有纪念意义的研制过程的商品。
5. 以商品的产地命名,如"景德镇瓷器"、"金华火腿"。
6. 以人名命名,如"李宁"牌运动服、"章光101毛发再生精"。

三、品名条款的基本内容

在国际货物买卖合同中,品名条款一般比较简单,没有统一的格式。品名条款的内容,取决于成交商品的品种和特点。就一般商品而言,只要列明商品的名称即可,通常是在

"商品名称"或"品名"标题下，有时候也用 commodity/product/goods 来表示。有时候也可不加标题，只在合同的开头部分，列明买卖双方同意交易某种商品的文句；但有的商品因规格、型号众多，这就需要明确商品的品种、等级、型号，甚至将商品的品质要求也包括进去。

四、订立品名条款的注意事项

1. 尽可能使用国际通用名称，符合国际上的习惯称呼。
2. 注意选用合适的品名，以利于减低关税、节省运费、方便进出口。
3. 内容必须明确具体，必须是卖方能够供应且是买方所需的商品，做不到或不必要的描述性词句都不应列入，以免引起贸易纠纷。

实 训 活 动

【实训目的】

使学生学会根据实物商品正确写出商品品名。

【实训内容】

将学生分为两组，根据情景导入中的内容，分别扮演卖方（我国某农产品进出口公司）和买方（日本某公司）业务部门负责人，根据情景导入中给出的资料及要求写出商品品名、出现问题的原因及解决方案。

【实训方法】

学生分组讨论并阐述，教师引导学生进行归纳总结。学生互评，教师点评。

【重点提示】

品名的确定是买卖双方进行交易的物质基础和前提条件，是买卖双方签订合同和履行合同的依据。合同中品名条款的内容取决于成交商品的品种和特点。

拓展阅读

国际上为了便于对商品的统计和征税时有共同的分类标准，1950 年由联合国经济理事会发布了《国际贸易标准分类》（SITC）。其后，世界各主要贸易国又在比利时布鲁塞尔签订了《海关合作理事会商品分类目录》（CCCN），又称《布鲁塞尔海关商品分类目录》（BTN）。CCCN 与 SITC 对商品分类有所不同，为了避免采用不同目录分类在关税和贸易、运输中产生分歧，在上述两个规则的基础上，海关合作理事会主持制定了《协调商品名称及编码制度》（The Harmonized Commodity Description and Coding System，简称"H.S.编码制度"）。该制度于1988年1月1日起正式实施，我国于1992年1月1日起采用该制度。目前，各国的海关统计、普惠制待遇等都按H.S.编码制度执行。所以，我国在采用商品名称时，应与H.S.编码制度规定的品名相一致。

任务二 订立商品品质条款

一、商品品质（Quality of Goods）

商品品质是指商品的内在品质和外观形态的综合。商品的内在品质包括商品的物理性能、机械性能、化学成分和生物特征等自然属性；商品的外观形态包括商品的外形、色泽、款式或者透明度等。

二、品质的表示方法

在国际货物买卖中，由于交易的商品种类繁多，市场交易习惯不相同，在表示商品品质的方法上也不尽相同。总体来说，大致可分为以实物表示和凭说明约定两大类。

（一）以实物表示商品品质

以实物表示商品品质有两种常用方法如下：

1. 看货买卖（Sale by Seeing）。通常是先由买方或其代理人在卖方所在地验看货物，达成交易后，卖方即应按验看过的实物交付货物。这种方法，多用于珠宝、字画及特定工艺品等寄售、拍卖和展卖业务，或是商品交易所的现货交易。

2. 凭样品买卖（Sale by Sample）。样品（Sample）是指一个或几个或少量足以代表整批货物品质的实物，它们通常是从一批货物中抽取出来，或者由生产部门设计、加工出来。用样品表示货物品质的方法称为"凭样品买卖"，在实际业务中，并不是所有的货物都可以凭样品买卖，只有部分工艺品、服装、轻工业品、土特产品及其他不易用文字说明品质的货物可采用凭样品买卖的方式。

在国际贸易中，按样品提供者的不同可分为：

（1）凭卖方样品买卖（Sale by Seller's Sample）。凭卖方样品买卖，是由卖方选择样品提供给买方凭以成交。在这种情况下，在买卖合同中应订明："品质以卖方样品为准"（Quality as Per Seller's Sample）。日后，卖方所交整批货（Bulk）的品质必须与其提供的样品相同。在实际业务中，为降低风险，卖方应选择中等有代表性的样品提供给买方，并且留存一份或数份同样的样品，即复样或留样，以备将来组织生产、交货或处理质量纠纷时做核对之用。

（2）凭买方样品买卖（Sale by Buyer's Sample）。由买方提供样品交由卖方照样制作，并在交货时以此作为商品品质依据的方法，称为"凭买方样品专卖"。通常卖方在买方提供样品的情况下，会根据买方样品复制一个或几个类似样品交买方确认，称为"对等样品"或"回样"。

（二）以文字说明表示商品品质

1. 凭规格买卖（Sale by Specification）。商品规格是指一些足以反映商品品质的主要指标，如化学成分、含量、纯度、性能、容量、长短、粗细等。合同中规定以规格来确定商品品质的方法称为"凭规格买卖"。如中国大豆，水份不得超过8%，杂质不得超过1.7%。这是最广为采用的既方便又准确的一种表示品质的方法。

2. 凭等级买卖（Sale by Grade）。商品的等级是指同一类商品按其规格上的差异分为品质优劣各不相同的若干等级，通常用特级（Special Grade）、一级（First Grade）、二级（Second Grade）或大、中、小号来表示，这既简化了品质表示，又易于比较优劣，如茶叶、水果等。

3. 凭标准买卖（Sale by Standard）。商品的标准是指将商品的规格和等级予以标准化。它一般由标准化组织、政府机关、行业团体、工商组织及商品交易所等制定、公布，并在一定范围内实施，如英国为BS，美国为ANSI，法国为NF，德国为DIN，日本为JIS等。另外还有国际标准，如国际标准化组织ISO标准、国际电工委员会（IE）制定的标准等。由于各国的标准常常随着生产技术的发展和情况的变化进行修改和变动，所以某个国家或某个部门颁布的某类产品的标准往往会有不同年份的版本。版本不同，质量标准的内容也不尽相同。因此，在买卖货物采用标准时，应当注明采用标准的版本年份。

4. 凭说明书和图样买卖（Sale by Descriptions and Illustration）。对于结构、性能复杂的商品，通常以说明书和图样加以完整的描述，以此作为买卖双方认定的品质标准。凭说明书和图样成交的合同，往往附有品质保证条款和技术服务条款。

5. 凭商标或品牌买卖（Sale by Brand or Trade Mark）。某些商品在市场上行销已久，品质优良稳定，知名度高，且品种单一，则往往可以其商标和牌名表示其品质。如可口可乐、大白兔奶糖。应注意许多著名品牌由于其产品品种多样性和复杂性，是不可能单凭商标品牌成交的，比如IBM、SONY等，它们的产品必须有完整确切的品质指标或技术说明。

6. 凭产地名称买卖（Sale by Name of Origin）。如法国香水、四川榨菜，用以表示产品的传统工艺或特色风味。

三、合同中的品质条款

（一）品质条款的基本内容

品质条款是买卖合同中的一项主要条款，是买卖双方对货物品质的具体约定，也是商检机构进行品质检验、仲裁机构进行仲裁和法院解决品质纠纷案件的依据。在国际贸易业务中，商品品种繁多，不同商品品质差异较大，合同中的品质条款内容也繁简不一。

凭样品买卖时，品质条款的基本内容包括货物的名称、样品编号、样品寄送和确认日期等；凭文字说明买卖时，品质条款的基本内容包括货物名称、规格型号、等级标准、商标牌号等；以图样和说明书表示货物质量时，需要在合同中列明图样、说明书名称及人数等内容。

【合同中的品质条款范例】

1. 样品号123号布娃娃。

    Sample No. 123 Cloth Doll.

2. 巴西大豆1989年新产，良好平均品质。

Brazilian Soybean 1989 New Crop, F. A. Q.

3. 品质以卖方提供的第3456号样品以及说明书的技术标准为准。

Quality as per Sample No. 3456 and Technical Features indicated in the illustrations submitted by the seller.

（二）品质公差和质量机动幅度条款

1. 品质公差（Quality Tolerance）。品质公差是指被国际同行业公认的允许货物出现的差异，一般无需在合同中明确规定，如"手表走时的误差"等。卖方交货品质在品质公差范围内不视为违约。为防止发生贸易纠纷，交易双方应在合同中具体明确公差内容。

2. 质量机动幅度条款（Quality Tolerance）。质量机动幅度条款是指对特定质量指标在一定范围内可以机动。它主要有产地初级产品以及某些工业制成品的质量指标，具体办法有规定极限、规定范围、规定上下差异。

规定极限是指对某项商品的质量规格规定上下限，包括最小、最大、最多、最少、最高、最低等，如大米碎粒最多22%。

规定范围是指对某项商品的主要质量指标允许有一定机动范围。如汇源橙汁，含甜橙量25%。

规定上下限是指规定某一具体质量指标必要的上下变化幅度，如中国白鸭绒，含绒量95%，允许±2%。

实 训 活 动

【实训目的】

通过实际案例分析，让学生掌握订立商品品质条款的内容。

【实训内容】

分析商品品质在合同条款中的注意事项，以及如何用文字表述商品的品质。

[**案例1**] 我某出口公司向外商出口一批苹果。合同及对方开来的信用证上均写的是三级品，但卖方交货时才发现三级苹果库存告罄，于是该出口公司改以二级品交货，并在发票上加注："二级苹果仍按三级计价不另收费"。

请问：卖方这种做法是否妥当？为什么？

[**案例2**] 我国某出口公司向欧洲某商人出口谷物一批，合同中品质条款如下：水分（最高）15%，杂质（最高）3%。在谈判过程中，我方曾经向买方寄送样品，订约后又电告对方成交货物与样品相似。结果，货到目的港经检验后，品质达到合同规定的规格要求，但是，买方同时出具了货物品质规格比样品低7%的检验证明，要求我方赔偿损失。我方出口公司称陈述说，这笔交易在交货时商品是经过挑选的，因该商品是农产品，不可能做到与样品完全相符，但不至于比样品低7%。由于我方出口公司已经将留存的样品遗失，对自己

的陈述无法加以证明，我国仲裁机构难以处理。最后只好赔付了一笔品质差价款了解。

请问：此笔交易确定商品质量的标准是什么？我方最后还有无其他方法予以解决？

[案例3] 20世纪90年代，美国海关规定，轻型卡车的进口关税为25%，而轿车的关税为2.5%。英国四轮驱动多用途卡车对美出口时，美国海关裁定其属于轻型卡车，故对其征收25%的进口关税。英国的Landrover汽车公司争辩说，这种卡车价值4万美元，是英国皇室最嗜好的交通工具，而轻卡售价一般为15000美元左右，所以应该属于轿车，美国海关只能对其征收2.5%的关税。官司打到美国财政部，结果被裁定为轿车，按2.5%缴纳进口关税。1991年，美国通过了一项《豪华品税法》，规定凡是售价3万美元以上的轿车要缴纳相当于售价10%的豪华品税。这时，Landrover汽车公司又向美国税务局提出，由于卡车的自重在6000磅以上，而Landrover公司将销往美国的这种多用途车的重量增加到了6017磅，因此，这种多用车应该按卡车对待，不应缴纳10%的豪华品税。所以，在进口报关时，这种多用途卡车算作"轿车"而缴纳低额进口关税；而在申报美国国内销售税时，又算作"卡车类"从而免交豪华品税，两头获利。

试分析：从本案例分析确定商品品名工作的重要性，确定商品品名应注意的问题有哪些？

[案例4] 请为以下商品选择合适的品质表示方式：

1. 粉丝，产于龙口　　　A. 凭样品买卖
2. 做工精细的工艺品　　B. 凭规格买卖
3. 鸭绒　　　　　　　　C. 凭说明书买卖
4. 精密仪器　　　　　　D. 凭商标买卖
5. 乒乓球，红双喜牌　　E. 凭产地名称买卖

【实训方法】

学生答题，教师批改后点评。

【重点提示】

在国际贸易中，品质约定是交易双方交接货物的依据。在订立品质条款时，要正确运用各种表示品质的方法，注意科学性和合理性相结合，也可规定一定的品质机动幅度。

拓展阅读

品质是决定商品使用效能的重要因素，不同品质的商品具有不同的使用价值，可满足不同的需求。商品的品质还是决定商品销售价格的关键性因素，不同的品质对应了不同的价格。在国际贸易中，买卖双方都要针对一定的商品按质论价。在市场竞争十分激烈的情况下，商品品质起着十分重要的作用，在某种意义上是决定胜败的一个关键因素。因此，采用适当的方法确定商品品质就显得很重要。

进口商品质量的优劣，直接关系到国内用户和消费者的切身利益。凡品质、规格不符合要求的商品，不应进口。对于国内生产建设、科学研究和人民生活急需的商品，进口时

要货比三家，切实把好质量关，使其品质、规格不低于国内的实际需要，以免影响国家的生产建设和人民的消费与使用。但是，也不应超越国内的实际需要，任意提高对进口商品品质、规格的要求，以免造成不应有的浪费。总之，对进口商品品质的要求，要从我国现阶段的实际需要出发，分别不同情况，实事求是地予以确定。

模块二　确定数量条款

情境导入

天津绮华进出口公司出口服装15000件，信用证规定不许分批装运，但是货物集港准备装船时才发现有300件包装及质量有一定的问题，临时更换已经来不及。为了保证质量，出口商认为，根据《国际商会跟单信用证统一惯例600》（以下简称《UCP600》）的规定，即使不准分批，在数量上也允许有5%的伸缩，少装这300件也未超过5%，于是实际装船14700件。当向银行交单议付时，遭到银行的拒绝付款。请问银行拒付有理吗？为什么？

任务一　认知商品的计量单位

一、国际通用计量单位

在国际贸易中，计量单位的选择应该与货物的选择相一致。常用的计量单位见表5-1。

表5-1　　　　　　　　　　国际通用计量单位

计量方法	计量单位	适用商品
重量（Weight）	千克（kilogram or kg.）、吨（ton or t）、公吨（metric ton or m/t）、公担（quintal or q.）、克（gram, or gm.）、磅（pound or lb.）、盎司（ounce or oz）、长吨（long ton or l/t）、短吨（short ton or s/t）等	初级产品（羊毛、棉花、谷物、矿产品等）及部分工业制成品
数量（Number）	只（piece or pc.）、件（package or pkg.）、双（pair）、台（set）、架、打（dozen or doz.）、罗（gross or gr.）、大罗（great gross or g. gr.）、令（ream or rm.）、卷（roll or coil）、辆（unit）、头（head）、箱（case）、包（bale）、桶（barrel, drum）、袋（bag）等	一般日用工业制品以及杂货类产品，如文具、纸张、玩具、文体用品、车辆、鞋帽、活牲畜等
长度（Length）	码（yard or yd.）、米（meter or m.）、英尺（foot or ft.）、厘米（centi-meter or cm.）	布匹、绳索、电线电缆等

续表

计量方法	计量单位	适用商品
面积（Area）	平方码（square yard, or yd²）、平方米（square meter or m²）、平方英尺（square foot or ft²）、平方英寸（square inch）等	皮革制品、玻璃、部分装潢材料（地砖、墙砖、地毯、地板）、塑料制品（塑料篷布、塑料地板）、铁丝网等
体积（Volume）	立方码（cubic yard or yd³）、立方米（cubic meter or m³）、立方英尺（cubic foot or ft³）、立方英寸（cubic inch）等	天然气、化学气体、木材、沙石等
容积（Capacity）	公升（liter or l.）、加仑（gallon or gal.）、蒲式耳（bushel or bu.）等	各类谷物以及部分流体、气体物品，如小麦、玉米、煤油、汽油、酒精、啤酒、双氧水、天然瓦斯等

二、国际贸易中常用的度量衡制度

在国际贸易中，度量衡有公制（Metric System）、英制（British System）、美制（U.S. System）和国际单位制（International System of Units）。由于各国度量衡制度不同，计量单位也有很大差别。

（一）公制

1. 长度：

　1 毫米 millimeter（mm）＝0.001 米　　　　1 厘米 centimeter（cm）＝0.01 米

　1 公里 kilometer（km）＝1000 米

　1 厘米＝0.3937 英寸　　　　　　　　　　　1 米＝3.2808 英尺

　1 公里＝0.6214 英里

2. 面积：

　1 公亩 are（a）＝100 平方米　　　　　　　1 公顷 hectare（ha）＝100 公亩

　1 公亩＝0.0247 英亩　　　　　　　　　　　1 公顷＝2.4711 英亩

3. 容积：

　1 毫升 milliliter（ml）＝0.001 升 liter

　1 升＝0.264 加仑（美）＝0.220 加仑（英）

4. 重量：

　1 毫克 milligram（mg）＝0.001 克 gram（g）　1 千克（公斤）kilogram（kg）＝1000 克

　1 公吨 ton（t）＝1000 千克

　1 克＝0.0352 盎司（常衡）　　　　　　　　1 千克＝2.2046 磅（常衡）

　1 公吨＝0.9842 长吨（英吨）　　　　　　　1 公吨＝1.1023 短吨（美吨）

（二）英美制

1. 长度：

　1 英寸 inch（pl. inches）＝2.5400limi 厘米　1 英尺 foot（pl. feet）＝12 英寸＝0.3048 米

　1 码 yard＝3 英尺＝0.9144 米　　　　　　　1 英里 mile＝1760 码＝1.6093 公里

2. 水程长度：

　1 链 cable length, cable's length＝185.2 米

1 海里 sea mile = 10 链 = 1.852 公里

3. 地积：英亩 acre = 40.4686 公亩
4. 重量（常衡）：
   1 盎司 ounce = 28.3496 克　　　　　1 磅 pound = 16 盎司 = 0.4539 千克
   1 长吨（英吨）long ton = 2240 磅　　1 短吨（美吨）short ton = 2000 磅
   1 长吨（英吨）= 1016.0470 千克　　　1 短吨（美吨）= 907.1849 千克
5. 液量：加仑 gallon = 4.546 升（英）= 3.785 升（美）

 实 训 活 动

【实训目的】

1. 根据交易商品，正确运用计量单位。
2. 熟练进行不同度量衡的计量单位换算。

【实训内容】

1. 通过连线，为下列货物寻找合适的计量单位。
   （1）玻璃　　　　　A. 个数
   （2）电线　　　　　B. 体积
   （3）煤炭　　　　　C. 长度
   （4）啤酒　　　　　D. 重量
   （5）木材　　　　　E. 面积
   （6）衣服　　　　　F. 容积

2. 美国 A 公司向中国的 B 公司购买 2000 短吨煤炭，问中国 B 公司应向海关报关出口多少公吨？

【实训方法】

学生独立完成，教师抽样检查。

【重点提示】

在国际贸易中，应注意合同中所用的度量衡制度，并明确不同度量衡制度下的换算值。

我国采用以国际单位制为基础的法定计量单位，我国海关规定，进出口货物必须按《中华人民共和国海关统计商品目录》规定的计量单位统计数（重）量。

> **拓展阅读**　　　　　　《中华人民共和国计量法》对计量单位的规定
>
> 《中华人民共和国计量法》对计量单位的规定是"国家采用国际单位制。国际单位制计量单位和国家选定的其他计量单位为国家法定计量单位"。除某些特定情况外,应尽可能避免使用非法定计量单位。要根据商品的品质需要,在特定的度量衡制度下选择不同的计量单位来表示商品的数量,"不规范的名称或符号"应一概停止使用。

任务二　掌握商品重量的计算方法

在国际贸易中,很多货物是按重量计算的。按照一般商业习惯,计算重量的方法主要有:

一、按毛重计算

毛重（Gross Weight）是指货物本身的重量加皮重,即货物连同包装的重量。其计算公式为:

毛重 = 商品本身的重量 + 皮重（tare）

毛重一般适用于价值不高的商品,被称为"以毛作净（gross for net）"。由于按毛重计量直接关系到商品的价格,在销售商品时,不仅需要在数量条款中规定"以毛作净",而且在价格条款中,也应加注此条款。

【例5-1】　每公吨300美元CIF纽约,以毛作净。
USD300 per m/t CIF New York, gross for net.

二、按净重计算

净重（Net Weight）是指毛重扣除包装物（皮重）后的重量,即商品的实际重量。其计算公式为:

商品净重 = 毛重 - 皮重

计算皮重的方法有:

1. 按实际皮重（Actual Tare or Real Tare）:就是整批商品包装的实际重量。
2. 按平均皮重（Average Tare）:先计算出一部分包装物的平均重量,再计算全部包装物的重量。
3. 按习惯皮重（Customary Tare）:某些规格化的包装,其重量已被公认,可以代表这种包装的重量。
4. 按约定皮重（Computed Tare）:按买卖双方预先约定的皮重来计算包装物的重量。

三、按公量计算

公量（Conditioned Weight）是指先用科学的方法从产品中抽出所含的水分,然后加入标准水分而求得的重量。这种方法适用于那些含水量不稳定的货物,如羊毛、生丝等。其计算

公式为:

公量 = 商品干净重 × (1 + 公定回潮率)

公量 = 商品实际重量 × (1 + 公定回潮率) / (1 + 实际回潮率)

【例5-2】 某进出口公司向日本出口100公吨棉花,公定回潮率为11%,经抽样证明10公斤棉花用科学方法抽干水后净重8公斤,则按公量计算时,交货重量为:

8 × (1 + 11%) × 10 = 88.8 (公吨)

四、以理论重量计算

有些商品如马口铁和钢板,它们有固定规格和尺寸,每一个的重量都是相同的。用每一个的重量乘以总的数量就可以计算出来。

五、按法定重量计算

按法定重量计算是指商品加上直接接触商品的包装物料,如销售包装的重量。多数国家海关法规定,从量计税时,商品的重量以法定重量计算。

实 训 活 动

【实训目的】

通过案例分析,让学生掌握认知商品重量计算方法和注意事项。

【实训内容】

掌握商品重量的计算方法。

[**案例1**] 某公司以FOB方式出口水产品100公吨,合同规定为箱装,每箱净重为40磅,总数量可以有5%的机动幅度。

试问:该批货物最多可以装多少箱?最少可以装多少箱?(1磅 = 0.45359公斤)

[**案例2**] 合同规定生丝的成交数量为5000公斤,公定回潮率为8%。

要求:卖方应交生丝的净重是多少公斤?

【实训方法】

学生答题,教师批改后点评。

【重点提示】

在国际贸易中,如果货物是按重量计量和计价,而未明确规定采用何种方法的,根据惯例,应按净重计量和计价。对于有固定规格和固定体积的商品,每件重量大致相同,可按件数计算总重量。

任务三　订立商品的数量条款

一、合同中的数量条款

数量条款的基本内容包括交货的数量和计量单位。例如，中国大米，500 公吨，新麻袋装，每袋净重 50 公斤（"Chinese rice, 500 M/T packed in new gunny bags, 50 kg per bag, net weight."）。有些商品如矿石、粮食等，因受自身特性、自然条件、包装和运输工具等限制，难以准确地按合同规定的数量精确交货，为便于履行合同，买卖双方往往在合同中还要规定数量机动幅度条款。

二、数量机动幅度条款

数量机动幅度是指在买卖合同中规定，卖方实际交货数量可多于或少于买卖双方约定数量的一定幅度。规定数量机动幅度的方法有以下两种：

（一）溢短装条款（More or Less Clause）

溢短装条款是指卖方可以按照合同规定的数量，多装或少装一定的百分比，只要卖方在约定的数量增减幅度范围内交货，买方就不得拒收货物或提出索赔。溢短装条款常用于农产品和矿产品这类数量难以准确把握的商品交易中。

溢短装条款的选择权通常在卖方。

【例 5 – 3】　山东花生，80000 公吨，2012 年产，良好平均品质，数量和金额上均允许有 5% 的增减，由卖方选择。

Shandong peanut, 80000 M/Ts, 2012 Crop. F. A. Q. with 5% more or less both in quantity and amount to be allowed at the seller's option.

对于溢短装部分通常按照合同价格结算。但是如果买卖双方担心在交货时商品价格会有很大的变化，则可以在合同中规定溢短装部分按照交货时的市场价格结算。

（二）约数条款（About or Approximately Clause）

约数条款是指买卖双方事先在合同的数量及金额前加"约"（About）字以明确允许增加或减少的交货数量。如根据《USP600》的规定，合同中未明确数量机动幅度时，卖方一般应严格按照合同规定交货；合同中有"约"或"大约"用于信用证金额或信用证规定的数量或单价时，应解释为允许有关金额、数量或单价有不超过 10% 的增减幅度。在信用证支付方式下，《UCP600》规定除非信用证规定货物的数量不得有所增减，在付款金额不超过信用证金额的情况下，即使不准分批装运，货物数量也允许 5% 的伸缩，但信用证规定的货物数量如按包装单位或个体计数者，此项伸缩则不适用。

三、订立数量条款的注意事项

1. 数量条款应该明确具体如下事项：
（1）数字应该明确具体，避免采用模糊字眼。
（2）计量单位应该具体明确，注意不同度量衡制度的差异。

(3) 对于以重量计量的商品，还应规定计算重量的方法。

(4) 如果交货品种多样，应逐一规定各品种的数量，而不应笼统地只规定总数；对于机电设备，必要时还应规定随主机的辅机、附件、配套的产品及安装修理工具等。

2. 规定溢短装条款时应注意如下事项：

(1) 溢短装比例最好以百分数表示，大小要适当。

(2) 合理规定溢短装的选择权，机动幅度的选择权可以由卖方、买方或船方行使。

(3) 溢短装部分的计价要公平合理。为了防止享有溢短装选择权的一方故意多装或少装而从中获利，可以在合同中规定溢短装部分按装船时或到货时的市价计算。

(4) 不要使用"大约""近似""左右"等词来说明商品的数量，因为这些词在不同的国家有不同的含义。

实 训 活 动

【实训目的】

通过实际案例分析，让学生掌握溢短装条款的内容和编写方法。

【实训内容】

认知合同中的商品数量条款。

[案例1] 某进出口合同的数量条款规定"10000M/T, 5% MORE OR LESS, AT SELLER'S OPTION."卖方正等待交货时，该货物国际市场价格大幅度上涨。

试问：

1. 如果你是卖方，应实际交付多少货量？为什么？

2. 如果站在买方立场上，磋商合同溢短装条款时，应注意什么问题？

[案例2] 合同规定水果罐头装入箱内，每箱30听。卖方按合同规定如数交付了货物，但其中有一部分是装24听的小箱，而所交货物的总听数并不短缺。可是买方以包装不符合同规定为由拒收整批货物，卖方则坚持买方应接受全部货物，理由是经买方所在地的公证人证实：不论每箱是装24听或30听，其每听市场价格完全相同，于是引起诉讼。

试问：你认为法官应如何判决？

[案例3] 仔细阅读下面的合同条款，找出其不完善的地方。

1. 美葵1000公吨，以毛作净。

2. 中国大米，1000吨，有5%的幅度由卖方决定。

3. 按FOB条件从国外进口商品，合同规定"卖方交货总数和每批装船数量均有5%的机动幅度，此机动幅度都由卖方决定。"

【实训方法】

学生答题，教师批改后点评。

【重点提示】

为避免产生贸易纠纷,合同中的数量条款要具体明确,不宜采用大约(About)、左右(Approximate)等含糊不清的词语;对数量难以准确计量的大宗商品交易,应在合同的数量条款中约定数量机动幅度和计价方法。

> **拓展阅读**　　　　　　　　**正确掌握成交货物的数量**
>
> 1. 对于出口商品数量的掌握应考虑以下四点:
> (1) 国外市场的供求情况。要正确运用市场供求变化规律,按照国外市场实际需要合理确定成交量,以保证我国出口商品卖得适当的价钱。对于我主销市场和常年稳定供货的地区与客商,应经常保持一定的成交量,防止因成交量过小或供应不及时,使国外竞争者乘虚而入,使我们失去原来的市场和客户。
> (2) 国内货源情况。在有生产能力和货源充足的情况下,可适当扩大成交量。反之,则不应盲目成交,以免给生产企业和履行合同带来困难。
> (3) 国际市场的价格动态。当价格看跌时,应多成交,快脱手;价格看涨时,不宜急于大量成交,应争取在有利时机出售。
> (4) 国外客户的资信状况和经营能力。对资信情况不了解和资信欠佳的客户,不宜轻易签订成交数量较大的合同,对小客户也要适当控制成交数量,而大客户成交数量过小将缺少吸引力。总之,要根据客户的具体情况确定适当的成交数量。
> 2. 对进口商品数量掌握要考虑以下三个因素:
> (1) 国内的实际需要。应根据实际需要确定成交量,以免盲目成交。
> (2) 国内的支付能力。当外汇充裕而国内又有需要时,可适当扩大进口商品数量。如外汇短缺,应控制进口,以免浪费外汇和出现不合理的贸易逆差。
> (3) 市场行情的变化。当行情对我有利时,可适当扩大成交数量,反之应适当控制成交数量。

模块三　确定包装条款

> **情境导入**
>
> 天津绮华进出口公司向德国戴尔公司出口自行车 800 辆,合同规定用木箱装,由卖方出具运输标志,来证也为 PACKED IN WOODEN CASE。但在 CASE 之后加有 C.K.D 三个缩写字母。天津绮华进出口公司的业务人员将所有单据按来证照打,并在木箱的运输标志上也加有 CKD 三个缩写字母。结果货到目的港被海关罚款并多交了税款,因而买方向我索赔。

任务一　认知商品包装的分类

一、包装的含义

包装是指按照一定的要求，采用一定的技术方法用某些容器、材料及辅助材料包裹商品、达到保护商品、方便运输、易于储存、便于销售以及提高销售价值的目的。包装是货物运输、储存和销售环节中必不可缺的条件。在国际贸易中，卖方必须按买卖双方合同约定的包装条件进行货物包装，否则要承担违约责任。

二、包装的种类

1. 按照包装在流通中的作用分类。

（1）运输包装（Shipping Package/Transport Packing），又称"大包装"或"外包装"（Outer Packing），是指为了方便商品的运输，将商品装入特定容器或以特定方式成件的二次包装。主要为了保护商品在远距离运输过程中不被损坏，同时方便货物的运输、装卸、储存和分配等流通环节的顺利进行。运输包装按包装方法不同又可分为单件运输包装、集合运输包装。

①单件运输包装，是指货物在运输过程中作为一个计件单位的包装，根据形状可分为：

箱（case），如木箱（Wooden Case）、纸箱（Carton）、板条箱（Crate）等。

袋（Bag），如纸袋（Paper Bag）、麻袋（Gunny Bag）、塑料袋（Plastic Bag）等。颗粒状、粉状、块状的农产品及化学原料常用袋装。

桶（Drum），如木桶（Wooden Drum）、铁桶（Iron Drum）等。液体常用桶装。

此外，还有包（Bag）、瓶（Bottle）、罐（Can）等单件包装。

②集合包装，是指在单件包装的基础上，将若干单件包装的货物组合成一件大包装或装入一个大容器内的包装方式，又称"组合包装"，如集装箱、集装袋、集装包、托盘等。

集装箱（Container），是指具有一定强度、刚度和规格专供周转使用的大型装货容器。使用集装箱转运货物，可直接在发货人的仓库装货，运到收货人的仓库卸货，中途更换车、船时，无须将货物从箱内取出换装。目前各国大部分集装箱运输都采用20英尺和40英尺长的两种集装箱（见图5-1）。

集装袋（Flexible Container），是一种柔性运输包装容器，有足够的强度，能防潮、防尘、耐辐射，具有牢固安全、集装、集卸操作方便等特点，适应机械化装卸，广泛用于化工、水泥、粮谷、矿产品以及垃圾等各类粉状、粒状、块状物品的包装。常用的集装袋一般为1~4吨，最高达13吨左右（见图5-2）。

图5-1 集装箱

图5-2 集装袋

托盘（Pallet），是一种用于机械化装卸、搬运和堆存的用木材、金属或塑料制成的垫板，下面有插口，便于叉车通过该插口进行装卸搬运等作业（见图5-3）。

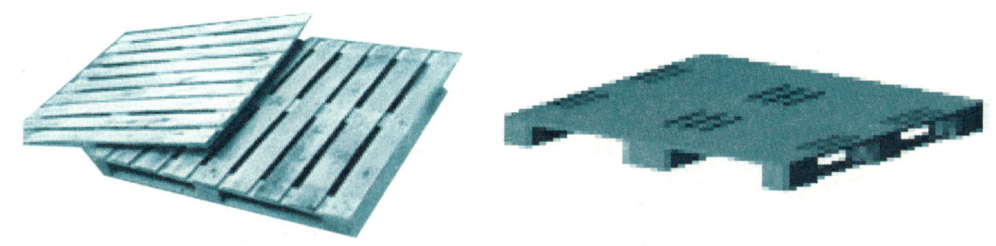
图5-3 托盘

（2）销售包装（Sale Package／Selling Packing）。销售包装是商品生产出来后用适当的材料或容器进行的初次包装，是商品与消费者或用户直接见面的包装，又称"内包装"、"小包装"、"直接包装"。销售包装不仅可以用来保护商品，减少货物在运输途中被盗、受损的风险，更主要的目的是促进商品的销售。它既便于消费者识别、选购、携带和使用，又有助于提高商品的形象。销售包装形式多样，如挂式包装、堆叠式包装、携带式包装、易开包装、喷雾包装、配套包装、礼品包装、复用包装等。一般在销售包装上都附有装潢画面和文字说明，并印有条形码。销售包装已成为直接影响商品销售量和价格的重要因素。

2. 按包装制品材料分类，有纸制品包装、塑料制品包装、金属包装、竹木器包装、玻璃容器包装和复合材料包装等。

3. 按包装使用次数分类，有一次用包装、多次用包装和周转包装等。

4. 按包装容器的软硬程度分类，有硬包装、半硬包装和软包装等。

5. 按产品种类分类，有食品包装、药品包装、机电产品设器包装、危险品包装等。

6. 按包装技术方法分类，有防震包装、防湿包装、防锈包装、防霉包装等。

三、包装材料

包装材料是指用于制造包装容器、包装装潢、包装印刷、包装运输等满足产品包装要求所使用的材料，既包括金属、塑料、玻璃、陶瓷、纸、竹木、野生麻类、天然纤维、化学纤维、复合材料等主要包装材料，又包括涂料、粘合剂、捆扎带、装潢、印刷材料等辅助材料。

在国际货物买卖中,包装是货物的重要组成部分。不同的商品,不同的运输条件,要求采用不同的包装材料,进口国有时还对包装材料有严格的要求。如美国规定,为防止植物病虫害的传播,禁止使用稻草作包装材料,如被海关查知,必须当场销毁,并支付由此产生的一切费用。因此,在国际贸易中首先要慎重选择包装材料。

选择包装材料时,要考虑的因素主要有:
1. 商品包装的基本要求;
2. 进口国对包装材料的特殊要求;
3. 商品的运输方式;
4. 商品的存储方式与存储期限;
5. 合同中双方就包装的约定。

四、中性包装(Netrual Packing)

中性包装是一种没有生产厂商名称、地址、原产国、商标和品牌的包装。中性包装又分为以下两类:

(一)定牌中性包装

定牌中性包装是指在商品或包装上不注明生产国别和厂商名称,但注明买方指定的商标或牌名。在实际业务中,卖方可以应买方要求实行定牌中性包装,但应注意严格审查买方的经营能力、商业信誉和买方对定牌商标的所有权,并在合同中注明"如商标涉及工业产权,应由买方负责"的条款,以免发生贸易纠纷。

(二)无牌中性包装

无牌中性包装是指在产品上或包装上既不标明产品的品牌和商标,也不标明产品的原产地。中国的出口产品通常标明"中国制造"。但是有时在买方的请求下,卖方也接受中性包装。使用中性包装的目的是打破一些进口国家的关税和非关税壁垒,满足交易的特殊需要,有助于出口国的厂商增强其产品的竞争力,扩大出口。

实 训 活 动

【实训目的】

1. 了解包装各类及其适用性。
2. 掌握合理包装方式的选择。
3. 熟悉中性包装。

【实训内容】

1. 下列货物适合采用散装、裸装还是包装?如若适合采用包装,请为它们寻找合适的包装材料和包装方式。

棉花　　汽油　　巧克力　　大豆　　洗衣机　　陶瓷　　钢材　　电动车

2. 法国外商欲购我国"飞鸽"牌自行车，但要求不写商标、不注明"中国制造"。学生分组讨论我方能否接受？若可以接受，应注意哪些问题？

【实训方法】

教师提问学生作答，教师总结对比及分析原因。

【重点提示】

在国际贸易中，由于各国国情和文化的差异，对商品的包装材料、图案及文字标识等要求各不相同，因此交易双方应根据商品的性质、运输的方式等合理选择包装方式。

拓展阅读　　　　集装箱内部尺寸定义

集装箱内部的最大长、宽、高尺寸定义是：高度为箱底板面至箱顶板最下面的距离，宽度为两内侧衬板之间的距离，长度为箱门内侧板量至端壁内衬板之间的距离。它决定集装箱内容积和箱内货物的最大尺寸。

国际上通常使用的干货柜（DRYCONTAINER）有：

1. 外尺寸为20英尺×8英尺×8英尺6英寸，简称"20尺货柜"（内容积为：5.69米×2.13米×2.18米）；

2. 40英尺×8英尺×8英尺6英寸，简称"40尺货柜"；

3. 45尺高柜：内容积为：13.58米×2.34米×2.68米，配货毛重一般为29吨，体积为86立方米。

4. 20尺开顶柜：内容积为5.89米×2.32米×2.31米，配货毛重20吨，体积31.5立方米。

5. 40尺开顶柜：内容积为12.01米×2.33米×2.15米，配货毛重30.4吨，体积65立方米。

6. 20尺平底货柜：内容积5.85米×2.23米×2.15米，配货毛重23吨，体积28立方米。

7. 40尺平底货柜：内容积12.05米×2.12米×1.96米，配货毛重36吨，体积50立方米。

条形码

条形码是一种产品代码，由一组带有数字的黑白及粗细间隔不等的平衡条文组成，是利用光电扫描阅读设备为计算机输入数据的特殊的代码语言。

目前国际上通用的条形码主要有两种：一是美国统一代码委员会编制的UPC条形码；二是国际物品编码协会编制的EAN码。EAN编码由13位数字组成，前3位为国别码，中间4位为厂商号，后5位为产品代码，最后1位为校验码。

我国于1991年4月加入国际物品编码协会，成为正式会员。目前，国际物品编码协会分配给我国的国别号为：690-699。

任务三　订立包装条款与设计唛头

一、包装条款

（一）包装条款的基本内容

包装条款是买卖合同的主要条款。包装条款主要包括包装材料、包装方式、包装规格、包装标志，有时也包括包装费用等内容。由于商品的品种、特性不一，运输方法以及运输距离又不相同，包装条款的内容及繁简也不尽相同。按照各国法律规定，买卖双方对包装条款一经确定，卖方所交货物的包装必须符合合同的约定。在我国外贸合同中，常常对合同包装条款的签订不够重视，以"习惯出口包装"或"习惯包装"这种用语加以约定的做法，往往在日后履行合同时容易产生争议。

（二）订立包装条款应注意的问题

1. 要考虑商品特点和不同运输方式的要求对包装的要求。
2. 应明确规定包装材料、造型和规格。
3. 按照国际贸易习惯，唛头一般由卖方决定；但如果买方有特殊要求，则应在合同中具体规定。
4. 包装费用一般包含在货价内；但若买方有特殊要求，则超出的包装费用由买方承担，并在合同中明确规定。

（三）包装条款举例

1. 木箱装，每箱 50 千克净重。
   In wooden cases of 50 kilograms net each.
2. 纸箱或空格木箱装，每箱净重约 12 千克，每颗包纸。
   In cartons or crates of about 12kg net, each fruit wrapped with paper.
3. 布包，每包 20 匹，每匹 42 码。
   In cloth bales each containing 20 pcs. of 42 yds.
4. 布包，每包 80 套，每套塑料袋装。
   In cloth bales of 80 sets, each packed in a poly bag.
5. 铁桶装，每桶净重 185～190 千克。
   In iron drums of 185–190kg net each.
6. 铁桶或纸板桶装，每桶净重 60 千克。
   In iron drums or cardboard drums of 60kg net.
7. 单层新麻袋，每袋约 50 千克。
   In new single gunny bags of about 50kg each.
8. 布袋装，内衬聚乙烯袋，每袋净重 25 千克。
   In cloth bags, lined with polythene bags of 25kg net each.
9. 每台一个出口纸箱，810 纸箱装 1 只 40 英尺集装箱运送。
   Each set packed in one export carton, each 810 cartons transported in one 40ft container.

二、包装标志

包装标志是为了便于货物交接，防止错发错运，便于货物交接、识别、运输、仓储和海关等有关部门进行查验等工作，也便于收货人提取货物，在进出口货物的外包装上标明的记号。在国际贸易中运输包装上的标志按用途不同分为运输标志、指示性标志和警告性标志。

（一）运输标志（Shipping Mark）

运输标志，即唛头。这是贸易合同、发货单据中有关标志事项的基本部分。它一般由一个简单的几何图形以及字母、数字等组成。唛头的内容包括：目的地名称或代号，收货人或发货人的代用简字或代号、件号（即每件标明该批货物的总件数），体积（长×宽×高），重量（毛重、净重、皮重），以及生产国家或地区等（见图5-4）。

```
SMCO              ……收货人代号
2002/C NO.245789  ……参考号
NEW YORK          ……目的地
NO.1—20           ……件数代号
```

图5-4 标准运输标志

（二）指示性标志（Indicative Mark）

指示性标志又称"注意标志"，是指按商品的特点，对于易碎、需防湿、防颠倒等商品，在包装上用醒目图形或文字标明"小心轻放"、"防潮湿"、"此端向上"等等，以提示搬运操作和存放保管时应注意事项（见图5-5）。

图5-5 指示性标志

（三）警示性标志（Warning Mark）

警示性标志又称"危险性标志"，是指在装有易燃易爆品、有毒品、腐蚀物品、放射物品等危险货物的运输包装上，用图形或文字进行醒目标明，以示警告。它可以警示有关装卸、运输、保管人员在处理货物时按货物特性采取相应措施，以保障人身和物资的安全（见图5-6）。

图 5-6　警示性标志

三、唛头的设计

(一) 唛头的内容

唛头是贸易合同、发货单据中有关标志事项的基本部分。它一般由一个简单的几何图形以及字母、数字等组成。唛头的内容包括：

1. 目的地名称或代号。目的地通常为港口，表明货物最终运抵的地点。货物需要转运时，则要标明转运地点。

【例 5-4】 涂刷 "NEW YORK"，表示 "目的港为美国纽约"。
涂刷 "NEW YORK VIA PANAMA"，表示 "目的港为美国纽约，经由巴拿马转运"。

2. 收货人或发货人的代用简字。由客户指定，通知发货人涂刷在货物包装上，一般为客户公司名称的字首缩编而成，有时外面以三角形、菱形或四边形等包围。

3. 件号。即该批货物的总件数，本件货物的号码或整批货物与本件货物的关系。

【例 5-5】 涂刷 "NoS1-40"，表示该批货物总件数为 40 件。

4. 合同号。如 "Contract No. 3268"。

5. 信用证号。如 "L/C601500"。

6. 重量。

【例 5-6】 "GROSS WEIGHT (G.W) 50kgs"，表示 "毛重 50 公斤"。

7. 体积。

【例 5-7】 "MEASUREMENT (MEAS) 36cm×28cm×40cm"，表示 "体积为 36 厘米×28 厘米×40 厘米"。

8. 生产国家或地区。产地标志是海关统计和征税的重要依据，一般要求在商品的内外包装上都要注明产地。

【例 5-8】 "MADE IN CHINA"，表示 "中国制造"。

(二) 标准化唛头的内容

联合国欧洲经济委员会简化国际贸易程序小组向世界各国推荐的标准化唛头包括以下四

项内容：

1. 收货人或发货人名称、简称或代号。
2. 参照号（包括合同号、订号、发票号、运单号、信用证号等）。
3. 目的地或目的港。
4. 件号及件数（见图5-7）。

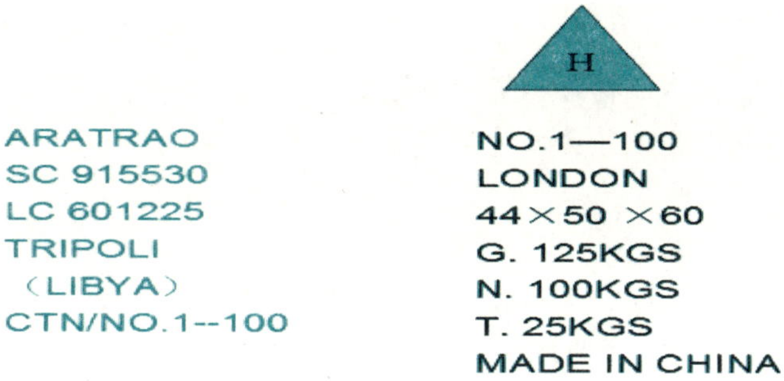

```
ARATRAO              NO.1—100
SC 915530            LONDON
LC 601225            44×50×60
TRIPOLI              G. 125KGS
 （LIBYA）            N. 100KGS
CTN/NO.1--100        T. 25KGS
                     MADE IN CHINA
```

图5-7 唛头实例

（三）唛头的设计

【例5-9】 某种货物的运输标志有以下项目：

1. 客户名称：TE CO.
2. 客户地址：Boston，U.S.A.
3. 合同号码：No. 6389
4. 输入许可证号：No. USA-2009
5. 箱数：No2-16
6. 目的地：Boston，U.S.A.
7. 净重：550 kgs
8. 毛重：600 kgs
9. 出口商：Y.C. CO，Shanghai，China
10. 产地：Made in China

按联合国欧洲经济委员会简化国际贸易程序小组的推荐，它的标准化唛头可设计为：

（1）客户名称 TE
（2）目的地 Boston
（3）合约号 6389
（4）箱数 2/16

只要涂刷在运输包装上，便可满足各国海关查核该项货物的需要。

实 训 活 动

【实训目的】

1. 识别运输标志、指示性标志和警示标志。
2. 熟悉唛头的组成内容，并会设计标准唛头。

【实训内容】

1. 学生分组通过图片认知、识别各种标志，并比较各种标志。
2. 根据以下资料，设计一个唛头。

    客户名称：ELOH　TOMSON

    商品名称：乒乓球拍

    成效数量：8000 副

    目的港：伦敦

    包装条件：每 20 副装一盒，每 20 盒装一个出口纸箱
3. 分析情景导入中的案例，并说明理由。

【实训方法】

教师提问，学生作答，教师总结对比及分析原因。

【重点提示】

1. 运输包装上的各类标志应当符合有关规定的要求，印制在明显部位，不仅要一目了然、易于辨认，还要防止褪色脱落。
2. 唛头设计不应太复杂，应尽量采用联合国欧洲经济委员会推荐的标准唛头。

拓展阅读

包装行业作为一个独立的行业体系，首次被列为国家发展规划中。"十二五"规划中的"改造提升制造业"中提出："包装行业要加快发展先进包装装备、包装新材料和高端包装制品。"根据中国包装业协会数据显示，全世界每年包装销售额为 5000 亿～6000 亿美元左右，占国民生产总值的 1.5%～2.2%。通常发达国家的包装工业在其国内属于第九或第十大产业，发展中国家的包装工业和产品的年增长率达 10% 以上。

到 2014 年，全球包装市场规模将从 2009 年的 4290 亿美元增至 5300 亿美元，其增长速度将明显高于全球经济增速。

中国包装行业发展迅速，包装产业总产值从 2003 年 2500 亿元，发展到 2010 年约

12000亿元，年复合增长率为21%。由于全球包装行业向亚洲转移，特别是向中国转移，预计未来3～5年中国包装总产值增长将加速，年增长率大于21%，将继续保持仅仅次于美国的世界第二大包装产品生产国，甚至有望超越美国。

项 目 小 结

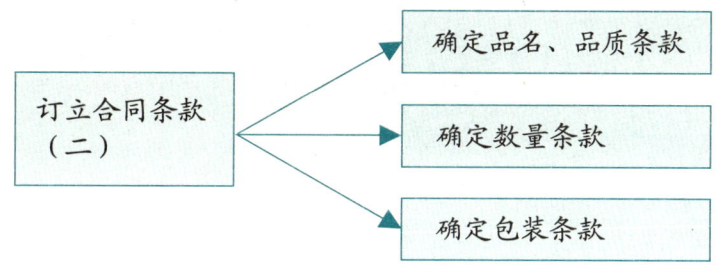

学生自我总结

通过完成项目五，我能够做如下总结：

一、主要知识

完成本任务涉及的主要知识有：

二、主要技能

完成本任务的主要技能有：

三、主要原理

完成本任务的主要原理有：

完成本任务中：
1. 过程要素有：
2. 操作要领有：
3. 这么做的原因有：

四、成果检验

完成本任务的成果：
　　1. 完成本任务的意义有：
　　2. 学到的经验有：
　　3. 自悟的经验有：
　　4. 形成的策略有：

自主练习

一、选择题

1. 我国现行的法定计量单位制是（　　）。
   A. 公制　　　　　　　　　　B. 国际单位制
   C. 英制　　　　　　　　　　D. 美制

2. 合同中未注明商品重量是按毛重还是净重计算时，则习惯上应按（　　）计算。
   A. 毛重　　　　　　　　　　B. 净重
   C. 以毛作净　　　　　　　　D. 公量

3. 对于大批量交易的散装货，因较难掌握商品的数量，通常在合同中规定（　　）。
   A. 品质公差条款　　　　　　B. 溢短装条款
   C. 立即装运条款　　　　　　D. 仓至仓条款

4. 在品质条款的规定上，对某些比较难以掌握其品质的工业制成品或农副产品，我们多在合同中规定（　　）。
   A. 溢短装条款　　　　　　　B. 增减价条款
   C. 品质公差或品质机动幅度　D. 商品的净重

5. 凡货样难以达到完全一致的，不宜采用（　　）。
   A. 凭说明买卖　　　　　　　B. 凭样品买卖
   C. 凭等级买卖　　　　　　　D. 凭规格买卖

二、简答题

1. 在出口贸易中，有些非洲国家经常很轻易下订单，但要求我国出口企业提供卖方样品，并表示在收到样品后订立正式合同，你如何理解？
2. 订立数量条款的注意事项有哪些？

三、案例分析题

1. 合同中数量条款规定"10 000MT 5% more or less at the seller's option"。卖方正待交货时，该货国际市场价格大幅度下跌。

试问：

(1) 如果你是卖方，拟实际交货数量为多少？

(2) 如果你是买方，在磋商合同条款时，有何注意事项？

2. 青岛某公司向日本出口一批苹果。合同及来证上均写的是三级品，但发货时才发现苹果库存不足，于是该公司改以二级品交货，并在发票上加注："二级苹果仍按三级计价"。货抵买方后，遭买方拒绝。

试问：在上述情况下，买方有无拒付的权利？为什么？

3. A公司出口葡萄糖5000桶，设毛重均为54公斤，净重均为50公斤。

试问：现在卖方设计了三种唛头（见图5-8），选择哪种唛头最合理？

$\dfrac{\text{A}}{\text{NEW YORK}}$ NO. 1 – 5000 （第1种）	$\dfrac{\text{A}}{\text{NEW YORK}}$ GW. 54KGS （第2种）	$\dfrac{\text{A}}{\text{NEW YORK}}$ NW. 50KGS （第3种）

项目六 订立合同条款（三）

项目描述

国际贸易路线长、环节多、风险大，因此选择合理的运输方式，了解货物运输风险，订立妥当的装运条款和保险条款，能保障国际贸易合同顺利履行。本项目旨在帮助学生了解国际货物运输方式、货物运输风险；熟悉海洋运输保险类别与基本内容；合理选择运输方式，确定投保险别，订立合同中的装运条款和保险条款。

学习目标

【理论知识目标】
- ☐ 了解国际贸易运输方式
- ☐ 认知海洋运输保险险制

【岗位技能目标】
- ☐ 能够选择合理的运输方式、订立装运条款
- ☐ 能够选择保险险别、订立保险条款

模块一　确定运输条款

情境导入

天津绮华进出口有限公司拟向英国 B 公司出口一批陶瓷制品，英国 B 公司要求采用《2010 年国际贸易术语解释通则》的 CIF 术语。如果你是天津绮华进出口有限公司业务员，应选择何种运输方式？如何订立合同中运输条款报价？

任务一　选择运输方式

在国际贸易货物运输中，涉及的运输方式有很多种类，一般有海洋运输、铁路运输、航空运输、集装箱运输、联合运输、河流运输、邮包运输、公路运输、管道运输等。目前，我国常用的运输方式有海洋运输、铁路运输、公路运输、航空运输、集装箱运输和联合运输。

一、海洋运输

（一）海洋运输的含义

海洋运输（Ocean Transportation）是国际贸易中最主要的运输方式。它是指使用船舶通过海上航道在不同国家和地区的港口之间运送货物的一种方式，在国际货物运输中使用最广泛。目前，国际贸易总运量中的 2/3 以上是采用海洋运输。中国进出口货运总量的约 90% 都是利用海上运输。

（二）海洋运输的特点

1. 通过能力大。海洋运输可以利用四通八达的天然航道，它不像火车、汽车受轨道和道路的限制。

2. 运量大。海洋运输船舶的运载能力远远大于铁路运输车辆和公路运输车辆。如一艘万吨船舶的载重量，一般相当于 250～300 个车皮的载重量，超级巨型油轮的载重量已达 60 多万吨。

3. 运费低。海运运量大，航程远，分摊于每货运吨的运输成本较少。航道为天然形成，港口设施一般为政府所建，经营海运业务的公司可以大量节省用于基础设施的投资。

4. 速度较慢，风险大。由于海洋运输是在海上，受自然条件的影响比较大。

5. 运输的国际性。海洋货物运输一般都是国际贸易，其生产过程涉及不同的国家或地区的个人和组织。海洋运输还受到国际法和海洋法的约束，也受到各国政治、法律的约束和影响。

（三）海洋运输的种类

按照船舶的经营方式不同，海洋运输可分为班轮运输和租船运输。

1. 班轮运输，是指船舶在固定的航线上和港口间按事先公布的船期表航行，从事客、货运输业务，并按事先公布的费率收取运费。

班轮运输的特点：班轮运输有固定的船期、航线、停靠港口和相对固定的运费率；班轮运费中包括装卸费，故班轮的港口装卸由船方负责；班轮承运货物的数量比较灵活，货主按需订舱，特别适合于一般件杂货和集装箱货物的运输。

班轮运费由班轮运价表规定，包括基本运费和各种附加费。基本运费分成两大类：一类是传统的件杂货运费；一类是集装箱包箱费率。件杂货也有按商品价格或件数计收运费的。大宗低值货物可由船、货双方议定运价。班轮运费中的附加费名目繁多，其中包括：超长附加费、超重附加费、选择卸货港附加费、变更卸货港附加费、燃油附加费、港口拥挤附加费、绕航附加费、转船附加费和直航附加费等。在集装箱运输费用中，除上述海运费用外，还包括有关的服务费和设备使用费。

此外，班轮公司对不同商品混装在同一包装内，按其中收费较高者计收运费；同一票商品，如包装不同，其计费等级和标准也不同，如托运人未按不同包装分别列明毛重和体积，则全票货物按收费较高者计收运费；同一提单内有两种以上不同货名，如托运人未分别列明毛重和体积，亦从高计费。

2. 租船运输，是指包租整船。租船费用较班轮低廉，且可选择直达航线，故大宗货物一般采用租船运输。租船方式主要有定程租船和定期租船两种。

（1）定程租船。定程租船是以航程为基础的租船方式，又称"程租船"。船方必须按租船合同规定的航程完成货物运输任务，并负责船舶的运营管理及其在航行中的各项费用开支。定程租船的运费一般按货物装运数量计算，也有按航次包租金额计算。租船双方的权利和义务由租船合同规定。程租船方式中，合同应明确船方是否负担货物在港口的装卸费用。如果船方不负担装卸，则应在合同中规定装卸期限或装卸率，以及与之相应的滞期费和速遣费。如租方未能在限期内完成装卸作业，为了补偿船方由此而造成延迟开航的损失，应向船方支付一定的罚金，即滞期费。如租方提前完成装卸作业，则由船方向租方支付一定的奖金，称为速遣费。通常速遣费为滞期费的一半。

（2）定期租船。定期租船是按一定时间租用船舶进行运输的方式，又称"期租船"。船方应在合同规定的租赁期内提供适航的船舶，并负担为保持适航的有关费用。租船人在此期间内可在规定航区内自行调度支配船舶，但应负责燃料费、港口费和装卸费等运营过程中的各项开支。

二、铁路运输

铁路运输（Railway Transportation）是一种陆上运输方式。铁路货物运输是现代运输主要方式之一，也是构成陆上货物运输的两个基本运输方式之一。它在整个运输领域中占有重要的地位，并发挥着愈来愈重要的作用。

铁路运输由于受气候和自然条件影响较小，且运输能力及单车装载量较大，在运输的经常性和低成本性占据了优势，再加上有多种类型的车辆，使它几乎能承运任何商品，几乎可以不受重量和容积的限制，而这些都是公路运输和航空运输所不能比拟的。

铁路运输的特点主要有：一是运输能力大；二是运行速度快；三是运输成本低；四是运

输经常性好；五是投资大，建设周期长。

三、航空运输

航空运输（Airport transportation）是一种现代化的运输方式。它不受地面条件的限制，航行便利，运输速度快，航行时间短，货物途中破损率小，运输成本相对于海洋运输和铁路公路运输较高。但由于航空运输计收运费的方法不同于其他运输方式，采用航空运输还有助于减少包装费、装卸搬运费、仓储费、保险费和利息开支等项附属费用，因此一般急需物资、易损货物和贵重商品适于利用航空运输。

四、公路运输

公路运输（Highway Transportation）是在公路上运送货物的运输方式，是交通运输系统的组成部分之一。公路运输一般即指汽车运输。在地势崎岖、人烟稀少、铁路和水运不发达的边远和经济落后地区，公路为主要运输方式，起着运输干线的作用。

公路运输的特点是：
1. 适应性强，直达运输。
2. 运送速度较快。
3. 运量较小，持续性差。
4. 安全性低。

五、集装箱运输

集装箱运输（Container Transport），是指以集装箱这种大型容器为载体，将货物集合组装成集装单元，以便在现代流通领域内运用大型装卸机械和大型载运车辆进行装卸、搬运作业和完成运输任务，从而更好地实现货物"门到门"运输的一种新型、高效率和高效益的运输方式。

集装箱运输的优点：保证货物运输安全；节省货物包装材料；简化货运作业手续；提高装卸作业效率；减少运营费用，降低运输成本；便于自动化管理，有利于多式联运。

六、联合运输

联合运输（Combined Transport），简称"联运"，是指使用两种或两种以上的运输方式完成一项进出口货物运输任务的综合运输方式。

联合运输是综合利用某一区间中各种不同运输方式的优势进行不同运输方式的协作，使货主能够按一个统一的运输规章或制度，使用同一个运输凭证，享受不同运输方式综合优势的一种运输形式。联运的最低限度要求是两种不同运输方式进行两程的衔接运输。

联合运输按地域划分，有国际联运和国内联运两种。国内联运较为简单，国际联运是联合运输最高水平的体现。

七、其他运输方式

国际贸易中的货物运输除以上运输方式外，还有航空运输、河流运输、邮包运输、管道运输等其他运输方式。

八、合理选择运输方式

国际贸易中的商品流通空间距离较长，一般都需要通过长途运输。在运输过程中，往往需要经过多次装卸搬运，使用各种运输工具，并变换不同的运输方式。由于货物的运输线长面广，中间环节多，情况变化大，涉及的问题也较多，因此需要根据进出口货物的特点、运量的大小、路程的远近、需要的缓急、运费的高低、风险的程度、装卸的情况、气候与自然条件以及国际政治形势的变化等因素，审慎选择合理的运输方式。可以在考虑具体条件的基础上，对下述五个方面进行认真研究考虑：

（一）货物品种

关于货物品种及性质、形状，应在包装项目中加以说明，选择适合这些货物特性和形状的运输方式，货物对运费的负担能力也要认真考虑。

（二）运输期限

运输期限必须与交货日期相联系，应保证运输时限。必须调查各种运输工具所需要的运输时间，根据运输时间来选择运输工具。运输时间的快慢顺序一般情况下依次为航空运输、汽车运输、铁路运输、船舶运输。各运输工具可以按照它的速度编组来安排日程，加上它的两端及中转的作业时间，就可以算出所需的运输时间。在商品流通中，要研究这些运输方式的现状，进行有计划的运输，达到一个准确的交货日期是基本的要求。

（三）运输成本

国际货运的运输成本是国际贸易对运输方式选择上的首要考虑因素，其原因是如果运距太长，运费负担会较重。据统计，在外贸商品的价格中，物流费用可占出口货物价格的30%~70%，对于煤炭、矿石等低价值货物，这一占比可能更高。运输成本因货物的种类、重量、容积、运距不同而不同，而且运输工具不同，运输成本也会发生变化。在考虑运输成本时，必须注意运费与各种因素之间存在着互为利弊的关系，不能只考虑运输费用来决定运输方式，要由全部总成本来决定。

（四）运输距离

从运输距离看，一般情况下可以依照以下原则决策：300公里以内，用汽车运输；300~500公里的区间，用铁路运输；500公里以上，用船舶运输。一般采取这样的选择是比较经济合理的。

（五）运输批量

因为大批量运输成本低，应尽可能使商品集中到最终消费者附近，选择合适的运输工具进行运输是降低成本的良策。一般来说，15~20吨以下的商品用汽车运输；15~20吨以上的商品用铁路运输；数百吨以上的原材料之类的商品，应选择船舶运输。

 实 训 活 动

【实训目的】

1. 识记国际贸易运输的种类。
2. 熟悉国际贸易运输方式的特点。

【实训内容】

学生分组书写运输方案并填写表6-1，教师总结对比及分析原因。

[**背景资料**] 某公司有以下运输业务委托你公司进行托运，请为其选择合适的运输方式并说明理由。

1. 把两箱急救药和一批鲜花从广州运到非洲的刚果。
2. 把一批煤炭从山西运到日本的大坂。
3. 把一批新鲜的热带水果从泰国运到中国北京。
4. 有一批钢材，要从中国攀枝花运到荷兰的鹿特丹。
5. 有15万吨铁矿石需要从秘鲁南部运到中国的上海。
6. 把俄罗斯的天然气运到以上海为主的中国东部地区。

表6-1

货物	起始地点	可选择的运输方式	最佳方式及理由

【实训方法】

学生分组讨论并阐述，教师引导学生进行归纳总结。学生互评、教师点评。

【重点提示】

在国际贸易货物运输中，涉及的运输方式有海洋运输、铁路运输、航空运输、公路运输、集装箱运输、联合运输、邮包运输、管道运输等，最常用的是海洋运输。在具体业务

中，交易双方需要根据进出口货物的特点、运量的大小、路程的远近、需要的缓急、运费的高低、风险的程度、装卸的情况、气候与自然条件以及国际政治形势的变化等因素，审慎选择合理的运输方式。

> **拓展阅读**　　　　除了考虑运输费用，也要考虑突发性事件
>
> 　　2004年底出现的印度洋海啸，给东南亚一些国家造成了巨大的损失，世界各国都伸出了援助之手。我国在对印度洋海啸救灾过程中，对受灾国提供了快速、持续、全面而强有力的救援，并首次将应用于国内救灾的举国体制用于国际救灾。与以往相比，我国政府的此次援助行动实现了三项对外援助之"最"：救灾行动最快、救灾资金最多、援助方式最全面。灾难发生后，中国政府以最快的速度做出反应。2004年12月26日当晚，我国商务部即宣布将根据灾情向印度、印度尼西亚、斯里兰卡、马尔代夫和泰国提供人道主义紧急救灾援助。27日，中国政府决定向以上5国提供总金额为2163万元人民币的食品、帐篷、毯子等紧急救灾物资和现汇援助。28日晚，包括帐篷、毯子、床单、食品等在内的价值1000万元人民币的中国首批援助物资启运斯里兰卡。随着灾情的加重，我国政府迅速调整了援助方案，大幅增加了对海啸受灾国的资金支援力度。
>
> 　　在这种情况下，采用航空运输要比其他运输手段要好，有利于实现对受灾国提供快速、持续、全面而强有力的救援。

任务二　订立装运条款

在国际贸易中，货物运输方式采用最广泛的是海洋运输。海洋运输涉及租船订舱与运输安排等多个方面的工作。因此，本任务以海洋运输为例，详述订立国际贸易合同时的装运条款。国际贸易合同中的装运条款主要包括交货的时间、装运港、目的港、装运通知、分批装运和转船等。订立装运条款，应进行以下操作：

一、选择贸易术语

在确定价格条款时，我们已经知道贸易术语表明了贸易双方在货物交接过程中有关责任、风险、费用的划分界限，因此在订立装运条款时，首先要选择贸易术语。一般情况下，我国进口业务中的货物运输常用的贸易术语是FOB、FOBST；出口业务中的货物运输常用CFR或CIF。

二、规定装运港和目的港

（一）规定装运港

装运港（Port of Shipment），又称"装货港"（Loading Port），是指货物起始装运的港口。为了便利卖方安排货物的装运和适应买方接受或转售货物的需要，一般情况下，装运港都是由卖方提出，经买方同意后确定。

规定装运港主要有以下三种方法：

1. 规定一个装运港。

【例 6-1】 装运港：大连（port of shipment：da lian）。

2. 规定两个或两个以上的港口为装运港

【例 6-2】 装运港：大连/烟台/上海。

3. 规定某一港区为装运港。

【例 6-3】 装运港：中国港口。

规定装运港时应考虑以下几个方面：

1. 出口国货源所在地、港口装卸情况，尽可能选择与货源地距离较短，交通便利，海轮能直接到达，存储方便且费用较低的港口；对于允许转运的贸易，可选择内河或海轮不能到达的港口，但应注意选择与陆运、空运等相关运输工具相适宜的装运港。

2. 如果交货量较大，或交货地点较为分散，应选择两个或两个以上装运港，或规定某个港区为装运港，还要考虑对方是否允许分批装运。

3. 尽可能明确装运港，对有重名的港口应注明国别或地区，以免引起误解。

（二）规定目的港

目的港（Port of Destination），又称"卸货港"（Unloading Port），是指买卖合同规定的最后卸货港口。目的港一般由买方提出，经卖方同意后确定。

1. 目的港的规定方法

（1）在合同中明确规定某一港口为目的港。例如，目的港：圣多斯。

（2）在合同中规定两个或两个以上的港口为目的港。例如，目的港：伦敦/曼彻斯特。

（3）在磋商或成交时，万一进口方因为一时未找到转销货物的买主或因其他原因而不能确定目的港时，也可采用笼统地规定某一航区为目的港。例如，目的港：地中海主要港口、西欧主要港口等。

2. 规定目的港注意事项

（1）对于航次较少或没有直达航线的货物运输，应在合同中订立允许转运。

（2）对于国家不允许使用的目的港，不得作为目的港；对于有战争或动乱的地方，也不宜同意作为目的港。

（3）目的港应明确，对有重名的港口应注明国家和方位；对于要求多地卸货的，要明确各个地名，并约定卸货费用由谁承担。

（4）对于有两个或两个以上目的港的，应考虑目的港在同一航线上，并且为一般班轮能够抵达的港口。

（5）对于以某一港区为目的港的，必须以同一航区内的少量班轮寄航港为限，核算运价须以运费最高的为基础，并要明确选港附加费由买方负担。买方还须在承载船只到达第一个选择港前若干小时（一般为 48 小时），将最后确定的卸货目的港通知该港的船代理，否则船方有权在任何一个选择港卸货。

三、规定装运期

装运期，是出口方将货物在指定日期运送至指定地点的日期，是信用证 L/C 规定的最迟的装船日期，或者说是最迟的提单上的装船日期。装运期是卖方是否按合同履行了交货义

务及承运人责任期间的重要依据,关于买卖合同中对装运期的规定主要有以下几种:

(一) 明确规定具体期限

1. 规定某月装运。

【例6-4】 Shipment during March 2013 (2013年3月装运)。

2. 规定某个日期前装运。

【例6-5】 Shipment on/or before the end of May 2012 (2012年5月底前装运)。

3. 规定跨月装运。

【例6-6】 Shipment on Oct./Nov 2014 (2014年10月11月装运)。

规定某年某月或某日之前装运方式含义明确,便于卖方备货,在大宗货物交易中应用较广。

(二) 规定收到信用证后若干天装运

这种规定方式有利于卖方及时、安全的收汇和结汇。为避免买方故意拖延开证时间以致装运期无法确定,可在合同中增加一条限制买方开证时间的规定,争取主动。

【例6-7】 Shipment within 30 days after receipt of L/C (收到信用证后30天内装运)。

(三) 采用术语表示交货期

例如,立即装运 (Immediateshipment)、尽快装运 (Shipment as Soon as Possible)、即速装运 (Promptshipment) 等。但由于这些术语多国解释不一,容易引起争议,甚至银行不予置理,因此,非特殊情况,一般不宜采用。

四、规定分批装运和转运

(一) 分批装运 (Partial Shipment)

分批装运又称"分期装运",是指一个合同项下的货物分若干期或若干次装运。凡数量较大或受运输、市场销售、资金等条件的限制,都可在买卖合同中规定分批装运条款。根据国际商会《跟单信用证统一惯例》规定:"运输单据表面上已注明是使用同上运输工具装运并经同一路线运输,即使运输单据上注明的装运日期不同及域装货港、接受监管地或发运地点不同,只要运输单据注明是同一目的地,将不视为分批装运。"该惯例还规定:"如信用证规定在指定的时期内分期支款及/或分期装运,任何一期未按信用证所规定期限支款/或装运时,信用证对该期及以后各期均告失效。"对这类条款受益人应严格遵守,必须按信用证规定的时间装运货物。

(二) 转运 (Transhipment)

转运是指货物从装运港或发货地到目的港或目的地的运输过程中,从一运输工具卸下,再装上同一运输方式的另一运输工具;或在不同运输方式的情况下,从一种方式的运输工具卸下,再装上另一种方式的运输工具的行为。根据《跟单信用证统一惯例》规定,除非信用证有相反的规定,可准许转运。

买卖合同中常用分批装运和转运条款有如下几种:

1. 允许分批,不允许转船 (Partial shipments (to be) allowed. Transshipment (to be) prohibited)。

2. 允许分批及转船 (Partial shipments (to be) allowed. Transshipment (to be) allowed)。

3. 允许转船，不允许分批（Partial shipments (to be) prohibited. Transshipment (to be) allowed）。

五、规定运载工具及运输路线

（一）规定运载工具

在合同中，运输采用何种运载工具往往由买方提出，有的是因其与船公司有协议，而要求将货物交予该船公司承载；有的是因某船公司的船舶设备优良、船速迅捷，买方要求交予其承运可尽早收到货物；有的是因进口国政府有政策导向，要求本国船公司的船舶承运。因此在合同中需对运载工具做出规定。

（二）规定运输路线

运输路线关系到运费的高低和运输时间的长短。在 FAS、FOB 贸易术语条件下，由买方租船订舱，买卖双方无需约定运输路线；但在 CFR、CIF 等贸易术语下，由卖方租船订舱，买方承担货物在装运港装上船后的风险，买方会考虑运输时间和风险大小，提出运输路线要求，因而买卖双方需协商后在合同中规定运输路线。

六、规定装运通知

在《2010 国际贸易术语解释通则》中，FOB、CFR 术语均是买方承担货物在装运港装上船后的风险，由买方自行办理货物运输保险，买方需在货物装上船后及时购买保险，因此需要在合同中规定卖方发出装运通知的要求；CIF 术语虽然由卖方租船订舱安排运输并购买货运保险，但交货地点和风险转移界限仍然在装运港船上，卖方只需购买海运基本险中的最低险别，如若买方想扩大承保范围，则可以与卖方协商增加保险范围，也可以自己再投保，如果买方选择自己再投保，则也需约定卖方发出装运通知的要求。《2010 国际贸易术语解释通则》规定：卖方必须给予买方关于货物装船的充分通知。这里的"充分"是指要求装船通知在时间上毫不延迟，在内容上详尽，以满足买方办理保险的需要。

七、规定装卸费、装卸效率及滞期费、速遣费条款

在班轮运输条件下，装卸费包含在班轮公司收取的运费中，谁负责运输就意味着谁承担运费和装卸费，因此买卖双方无需确定装卸费、装卸效率，更不存在滞期与速遣。但国际贸易中大宗货物交易多采用租船订舱方式运输，在租船运输条件下，装卸货物由租船人负责，装卸时间长短和费用不仅关系买卖双方的利益，还关系到船方的利益，在买卖双方之间应先商讨装卸费、装卸效率，托运人（可能是买方也可能是卖方）再与承运人洽谈确定滞期费、速遣费，并在合同中明确规定。

（一）规定装卸时间的方法

1. 规定装卸货物的定额标准，即每船或每个舱口每个工作日装卸若干吨。
2. 规定固定的装卸天数，即不规定装卸率，规定装卸总的天数。
3. 按港口习惯快速装卸（Customary Quick Despatch，简称"C. Q. D."），即不具体规定装卸率或可用于装货和卸货的天数，而按照有关港口习惯的装卸方法和装卸速度尽快装卸。

在规定的装卸期限内，还要具体明确装卸时间的计算方法，其计算方法一般有以下

几种：

第一，按连续日（或时）（Running consecutive days/hours），是指按 24 小时应为一个连续日，其中没有任何折扣。

第二，工作日（Working days），是指按照港口习惯，属于正常工作的日子，星期日和例假日除外。

第三，好天气工作日（Weather working days），是指按正常的日子，星期日和例假日以及因天气恶劣不能进行装卸作业时都除外，不予计算工作日。

第四，连续 24 小时好天气工作日（Weather working days of 24 consecutive hours），这种规定按连续 24 小时为一个工作日，但星期日、例假日和不能装卸的坏天气都一律扣除。这种方法在进出口贸易中运用较为普遍。

(二) 规定装卸率、滞期费、速遣费

装卸率是指每日装卸货物的数量。装卸率的高低关系到完成装卸任务的时间和运费水平。装卸率规定过高，承运人完不成装卸任务，要承担滞期费损失；装卸率规定过低，虽能提前完成装卸任务，可得到船方的速遣费，但船舶占用港口时间长会增加运费，因此装卸率、滞期费、速遣费一般应以实事求是为原则，根据货物的种类、船舶舱口数、港口装卸能力和港口习惯装卸时间等因素，并参考同一航线、港口装卸同类货物和租船合同，具体确定，防止进出口合同的规定与程租船合同脱节或者相互矛盾而造成经济损失。

八、装运条款应当注意的问题

1. 从货源和船源的实际情况出发，不要在货源无把握时便盲目成交，以致出现"有船无货"；也不要在船源无把握时盲目成交，以致出现"有货无船"。

2. 对装运或交货期限的规定要明确，尽量避免使用"立即""即期""尽速"装运这类提法，因为国外对此解释不一，容易引起纠纷。

3. 装运期或交货期不宜定的太死。影响装运和交货的因素很多，不留有余地会招致严重后果。

4. 装运期或交货期的长短应适度。应从不同商品和租船订舱的实际情况来确定时间。时间过短，会给船货安排带来困难；时间过长，既会占压买方资金和增加利息开支，也会影响卖方的销售价格，双方都无好处。

5. 注意信用证开出日期是否合理。一般说来，信用证至少应在装运期或交货期开始前 15 天抵达卖方手中，以便卖方有必要的时间安排船贷。

【实际业务合同中装运条款范例】

某进出口公司于 2010 年 4 月以 CIF 条件与英国乔治贸易有限公司成交一笔出售棉籽油贸易。买卖合同确定：总数量为 840 公吨，允许分批装运，装运港为宁波。对方开来信用证中有关装运条款规定："840M/Tons of cottonseed oil. Loading port：Ningbo. Partial shipments are allowed in two lots, 460M/Tons to London not later than September 15, 2010. 380M/Tons to Liverpool not later than October 15, 2010."（840 公吨棉籽油，装运港：宁波，允许分两批装运。460 公吨于 2010 年 9 月 15 日前至伦敦，380 公吨于 2010 年 10 月 15 日前至利物浦。）

实 训 活 动

【实训目的】

1. 熟悉国际贸易中常用港口的英文名称；
2. 掌握合同中装运条款的订立和书写。

【实训内容】

1. 将学生分为若干小组，开展国际贸易常用港口英语名称及主要特点调查竞赛活动。
2. 根据情景导入，教师设置不同的运输方式，学生分别书写合同中的运输条款。

【实训方法】

学生分组讨论和搜集资料，完成实训；学生互评，教师点评。

【重点提示】

国际贸易合同中的装运条款主要包括交货的时间、装运港、目的港、分批装运和转船、装运通知、装卸时间、装卸效率、装卸费用等内容。合同中的装运条款要与租船订舱合同中的条款相衔接。

拓展阅读

一、信用证的分批装运和分期装运条款的区别

《UCP500》第40条3款和第41条分别讲了分批装运（PARTIAL SHIPMENTS）和分期装运（INSTALMENTS SHIPMENTS），鉴别的关键是对之深刻的理解，而不是只看英文字面。《UCP500》第41条"分期"用了"INSTALM ENTS"，为数相当多的人认为信用证中出现"INSTALM ETNS"这一单词，是分期装运。恰恰相反，信用证中出现"PARTIAL"这一单词时才是分期装运。分批装运是指在信用证的装运期和有效期内，可以装运，不规定以下三者：(1) 分批装运的次数，可以分二次或三次……；(2) 分批装运的时间；(3) 分批装运的货物数量。

而分期装运则规定以下三者：(1) 分批装运的次数；(2) 分批装运的时间；(3) 分批装运的数量。这三者具备，即使信用证中用"PARTIAL SH IPM ENTS"也不是分批装运，而是实际意义上的"分期装运"。

二、规定国外装运港和目的港应注意的问题

1. 对国外装运港或目的港的规定，应力求具体明确。在磋商交易时，如外商笼统地提出以"欧洲主要港口"或"非洲主要港口"为装运港或目的港时，不宜轻易接受。因为欧

洲或非洲港口众多，究竟哪些港口为主要港口，并无统一解释，而且各港口距离远近不一，港口条件也有区别，运费和附加费相差很大，所以，我们应避免采用此种规定的港口。

2. 不能接受内陆城市为装运港或目的港的条件。因为接受这一条件，我方要承担从港口到内陆城市这段路的运费和风险。

3. 必须注意装卸港的具体条件。要注意有无直达班轮航线、港口和装卸条件以及运费和附加费水平等。如果租船运输，还应进一步考虑码头泊位的深度；有无冰封期，冰封的具体时间；以及对船舶国籍有无限制等港口制度。

4. 应注意国外港口有无重名问题。世界各国港国重名的很多，例如，维多利亚港，世界上有12个之多，波特兰等也有数个。为防止发生错误，引起纠纷，在买卖合同中应明确注明装运港或目的港所在国家和地区的名称。

三、规定国内装运港或目的港应注意的问题

1. 出口业务。对国内装运港的规定，一般以接近货源的对外贸易港口为宜，同时考虑港口和国内运输的条件和费用水平。

2. 进口业务。对国内目的港的规定，原则上应选择以接近用货单位或消费地区的对外贸易港口为最合理。但根据我国目前港口的条件，为避免港口到船集中而造成堵塞现象或签约目的港尚难确定，在进口合同中也可酌情规定为"中国口岸"。

总之，买卖双方在确定装运港时，通常都是从本身利益和实际需要出发，根据产销和运输等因素考虑的。为了使装运港和目的港条款订得合理，我们必须从多方面加以考虑，特别是国外港口很多，情况复杂，在确定国外装运港和目的港时更应格外谨慎。

模块二　确定保险条款

情境导入

2013年8月天津绮华进出口有限公司出口一批冷冻食品给法国C公司，双方约定采用CIF贸易术语，装运港为山东青岛港，目的港为法国马赛港。如果你是天津绮华进出口有限公司业务员，你认为这笔交易可能遇到哪些风险，投保什么险别最为合适？又应该如何订立合同中的保险条款？

任务一　选择保险险别

国际贸易中的大部分货物需经长距离运输后才能到达目的地，在运输途中可能遭遇众多风险产生损失。为了消除贸易商对运输风险的后顾之忧，在货物发生损失后能得到补偿，向保险公司投保货物运输保险、海洋运输保险是一种必要的措施。

一、海洋运输保险（ocean transportation risks）

（一）风险

根据我国《海洋运输货物保险条款》，海洋运输货物保险承保的风险分为海上风险和外来风险两种。

1. 海上风险。海上风险一般是指船舶或货物在海上航行中发生的或随海上运输所发生的自然灾害或意外事故。自然灾害仅指恶劣气候、雷电、洪水、流冰、地震、海啸以及其他人力不可抗拒的灾害，而不是指一般自然力所造成的灾害。意外事故主要包括船舶搁浅、触礁、沉没、碰撞、失火、爆炸以及失踪等具有明显海洋特征的重大意外事故。

2. 外来风险。外来风险是指海上风险以外的各种风险，分为一般外来风险和特殊外来风险。一般外来风险指偷窃、破碎、渗漏、玷污、受潮受热、串味、生锈、钩损、短量、淡水雨淋、包装破裂等。特殊外来风险主要是指由军事、政治及行政法令等原因造成的风险从而引起货物损失，如战争、罢工、交货不到、拒收等。

（二）海洋运输保险承保的损失

海上货物运输的损失又称"海损"（Average），是指货物在海运过程中由于海上风险而造成的损失。海损也包括与海运相连的陆运和内河运输过程中的货物损失。

海上损失按损失的程度不同可分为全部损失和部分损失。

1. 全部损失。全部损失又称"全损"，是指被保险货物全部遭受损失，有实际全损和推定全损之分。实际全损是指货物全部灭失或全部变质而不再有任何商业价值。推定全损是指货物遭受风险后受损，尽管未达实际全损的程度，但实际全损已不可避免，或者为避免实际全损所支付的费用和继续将货物运抵目的地的费用之和超过了保险价值，推定全损需经保险人核查后认定。

2. 部分损失。不属于实际全损和推定全损的损失，为部分损失。按照造成损失的原因不同，可分为共同海损和单独海损。

在海洋运输途中，船舶、货物或其他财产遭遇共同危险，为了解除共同危险，有意采取合理的救难措施所直接造成的特殊牺牲和支付的特殊费用，称为"共同海损"。在船舶发生共同海损后，凡属共同海损范围内的牺牲和费用，均可通过共同海损清算，由有关获救受益方（即船方、货物所有人和运费收入方）根据获救价值按比例分摊，然后再向各自的保险人索赔。共同海损分摊涉及的因素比较复杂，一般均由专门的海损理算机构进行理算（Adjustment）。

不具有共同海损性质，未达到全损程度的损失，称为"单独海损"。该损失仅涉及船舶或货物所有人单方面的利益损失。

按照保险条例，不论承保何种险种，由于海上风险而造成的全部损失和共同海损均属保险人的承保范围。对于推定全损的情况，由于货物并未全部灭失，被保险人可以选择按全损或按部分损失索赔。倘若按全损处理，则被保险人应向保险人提交"委付通知"。把残余标的物的所有权交付保险人，经保险人接受后，可按全损得到赔偿。

（三）海洋运输保险承保的费用

我国《海洋运输货物保险条款》除承保保险责任范围内的风险给货物造成的损失外，还对于由海上风险所造成的费用损失也给予赔偿。海上风险产生的费用损失主要有施救费用和救助费用。

1. 施救费用（Sue and Labour Charges）。施救费用又称"单独海损费用"，是指保险货物遭受保险责任范围内的自然灾害和意外事故时，被保险人或其代理人、雇用人员和受让人等为抢救、保护、清理被保险货物、防止损失继续扩大而采取措施所支付的合理费用。这种费用由保险公司负责赔偿。

2. 救助费用（Salvage Charges）。救助费用是指保险标的在运输途中遭遇到承保范围内的灾害事故时，由保险人和被保险人以外的无契约关系的第三者采取救助行动而向其支付的报酬。救助费用往往属于共同海损费用。这种费用由保险人负责赔偿。

（四）海洋运输保险险别

我国《海洋运输货物保险条款》规定的海运货物险别主要有：

1. 基本险（Basic Risks）。

（1）平安险（Free from Particular Average，FPA）。平安险也称为"部分损失不赔险"，其承保范围包括：

①被保险货物在运输途中由于恶劣气候、雷电、海啸、地震、洪水自然灾害造成整批货物的全部损失或推定全损。当被保险人要求赔付推定全损时，须将受损货物及其权利委付给保险公司。被保险货物用驳船运往或运离海轮的，每一驳船所装的货物可视作一个整批。推定全损是指被保险货物的实际全损已经不可避免，或者恢复、修复受损货物以及运送货物到原定目的地的费用超过该目的地的货物价值。

②由于运输工具遭受搁浅、触礁、沉没、互撞、与流冰或其他物体碰撞以及失火、爆炸等意外事故造成货物的全部或部分损失。

③在运输工具已经发生搁浅、触礁、沉没、焚毁等意外事故的情况下，货物在此前后又在海上遭受恶劣气候、雷电、海啸等自然灾害所造成的部分损失。

④在装卸或转运时由于一件或数件整件货物落海造成的全部或部分损失。

⑤被保险人对遭受承保责任内危险的货物采取抢救、防止或减少货损的措施而支付的合理费用，但以不超过该批被救货物的保险金额为限。

⑥运输工具遭遇海难后，在避难港由于卸货所引起的损失以及在中途港、避难港由于卸货、存仓以及运送货物所产生的特别费用。

⑦共同海损的牺牲、分摊和救助费用。

⑧运输契约订有"船舶互撞责任"条款，根据该条款规定应由货方偿还船方的损失。

（2）水渍险（With Particular Average/With average，WPA/WA）。除包括上列平安险的各项责任外，本保险还负责被保险物由于恶劣气候、雷电、海啸、地震、洪水自然灾害等所造成的部分损失。

（3）一切险（All Risks，AR）。除包括上列平安险和水渍险的各项责任外，本保险还负责被保险货物在运输途中由于一切外来原因所致的全部或部分损失。

2. 附加险（Addition Risks）。海洋货物运输的附加险分为一般附加险、特别附加险及特殊附加险三种。

（1）一般附加险（General Addition Risks）：用来赔偿一般外来风险所导致的损失，包括偷窃、提货不着、淡水雨淋、短量、混杂、玷污、渗漏、碰损、破碎、串味、钩损等11项。

（2）特别附加险（Special Addition Risks）：主要用来承保与国家政策法规、航海贸易习惯有关的风险，包括交货不到险、舱面险、拒收险、进口关税险等6项。

（3）特殊附加险（Specific Additional Risks）：主要承保由于战争、武装冲突或类似战争行为等所导致的货物扣留、禁制等损失的战争险（War Risks）和由于罢工等恶意行为造成的货物罢工险（Strike Risks）。

二、其他运输方式保险

（一）陆上运输险（Overland Transportation Risks）

中国人民保险公司陆上运输货物保险条款规定，陆上运输险适用于保障火车、汽车等陆上运输途中货物遭受自然灾害或意外事故所造成的全部或部分损失，分为基本险和附加险。

1. 基本险。

（1）陆运险（Overland Transportation Risks）。陆运险与海洋险条款中的"水渍险"相似。保险公司承保因恶劣天气、雷电、洪水等自然灾害造成整批货物的全损或推定全损，或部分损失；因运输工具遭受碰撞、出轨、倾覆或驳运工具遭受搁浅、触礁、沉没等意外事故造成的全损或部分损失。

（2）陆运一切险（Overland Transportation All Risks）。陆运一切险与海洋险条款中的"一切险"相似。保险公司除承保陆运险的赔偿责任外，还负责赔偿被保险货物在运输途中因一般外来原因所造成的全部或部分损失。

（3）陆上运输冷藏货物险（Overland Transportation Cargo Insurance for Frozen Product）。陆上运输冷藏货物险除承保陆运险中所包含的自然灾害、意外事故所造成的全部或部分损失外，还负责赔偿因冷藏机器或隔温设备在运输途中损坏所造成的被保险货物融化变质的损失。

2. 附加险。陆运货物附加险主要是承保陆上运输货物战争险，它只承保在火车运输途中因战争、武装冲突或各种常规武器所造成的货物损失，不承保汽车运输途中因战争问题造成的货物损失。

（二）航空运输险（Air Transportation Tisks）

航空运输货物保险条款规定，航空运输险承保航空运输货物途中因自然灾害或意外事故所造成的全部或部分损失，包括基本险和附加险。

1. 基本险。

（1）航空运输险（Air Transport Risks）。其承保范围相当于海运保险条款中的"水渍险"。

（2）航空运输一切险（Air Transport all Risks）。其承保范围相当于海运保险条款中的"一切险"。

2. 附加险。航空运输的附加险也包括战争险和罢工险，其承保范围与海运保险条款中的相同。

（三）邮包险（Parcel Post Risks）

中国人民保险公司邮包保险条款规定，邮包险承保邮包在邮政机构运输途中因自然灾害或意外事故所造成的全部或部分损失，包括基本险和附加险。

1. 基本险。
(1) 邮包险（Parcel Post Risks）。其承保范围相当于海运保险条款中的"水渍险"。
(2) 邮包一切险（Parcel Post all Risks）。其承保范围相当于海运保险条款中的"一切险"。
2. 附加险。邮包附加险同样包括战争险和罢工险，其承保范围与海运保险条款中的相同。

三、选择保险险别的原则

国际货物运输保险险别较多，一般保险公司都会提供多个险别供投保人选择，险别不同，承保的风险范围和赔偿责任及所需支付的保险费用也不相同。因此，无论是买方投保还是卖方投保，均应当慎重考虑，可按照既对货物运输风险有保障、又承担较少保险费用的原则，根据每笔交易的货物及包装的特点、运输工具及方式、运输地区及港口等实际情况来选择保险险别。如液体化工类商品，在散舱运输时，容易发生短量和玷污，可在选择平安险的基础上，加保短量险和玷污险。

实 训 活 动

【实训目的】

分析运输风险，合理选择保险险别。

【实训内容】

学生以"情景导入"中天津绮华公司业务员的身份，为出口该批冷冻商品设计运输路线，分别在以下几种情况下：

1. 双方约定货物装船时间为8月30日前，天气预报2013年8月26日将有强台风经过青岛港，界时青岛港将停止一切装卸货物及船舶起航工作。
2. 该批货物允许转运，据悉法国境内因延迟退休等原因可能爆发大规模罢工抗议事件。
3. 买方租用的船舶设备较为陈旧，据悉曾经发生过两起冷冻货物融化腐烂变质事件。

分析货物运输风险，选择保险险别。

【实训方法】

学生分组讨论、形成观点、自主阐述、相互评价，教师点评。

【重点提示】

国际贸易中投保货物运输保险是贸易商转嫁运输风险，防范损失的一种必要措施。无论是买方投保还是卖方投保，均应当慎重考虑，按照既保障货物运输风险、又承担较少保险费用的原则，根据每笔交易的货物及包装的特点、运输工具及方式、运输地区及港口等实际情况合理选择保险险别。

> **拓展阅读**
>
> 伦敦保险协会货物保险条款（ICC）概述
>
> ICC 该条款共包括六种险别：
>
> （1）协会货物条款（A）（简称 ICC（A））；
> （2）协会货物条款（B）（简称 ICC（B））；
> （3）协会货物条款（C）（简称 ICC（C））；
> （4）协会战争险条款（货物）（IWCC）；
> （5）协会罢工险条款（货物）（ISCC）；
> （6）恶意损害险（Malicious Damage Clause）。
>
> 它们对世界各国运输货物保险条款的制定有着重要的指导意义。
>
> 六种险别中，只有恶意损害险属于附加险别，不能单独投保，其他五种险别的结构相同，体系完整。其中，（A）险责任范围最为广泛，采用承保"除外责任"之外的一切风险的方式表明其承保范围；（B）险和（C）险都采用"列明风险"的方式表示其承保范围，战争险和罢工险在征得保险公司同意后，也可作为独立的险别进行投保。有列入详细保险条款外，其余内容与保险单相同，保险凭证也具有与保险单同样的法律效力。

任务二　确立合同保险条款的内容

保险条款是国际货物买卖合同的重要组成部分之一，必须订得明确合理。合同中的保险条款与贸易条件有着必然的联系，采用不同的贸易条件，投保人不同，保险条款订立的方法也不相同。但合同中保险条款主要包括以下几项内容：

一、确定投保人

一笔交易的货物运输保险首先应明确由谁办理。在国际贸易中，投保责任的归属主要看交易双方采用的是什么贸易术语，如果是 CIF 或 CIP 贸易术语，则应由卖方负责办理保险；如果是 CFR 或 FOB 术语，则保险应由买方负责办理。当然也可由买卖双方协商决定由谁来负责办理保险，但必须在合同中明确投保责任究竟归属于哪一方。

二、约定保险公司、保险条款，选择保险险别

一笔交易约定由哪一方办理保险时，一般就在哪一方的保险公司办理，并选择相应的保险条款。在我国进出口贸易中，凡我国出口以 CIF 或 CIP 贸易术语条件成交的，通常按照中国人民保险公司现行的货物运输的保险险别，并根据商品的特点及海上风险的程度，由双方约定投保的险别；但如果国外客户要求按照英国伦敦保险业协会货物保险条款（ICC Clause）为准，我方也可以通融接受，但需在合同中注明。约定好保险公司和适用的保险条款后，买卖双方应根据货物的特性、包装、运输方式等实际情况选择保险险别，在合同中明确投保的保险险别。例如，采用中国人民保险公司海洋货物运输保险条款，投保水渍险。

三、确定保险金额

保险金额又称"投保金额",是指被保险人对保险标的的实际投保金额,是保险公司对被保险人负担损失补偿或支付约定给付金额及计收保险费的基础。保险金额的大小涉及买方的切身利益和卖方支付费用的多少,因此双方必须将保险金额在合同中具体订明。

我国出口货物保险金额一般按 CIF 或 CIP 价格加成 10%,即将买方预期利润和有关费用加入货价内一并计算。在实际业务中,由于货物的价格、运输目的地等情况不同,保险加成金额并不是一定按 10%,最高可达 30%,可由买卖双方协商决定。其计算公式为:

出口货物的保险金额 = CIF 价 × (1 + 加成率)

若进口方报 CFR 价或 CPT 价,却要求出口方代办货运保险,或是要求改报 CIF 或 CIP 价,则应先把 CFR 或 CPT 价转化为 CIF 价或 CIP 价,然后再计算保险金额。其计算公式为:

CIF 或 CIP 价 = CFR 或 CPT/[1 – 保险费率(1 + 保险加成率)]

保险金额 = CIF 或 CIP 价 × (1 + 加成率)

四、合同中保险条款范例

1. 采用 CIF 或 CIP 贸易术语的合同,由卖方负责办理保险,保险条款可规定为:

Insurance to be covered by the Sellers, including W. A. & risk of fire for 60 days in customs warehouse after discharge of the goods at port of destination subject to CIC.(保险由卖方办理,按照中国保险条款投保水渍险和火险,在目的港卸货后存入海关仓库 60 天为止。)

Insurance to be covered by the Sellers, covering air transportation all risk as per air transportation cargo insurance clauses I. C. C.。(保险由卖方办理,按照中国人民保险公司×年×月×日航空运输货物保险条款投保航空运输一切险。)

2. 采用 EXW、FAS、FOB、FCA、CFR、CPT 术语的合同,由买方负责办理保险,保险条款可规定为:

Insurance to be covered by the Buyers.(保险由买方办理。)

Insurance to be covered by the Sellers on behalf of the Buyers for 110% of the invoice value against ×× and ×× as per Ocean Marine Cargo Clause of the People's Insurance Company of China dated 01/01 1981.(由买方委托卖方按发票金额的 110% 代为投保××险和××险,保险费由买方负担,按 1981 年 1 月 1 日中国人民保险公司海洋运输货物保险条款为准。)

实 训 活 动

【实训目的】

1. 了解国际贸易合同中保险条款的内容;
2. 通过实际业务操作,让学生掌握合同中保险条款的书写。

【实训内容】

学生分别以"情景导入"中天津绮华公司业务员、法国 B 公司业务员的身份,按以下条件,计算保险金额,书写合同中保险条款:

1. 双方约定以 CIF 术语成交,发票金额为 5000000 欧元,按发票金额 110% 作为保险金额,以 1981 年 1 月 1 日中国人民保险公司海洋运输货物保险条款投保水渍险和受潮受热险。

2. 双方约定以 CFR 术语成交,发票金额为 5000000 欧元,保险费率为 0.8%,投保加成 10%,以伦敦保险协会货物(B)险条款投保。

3. 双方约定以 CPT 术语成交,发票金额为 2000000 欧元,保险费率为 0.8%,投保加成 10%,委托出口方代为办理货运保险,以 1981 年 1 月 1 日中国人民保险公司海洋运输货物保险条款投保一切险和战争险。

【实训方法】

学生分组讨论,完成保险金额计算和保险条款书写,学生互评,教师点评。

【重点提示】

1. 国际贸易合同中的保险条款主要包括投保人、约定的保险公司保险条款、投保险别、保险金额等内容。

2. 在没有特别规定的情况下,一般是按照 CIF 或 CIP 价的 110%,特殊不超过 130%。

拓展阅读

一、保险利益

保险人所承保的标的,是保险所要保障的对象。但被保险人(投保人)投保的并不是保险标的本身,而是被保险人对保险标的所具有的利益,这个利益,叫作"保险利益"。投保人对保险标的不具有保险利益的,保险合同无效。

国际货运保险同其他保险一样,被保险人必须对保险标的具有保险利益。这个保险利益,在国际货运中,体现在对保险标的的所有权和所承担的风险责任上。以 FOB、FCA、CFR 和 CPT 方式达成的交易,货物在越过船舷后风险由买方承担。一旦货物发生损失,买方的利益受到损失,所以买方具有保险利益。因此,由买方作为被保险人向保险公司投保,保险合同只在货物越过船舷后才生效。货物越过船舷以前,买方不具有保险利益,不属于保险人对买方所投保险的承保范围。以 CIF 和 CIP 方式达成的交易,投保是卖方的合同义务,卖方拥有货物所有权,当然具有保险利益。卖方向保险公司投保,保险合同在货物启运地启运后即生效。

二、"仓至仓"(Warehouse to Warehouse,W/W)条款

"仓至仓"是海运货物保险责任起讫(期限)的基本原则,它规定了保险人承担责任的起讫时间和地点,从保险单载明的发货人仓库或储存处所开始运输时生效,在正常运输中继续有效,直到保险单载明的目的地收货人最后的仓库或储存处所或被保险人用作分

配、分派或非正常运输的其他储存处所为止，货物进入仓库或储存处所后，保险责任即行终止。如果货物未抵达仓库或储存处所，则以被保险货物在最后卸载港全部卸离海轮后满 60 天为止。如在 60 天内被保险货物需转运到非保险单所载明目的地时，则以该项货物开始转运时终止。

 ## 项目小结

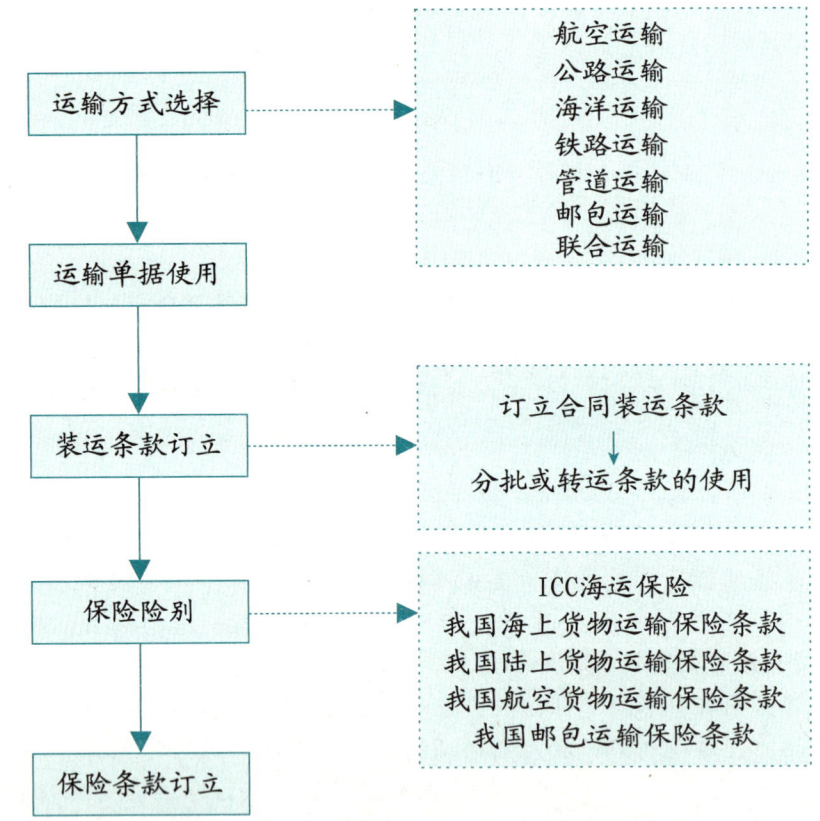

学生自我总结

通过完成项目六，我能够做如下总结：

一、主要知识

完成本任务涉及的主要知识有：

二、主要技能

完成本任务的主要技能有：

三、主要原理

完成本任务的主要原理有：

四、相关知识与技能

完成本任务中：
1. 过程要素有：
2. 操作要领有：
3. 这么做的原因有：

五、成果检验

完成本任务的成果：
1. 完成本任务的意义有：
2. 学到的经验有：
3. 自悟的经验有：
4. 形成的策略有：

自 主 练 习

一、选择题

1. 海上风险中的自然灾害包括（　　　）。
　　A. 海啸、洪水等　　　　　　　　B. 运输工具搁浅、触礁
　　C. 地震、火山爆发　　　　　　　D. 碰撞、失火等

2. 按《UCP500》解释，若信用证条款中未明确规定是否允许"分批装运"、"转运"，则应视为（　　　）。
　　A. 可允许分批装运　　　　　　　B. 可允许分批装运和转运
　　C. 可允许装运，但不允许分批装运　D. 不允许分批装运和转运

3. 我出口稻谷一批，因保险事故被海水浸泡多时而丧失其原有用途，货到目的港后只能低价出售，这种损失属于（　　　）。

A. 单独损失　　　　　　　　　B. 共同损失
C. 实际全损　　　　　　　　　D. 推定全损

4. 根据我国海洋货物运输保险条款规定，"一切险"包括（　　）。

A. 平安险加 11 种一般险　　　　B. 一切险加 11 种一般附加险
C. 水渍险加 11 种一般附加险　　D. 11 种一般附加险加特殊附加险

5. 一批出口货物投保了水渍险，在运输过程中由于雨淋致使货物遭受部分损失，这样的损失，保险公司将（　　）。

A. 负责赔偿整批货物　　　　　B. 负责赔偿被雨淋湿的部分
C. 不给予赔偿　　　　　　　　D. 在被保险人同意的情况下，可以单独投保

二、简答题

1. 中国人民保险公司海洋运输货物保险基本险别有哪些？常见附加险有哪些？
2. 在国际贸易实际业务中，应如何确定保险险别、保险金额？
3. 在不同贸易术语下，投保责任一般分别由哪一方承担？

三、案例分析题

1. 天津绮华进出口有限公司于 5 月 23 日接到一张国外开来的信用证，信用证对装运期和议付有效期条款规定："Shipment must be effected not prior to 31st May, 2009. The Draft must be negotiated not later than 30th June, 2009."注意：这里信用证规定的是：装运必须不得早于 2009 年 5 月 31 日，也就是说只能晚于 5 月 31 日，实际就是须在 31 日以后装运。

请问：如果您是公司的外贸工作人员，公司要求装运期为 5 月 26 日，这张信用证最后能否收到货款？

2. 某货轮从天津新港驶往新加坡。航行途中，货舱起火蔓延至机舱，为了船货的共同安全，船长下令往舱中灌水灭火。火虽然被扑灭，但主机受损，无法继续航行。于是，船长决定雇佣拖轮将货船拖往附近港口修理，然后再驶往目的港。事后经查发现，这次事故造成的损失和费用有：

（1）1000 箱货被烧毁；
（2）500 箱货由于灌水时被水浸湿；
（3）主机和部分甲板被烧毁；
（4）雇佣拖船支出的费用；
（5）额外增加的燃料费用及船长和船员的工资、给养开支。

请问：上述各项损失中哪些属于共同海损？哪些属于单独海损？并说明理由。

3. 我方按 CIF 贸易术语条件出口冷冻食品一批，合同规定投保平安险加战争、罢工险。货到目的港后，适逢码头工人罢工，港口无人作业，货物无法卸载。不久货轮因无法补充燃料以致冷冻设备停机。等到罢工结束，该批冷冻食品已变质。

请问：这种由于罢工而引起的损失，保险公司是否负责赔偿？

项目七

订立合同条款（四）

项目描述

在国际贸易中，货款的收付关系到交易双方的切身利益，涉及支付工具、支付方式和具体的结算方法等问题，是国际贸易合同的重要内容。本项目旨在帮助学生认识国际贸易支付工具，熟悉各种支付方式的运用过程及其利弊；根据交易情况灵活选择支付方式，订立支付条款。

学习目标

【理论知识目标】
- □ 认识支付工具
- □ 熟悉支付方式业务流程
- □ 了解商检、争议、索赔等合同条款

【岗位技能目标】
- □ 合理选择支付方式，订立支付条款
- □ 订立商险、争议解决、索赔等其他合同条款

模块一　选择支付条款

情境导入 ⇨

天津绮华进出口有限公司与美国曼哈顿 OTTO 服饰有限公司经过反复磋商与谈判后，从价格、装卸条款、货款结算、保险以及相关费用等方面达成一致。2013 年 11 月 4 日双方签订了交易合同。如果您是公司的外贸人员，您将从哪些方面考虑选择合适的支付方式，订立合理的支付条款？

任务一　选择支付工具

在国际贸易中，大多使用非现金结算，通过信用工具来结算买卖双方的债权债务，可以作为国际贸易支付工具的主要有货币和票据。

一、货币

货币在国际贸易中可作为计价、结算和支付的手段，但在国际贸易中以货币作为支付工具的情形却不多见。因为以货币清偿国际债权债务，不仅涉及直接运送大量现金所引起的各种危险和不便，而且资金周转缓慢。所以，现代国际贸易结算以货币作为支付工具的情形可说是例外。

二、票据

票据（Bills）是指以支付一定金额为标的，而依票据法发行的，可以转让流通的证券(Transferable and Negotiable Instrument)，即指汇票、本票和支票。在国际贸易结算中，一般都使用一定的票据作为支付工具，通过银行进行非现金的结算。票据固然具有代替现金作为流通手段和支付手段的作用，但它本身毕竟不是货币。票据与法定货币的主要区别在于票据所凭借的是发票人、承兑人或背书人的私人信用，它不具有法定货币的强制通用效力。因此，当债务人以法定货币清偿债务时，在法律上称为"法偿"（Legal Tender），债权人必须予以接受。但如债务人拟以票据清偿债务时，则必须征得债权人的同意，或在契约上注明。

（一）汇票（Bill of Exchange）

1. 汇票的含义。1995 年 5 月 10 日公布的《中华人民共和国票据法》第十九条规定：汇票（Bill of Exchange）是出票人签发的，委托付款人在见票时或在指定日期无条件支付确定的金额给收款人或持票人的票据。

2. 汇票的分类。

（1）按照出票人的不同，汇票可分为银行汇票和商业汇票。

①银行汇票（Banker's Draft），是指出票人是银行，受票人也是银行的汇票。

②商业汇票（Commercial Draft），是指出票人是商号或个人，付款人可以是商号、个人，也可以是银行的汇票。

（2）按照有无随附商业单据，汇票可分为光票和跟单汇票。

①光票（Clean Bill），是指不附带商业单据的汇票，付款人只凭汇票付款。银行汇票多是光票。

②跟单汇票（Documentary Bill），是指附带有商业单据的汇票，出票人必须提交约定的货运单据才能取得货款，受票人也必须在付清贷款后才能取得货运单据，提取货物。跟单汇票体现了货款与单据对流原则，为买卖双方提供了一份安全保障，在国际贸易中应用广泛。商业汇票一般为跟单汇票。

（3）按照付款时间不同，汇票可分为即期汇票和远期汇票。

①即期汇票（Sight Draft；Demand Draft），是指在提示或见票时立即付款的汇票。

②远期汇票（Time Draft；Issuance Draft），是指在一定期限或特定日期付款的汇票。远期汇票的付款时间有以下几种规定办法：

- 见票后若干天付款；
- 出票或若干天付款；
- 提单签发日后若干天付款；
- 指定日期付款。

（4）按承兑人的不同，分为商业承兑汇票和银行承兑汇票。

商业承兑汇票是企业或个人承兑的远期汇票，托收中使用的远期汇票即属于此种汇票。

银行承兑汇票是银行承兑的远期汇票，信用证中使用的远期汇票即属于此种汇票（见表7-1）。

表7-1

一张汇票往往可以同时具备几种性质。例如一张商业汇票同时又可以是即期的跟单汇票；一张远期的商业跟单汇票，同时又是银行承兑汇票。

（5）根据承兑地与付款地是否相同，分为直接汇票和间接汇票。

①直接汇票（Direct Draft），即承兑地与付款地在同一地点的汇票。国际贸易中大多数汇票属于直接汇票。

②间接汇票（Indirect Draft），是指承兑地与付款地不在同一地点的汇票。此种汇票承兑时，付款人除签名并标注日期外，通常还需注明付款地点。

3. 汇票的使用。在国际贸易中，汇票使用一般按以下流程进行：

（1）出票（to Draw）。出票人在汇票上填写出票日期、付款金额、付款人、受款人名称等内容，并签字后交给受款人的行为。在出票时，对受款人通常有三种写法：

①限制性抬头，是指出票人写明具体的受款人名称，只能由该受款人收取货款。这种汇票不能流通转让。

②指示性抬头，是指出票人除写有收款人名称外，其后还有"或其指定人"。例如，Pay to the order of Bank of China（付给中国银行的指定人）；或 Pay to Bank of China or order（付给中国银行或其指定人）。这种汇票可以由受款人根据自己的需要，通过背书将收款的权利转让给其他人，具有一定的流通性，在实际中应用最广泛。

③持票人抬头或来人抬头，是指出票人不规定汇票的收款人，任何持票人均可作为收款人。这种汇票无须由持票人背书即可转让。我国《票据法》规定，凡签发持票人或来人抬头的汇票无效。

（2）提示（Presentation）。持票人将汇票提交付款人要求承兑或付款的行为。提示可分为：

①付款提示。持票人向付款人提交汇票要求付款。

②承兑提示。远期汇票持票人向付款人提交汇票，付款人见票后办理承兑手续，承诺到期付款。

（3）承兑（Acceptance）。付款人在远期汇票正面写明"承兑"字样，注明承兑日期并签字，然后交给持票人，表示承诺到期付款的行为。付款人一旦承兑，即成为汇票主债务人，负有到期付款的责任。

（4）付款（Payment）。付款人对持票人自出票日起1个月内提示的即期汇票，应立即付款；对已承兑的远期汇票，在到期时应予以付款。

（5）背书（Endorsement）。背书是转让票据权利的一种方式，也是票据得以流通的基础。它是指汇票抬头人在汇票背面或粘贴单上记载有关转让事项并签章后交给受让人的行为。经背书后，汇票的收款权利转移给受让人，对于受让人来说，所有在他以前的背书以及原出票人，都是他的"前手"；而对出让人来说，所有在他让与以后的受让人，都是他的"后手"，前手对后手负有担保汇票必然会被承兑或付款的责任。

（6）贴现（Discount）。在国际市场上，一张远期汇票的持有人如想在付款人付款前取得票款，可以经过背书转让汇票给贴现的银行或金融公司，由他们将扣除一定贴现利息及手续费后的票款支付给持票人的行为。

（7）拒付（Dishonor）。持票人提示汇票要求承兑或付款时，遭到付款人拒绝承兑或付款，或付款人拒不见票、死亡或宣告破产从而使付款事实上不可能实现时，称为"拒付"。

（二）本票（Promissory Note）

本票是指由一人向另一人签发的，约定在见票时或在指定的、或可以确定的将来时间，向特定的人或其指定的人、或持票人无条件支付一定金额的书面承诺。在国际贸易货款结算中使用的本票大多是由银行签发的银行本票，有的银行发行见票即付、不记载收款人的本票或来人抬头的本票，其流通性与纸币相似。

（三）支票（Check or Cheque）

支票是银行存款户对银行签发的要求银行对特定的人或其指定人、或持票人在见票时无条件支付一定金额的书面命令。签发支票是以存款者在银行存款账户上有足够数额存款或事先同银行洽订有一定的透支额度作为前提条件的，如果签发支票时存款小于票面金额，则视为签发"空头支票"。我国《票据法》规定：禁止签发空头支票、签章与预留银行签章不符的支票、使用密码错误的支票。如果签发，则银行将予以退票，并按票面金额处以5%但不低于1000元的罚款。实际上，支票是以银行为付款人的即期汇票。

汇票、本票、支票的相同点和不同点如表7-2所示。

表7-2　　　　　　　　　　汇票、本票、支票的异同

种　类	汇　票	本　票	支　票
无条件支付	命令	承诺	命令
基本当事人	出票人、付款人、收款人	出票人、收款人	出票人、付款人、收款人
主债务人	承兑前：出票人 承兑后：承兑人	出票人	出票人
出票人的责任	担保付款人承兑和付款	自负付款责任	担保付款人付款
期限	即期、远期	即期、远期	即期（见票即付）
出票份数	一套（一般一式两份）	一张	一张
付款人	任何人	自己	银行
票据行为	无保付	无承兑、参加承兑、参加付款、保付	有保付，无承兑、参加承兑、参加付款

实　训　活　动

【实训目的】

1. 熟悉三种支付工具，了解支付工具的英文名称。
2. 掌握汇票使用流程。

【实训内容】

1. 将学生分组，先讨论支付要点，分析比较支付工具的区别。
2. 分组完成买卖合同支付工具的编写，小组成员相互纠错，教师指导。
3. 分角色演示汇票使用流程。

【实训方法】

学生完成支付工具的选择，分角色演示汇票使用流程，教师引导学生进行归纳总结。

【重点提示】

在国际贸易中，只有少数采用货币支付，绝大部分多采用汇票、本票、支票等金融票据作为支付工具进行结算，其中以汇票使用最为普遍。具体业务中究竟采用何种票据，应由交易双方在合同中约定。

拓展阅读 　　　　　　　　　　票据风险与防范

票据作为国际贸易结算的重要支付凭证，使用广泛，但由于票据种类繁多、特点各异，在使用过程中存在许多风险，需从以下几点注意防范票据风险：

1. 了解客户资信，做到心中有数，防患于未然。
2. 贸易成交前，进出口商必须签署稳妥、平等互利的销售合同。
3. 委托银行对外查实客商提交的票据，以确保能够安全收汇。
4. 在银行未收到票款前，不宜过早发货。
5. 少使用支票，即使收到世界上资信最好的银行为付款行的支票也不等于将来一定能收到货款。

任务二　选择支付方式

一、信用证（Letter of Credit，L/C）

信用证是开证行根据买方（开证申请人）的请求，开给卖方的一种保证承担支付货款的书面凭证。这种方式把应由买方承担的付款义务转化为银行的付款义务，加入了银行信用。由于银行承担了第一性的付款责任，有审单的义务，使得结算的程序更为严格、规范，对于买卖双方而言，结算的风险进一步得到控制，资金融通也更为便利。因此，该种方式被贸易各方广泛接受。

（一）信用证当事人

1. 开证人（Opener），是指向银行申请开立信用证的人，在信用证中又称"开证人"，通常为进口商。

义务：根据合同开证；向银行交付比例押金；及时付款赎单。

权利：验、退赎单；验、退货（均以信用证为依据）。

2. 受益人（Beneficiary），是指信用证上所指定的有权使用该证的人，即出口人或实际供货人。

义务：收到信用证后应及时与合同核对，不符者尽早要求开证行修改或拒绝接受，或要求开证申请人指示开证行修改信用证；如接受则发货并通知收货人，备齐单据，在规定时间向议付行交单议付；对单据的正确性负责，不符时应执行开证行改单指示并仍在信用证规定期限交单。

权利：被拒绝修改或修改后仍不符，有权在通知对方后单方面撤消合同并拒绝信用证；交单后若开证行倒闭或无理拒付，可直接要求开证申请人付款；收款前若开证申请人破产，可停止货物装运并自行处理；若开证行倒闭时信用证还未使用，可要求开证申请人另开。

3. 开证行（Opening/Issuing Bank），是指接受开证申请人的委托开立信用证的银行，它承担保证付款的责任。通常是进口商所在地银行。

义务：正确、及时开证；承担第一性付款责任。

权利：收取手续费和押金；拒绝受益人或议付行的不符单据；付款后如开证申请人无力付款赎单时可处理单、货；货款不足，可向开证申请人追索余额。

4. 通知行（Advising/Notifying Bank），是指受开证行的委托，将信用证转交出口人的银行，它只证明信用证的真实性，不承担其他义务，是出口地所在银行，需要证明信用证的真实性。

5. 议付银行（Negotiating Bank），是指愿意买入受益人交来跟单汇票的银行。

根据信用证开证行的付款保证和受益人的请求，按信用证规定对受益人交付的跟单汇票垫款或贴现，并向信用证规定的付款行索偿的银行，又称"购票行"、"押汇行"、"贴现行"，一般就是通知行（有限定议付和自由议付）。

义务：严格审单；垫付或贴现跟单汇票；背批信用证。

权利：可议付也可不议付；议付后可处理（货运）单据；议付后开证行倒闭或借口拒付，可向受益人追回垫款。

6. 付款银行（Reimbursing Bank），是指信用证上指定的对符合信用证的单据向受益人付款的银行，可以是开证行，也可是受其委托的另家银行。议付行有权付款或不付款，但一经付款，无权向受益人或汇票持有人追索。

7. 保兑行（Confirming Bank），是指受开证行的委托，对信用证以自己名义保证的银行。

保兑行需加批"保证兑付"，不可撤消的确定承诺；独立对信用证负责，凭单付款；付款后只能向开证行索偿；若开证行拒付或倒闭，则无权向受益人和议付行追索。

8. 承兑行（Paying Bank），是指对受益人提交的汇票进行承兑的银行，亦是付款行。

9. 偿付行（Reimbursing Bank），是指受开证行在信用证上的委托，代开证行向议付行或付款行清偿垫款的银行，又称"清算行"。偿付行只付款不审单；只管偿付不管退款；不偿付时，开证行偿付。

（二）信用证分类

1. 以信用证项下的汇票是否附有货运单据划分为跟单信用证和光票信用证。

（1）跟单信用证（Documentary Credit），是凭跟单汇票或仅凭单据付款的信用证。此处的单据是指代表货物所有权的单据，如海运提单等；或证明货物已交运的单据，如铁路运单、航空运单、邮包收据等。

（2）光票信用证（Clean Credit），是凭不随附货运单据的光票（Clean Draft）付款的信用证。银行凭光票信用证付款，也可要求受益人附交一些非货运单据，如发票、垫款清单等。

在国际贸易的货款结算中，绝大部分使用跟单信用证。

2. 以开证行所负的责任为标准可以分为不可撤销信用证和可撤销信用证。

（1）不可撤销信用证（Irrevocable L/C），是指信用证一经开出，在有效期内，未经受益人及有关当事人的同意，开证行不能片面修改和撤销，只要受益人提供的单据符合信用证规定，开证行必须履行付款义务。

（2）可撤销信用证（Revocable L/C）。开证行不必征得受益人或有关当事人同意，有权随时撤销的信用证，应在信用证上注明"可撤销"字样。最新的《UCP600》规定银行不可开立可撤销信用证。

3. 以有无另一银行加以保证兑付为依据，可以分为保兑信用证和不保兑信用证。

（1）保兑信用证（Confirmed L/C），是指开证行开出的信用证由另一银行保证对符合信用证条款规定的单据履行付款义务。对信用证加以保兑的银行，称为"保兑行"。

（2）不保兑信用证（Unconfirmed L/C）。开证行开出的信用证没有经另一家银行保兑。

4. 根据付款时间不同，可以分为即期信用证、远期信用证、假远期信用证。

（1）即期信用证（Sight L/C），是指开证行或付款行收到符合信用证条款的跟单汇票或装运单据后，立即履行付款义务的信用证。

（2）远期信用证（Usance L/C），是指开证行或付款行收到信用证的单据时，在规定期限内履行付款义务的信用证。

（3）假远期信用证（Usance Credit Payable at Sight）。信用证规定受益人开立远期汇票，由付款行负责贴现，并规定一切利息和费用由开证人承担。这种信用证对受益人来讲，实际上仍属即期收款，在信用证中有"假远期"（Usance L/C Payable at Sight）条款。

5. 根据受益人对信用证的权利是否可以转让，可以分为可转让信用证、不可转让信用证。

（1）可转让信用证（Transferable L/C），是指信用证的受益人（第一受益人）可以要求授权付款、承担延期付款责任、承兑或议付的银行（统称"转让行"），或当信用证是自由议付时，可以要求信用证中特别授权的转让银行，将信用证全部或部分转让给一个或数个受益人（第二受益人）使用的信用证。开证行在信用证中要明确注明"可转让"（Transferable），且只能转让一次。

（2）不可转让信用证，是指受益人不能将信用证的权利转让给他人的信用证。凡信用证中未注明"可转让"，即是不可转让信用证。

6. 红条款信用证。此种信用证可让开证行在收到单证之后，向卖家提前预付一部分款项。这种信用证常用于制造业。

（三）信用证操作流程

以进出口双方签订CIF贸易术语合同，并规定使用跟单信用证支付为例，其信用证操作流程如图 7-1 所示。

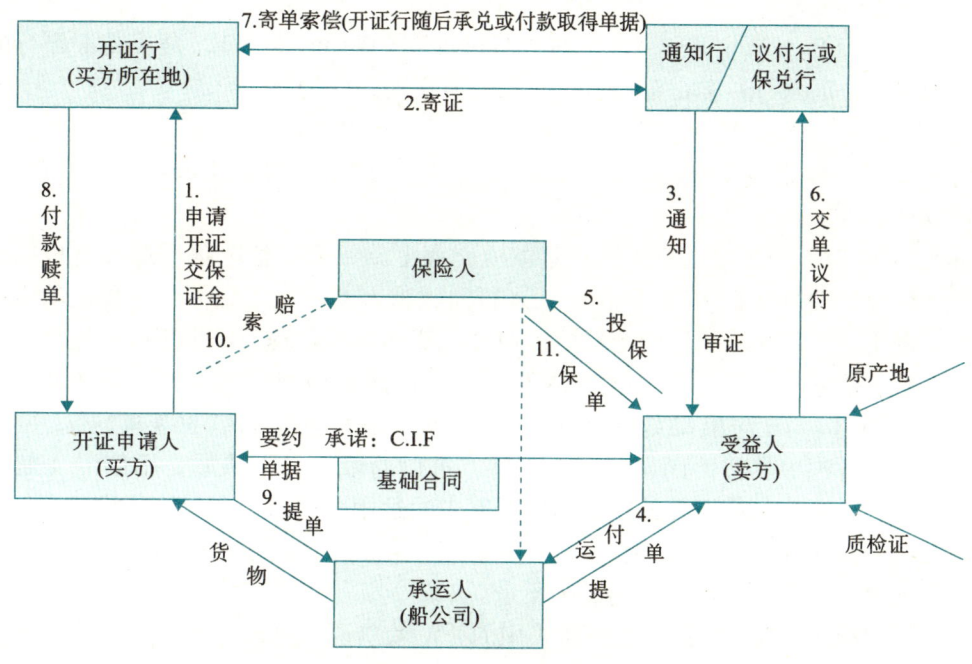

图 7-1 信用证操作流程

1. 进出口双方签订以跟单信用证支付的贸易合同后，进口商根据合同填写开证申请书并缴纳押金或提供其他保证，请当地银行（开证行）开立以出口商为受益人的信用证。

2. 开证行根据申请书内容，向受益人开出信用证并寄交出口商所在地通知行。

3. 通知行核对印鉴无误后，通知出口商信用证已开立。

4. 出口商收到信用证并审核信用证内容与合同规定相符后，按信用证规定装运货物、备妥单据并开出汇票。

5. 出口商在信用证有效期内，将单据向指定银行提交。该银行可能是开证行，或是信用证内指定的付款、承兑或议付银行。

6. 议付行按照信用证审核单据后，将货款垫付给受益人（出口商）。

7. 议付行将汇票和货运单据寄开证行或其特定的付款行索偿。

8. 开证行审核单据无误后，以事先约定的形式，付款给议付行。

9. 开证行通知开证人（进口商）付款后交单，然后进口商凭单取货。

二、汇付

汇付，也称"汇款"，是付款方通过银行将应付款项汇交收款方的支付方式。它属于商业信用，采用顺汇法。汇付的优点是手续简便，费用低廉。

（一）汇付当事人

1. 汇款人（Remitter），在国际贸易结算中通常是进口商、买卖合同的买方或其他经贸往来中的债务人。

2. 收款人（Payee），通常是出口商或其他经贸往来中的债权人。

3. 汇出银行（Remitting Bank），是接受汇款人的委托或申请，汇出款项的银行，通常是进口商所在地的银行。

4. 汇入银行（Receiving Bank），又称"解付行"（Paying Bank），是接受汇出行的委托解付款项的银行，汇入行通常是汇出行在收款人所在地的代理行。

（二）汇付分类

汇付主要包括电汇（Telegraphic Transfer，T/T）、信汇（Mail Transfer，M/T）和票汇（Demand Draft，D/D）。

1. 电汇（T/T）。电汇是汇款人将一定款项交存汇款银行，汇款银行通过电报或电传给目的地的分行或代理行（汇入行），指示汇入行向收款人支付一定金额的一种汇款方式。电汇中的电报费用由汇款人承担，银行对电汇业务一般均当天处理，不占用邮递过程的汇款资金，所以，对于金额较大的汇款或通过SWIFT，或银行间的汇划，多采用电汇方式。

2. 信汇（M/T）。在进出口贸易合同中，如果规定凭商业汇票"见票即付"，则由预付行把商业汇票和各种单据用信函寄往国外收款，进口商银行见汇票后，用信汇（航邮）向议付行拨付外汇，这就是信汇方式在进出口结算中的运用。进口商有时为了推迟支付贷款的时间，常在信用证中加注"单到国内，信汇付款"条款。这不仅可避免本身的资金积压，并可在国内验单后付款，保证进口商品的质量。

3. 票汇（D/D）。票汇是我国目前所采用的凭汇款票证汇兑现金的一种方式。即接受票汇的单位（银行或邮局）将汇款人所填汇款条寄交付款单位，由该单位再通知收款人领款。

票汇以银行即期汇票作为结算工具。其寄送方向与资金流动方向相同，故也是顺汇的一种。票汇与电、信汇的不同在于票汇的传送不通过银行，汇入行须通知收款人，而由收款人持票登门取款。汇票除有限制转让和流通者外，经收款人背书，可以转让流通，而信汇委托书则不能，汇票就是其中的一种。

电汇、票汇及信汇三种汇付方式的异同点如下：

第一，共同点：汇款人在委托汇出行办理汇款时，均要出具汇款申请书，这就形成汇款人和汇出行之间的一种契约。三者的传送方向与资金流向相同，均属顺汇。

第二，不同点：电汇是以电报或电传作为结算工具；信汇是以信汇委托书或支付委托书作为结算工具；票汇是以银行即期汇票作为结算工具。票汇与电汇、信汇的不同在于票汇的汇入行无须通知受款人取款，而由受款人持票登门取款，汇票除限制转让和流通者外，经受款人背书，可以转让流通，而电汇、信汇委托书则不能转让流通。

第三，如何正确运用：电汇是收款较快、费用较高的一种汇款方式，汇款人必须负担电报费用，所以通常以金额较大或有急用的汇款使用电汇方式。信汇、票汇都不需发电报，以邮递方式传送，所以费用较电汇低廉，但收款时间较晚。

（三）电汇方式操作流程

1. 汇款人填写电汇申请书并交款付费给汇出行。
2. 汇出行接受申请，将电汇回执交给汇款人。
3. 汇出行用电传或SWIFT方式向汇入行发出汇款委托书，汇入行收到汇款委托书，核对密押无误后并缮制电汇通知书，通知收款人取款。
4. 收款人接到通知后，持通知书及其他有效证件去银行兑付。

5. 汇入行进行解付，解付完毕，汇入行发出"借记通知书"给汇出行，同时汇出行给汇款人电汇回执。

三、托收

托收（Collection）是出口人在货物装运后，开具以进口方为付款人的汇票（随附或不随附货运单据），委托出口地银行通过它在进口地的分行或代理行代出口人收取货款一种结算方式。托收属于商业信用，采用的是逆汇法。

（一）托收当事人

托收涉及四个主要当事人，即委托人、付款人、托收行和代收行。

委托人是委托银行办理托收业务的一方。在国际贸易实务中，出口人开具汇票，委托银行向国外进口人（债务人）收款。

付款人是银行根据托收指示书的指示提示单据的对象。托收业务中的付款人，即商务合同中的买方或债务人。

托收行又称"寄单行"，是指受委托人的委托办理托收的银行，通常为出口人所在地的银行。

代收行是指接受托收行委托，向付款人收款的银行，通常是托收行在付款人所在地的联行或代理行。

（二）托收分类

根据托收时是否向银行提交货运单据，可分为光票托收和跟单托收两种。

1. 光票托收。托收时如果汇票不附任何货运单据，而只附有"非货运单据"（发票、垫付清单等），叫作"光票托收"。这种结算方式多用于贸易的从属费用、货款尾数、佣金、样品费的结算和非贸易结算等。

2. 跟单托收。跟单托收有两种情形：附有商业单据的金融单据的托收和不附有金融单据的商业单据的托收。在国际贸易中所讲的托收多指前一种。

跟单托收根据交单条件的不同，又可分为付款交单和承兑交单两种。

（1）付款交单（Documents Against Payment，D/P）。付款交单是卖方的交单需以买方的付款为条件，即出口人将汇票连同货运单据交给银行托收时，指示银行只有在进口人付清货款时才能交出货运单据。如果进口人拒付，就不能领取货运单据，也无法提取单据项下的货物。付款交单按付款时间的不同，可分为即期付款交单和远期付款交单两种。

①即期付款交单（D/P at Sight）：是指出口人通过银行向进口人提示汇票和货运单据，进口人于见票时立即付款，付清货款后向银行领取货运单据。

②远期付款交单（D/P … Days after Sight）：是指出口人通过银行向进口人提示汇票和货运单据，进口人即在汇票上承兑，并于汇票到期日付款后从银行取得单据，在汇票到期付款前，汇票和货运单据由代收行掌握。

（2）承兑交单（Documents Against Acceptance，D/A）。承兑交单是指出口人的交单以进口人的承兑为条件。进口人承兑汇票后，即可向银行取得全部货运单据，而对出口人来说，交出物权凭证之后，其收款的保障就完全依赖于进口人的信用。一旦进口人到期拒付，出口人便会遭受货、款两空的损失。因此，出口人接受这种方式必须十分慎重。

(三) 托收方式操作流程

1. 即期付款交单业务程序。

（1）出口商按照合同装货并取得货运单据后，填写托收委托书，开出即期汇票，连同货运单据交托收行，委托托收行代收货款。

（2）托收行根据托收申请书缮制托收委托书，连同汇票、货运单据，寄交进口地代收行或提示行。

（3）代收行向进口商做付款提示，进口商付清货款，代收行交单。

（4）代收行通知托收行，款已收妥，办理转账业务。

（5）托收行向卖方交款。

2. 远期付款交单业务程序。

（1）出口商按照合同装货并取得货运单据后，填写托收委托书，开出远期汇票，连同货运单据交托收行，委托托收行代收货款。

（2）托收行根据托收申请书缮制托收委托书，连同汇票、货运单据，寄交进口地代收行或提示行。

（3）代收行按照托收委托书的指示向进口商提示汇票与单据，进口商经审核无误在汇票上承兑后，代收行收回汇票与单据。

（4）进口商到期付清货款，代收行交单。

（5）代收行通知托收行，款已收妥，办理转账业务，托收行向出口商交款。

3. 承兑交单业务程序。

（1）出口商按照合同装货并取得货运单据后，填写托收委托书，声明"承兑交单"，开出远期汇票，连同货运单据交托收行，委托托收行代收货款。

（2）托收行根据托收申请书缮制托收委托书，连同汇票、货运单据，寄交进口地代收行或提示行。

（3）代收行按照托收委托书的指示向进口商提示汇票与单据，进口商在汇票上承兑，代收行在收回汇票的同时，将货运单据交给进口商。

（4）进口商到期付款，代收行办理转账，并通知托收行托收款已收到。

（5）托收行向出口商交款。

实 训 活 动

【实训目的】

熟悉汇付、托收、信用证三种支付方式。

【实训内容】

1. 将学生分为若干小组，根据情景导入的内容，每组以外贸工作人员身份选择支付工具，然后分别讨论三种支付方式的区别（相同点与不同点），并分别绘制汇付、托收、信用证三种结汇方式的流程图。

2. 根据情景分析情况，选择合适的付款方式。

【实训方法】

学生分角色演示三种支付方式操作流程，引导、分析、总结。

【重点提示】

在国际贸易货款支付时，主要运用信用证、汇付、托收三种方式。其中，汇付和托收属于商业信用，信用证属于银行信用。三种支付方式可以单独使用，也可以相互结合使用。选择和运用各种不同的支付方式，应在贯彻我国外贸方针政策的前提下，从保障外汇资金安全、加速资金周转、扩大贸易往来等因素来考虑，并在合同中明确约定。

拓展阅读

（一）D/P 与 D/A 在使用中的区别

D/P（付款交单）按照付款的时间不同，又可以分为 D/P 即期和 D/P 远期。不同的托收方式中存在的结算风险也有所不同。在 D/P 条件下，代收行在买方支付了全部票据金额以后才能将有关票据交给买方，这样卖方的货款得到了有效的保障。而在 D/A 下，代收行在买方承兑有关汇票后就可以将有关单据交付买方，这时卖方已经交出了货物的物权凭证，一旦买方的信用出现危机，到期不付款，卖方手中仅有一张已承兑汇票能约束买方的义务，仍可能遭受钱、货两空的损失，对于出口商来说，选用 D/A 一定要慎重。

（二）国际结算与国际支付的区别

国际结算是指国际间由于政治、经济、文化、外交、军事等方面的交往或联系而发生的以货币表示债权债务的清偿行为或资金转移行为，分为有形贸易和无形贸易类。有形贸易引起的国际结算为国际贸易结算，无形贸易引起的国际结算为国际非贸易结算。

国际支付是指在国际经济活动中的当事人以一定的支付工具和方式，清偿因各种经济活动而产生的国际债权债务的行为。通常它是在国际贸易中所发生的，是由履行金钱给付义务当事人履行义务的一种行为。国际支付伴随着商品进出口而发生。

任务三 订立支付条款

国际货物买卖合同中的支付条款内容繁简不一，但归纳起来，一般包括货款支付的金额、支付工具、支付方式、支付时间、支付地点等。

一、支付条款的内容

（一）支付金额

一般来说，支付金额就是合同规定的总金额。但是在履行合同过程中，支付金额和合同规定的总金额有时不一致。例如，分批交货、分批支付的合同，每批支付的金额只是合同总金额的一部分；当合同规定有品质增减价条款、数量溢短装条款时，支付金额就应按实际交货的品质和数量确定。再如，价格条款中规定采用非固定作价方法或订有保值条款时，就须按最后确定的价格支付一定金额。由于实际业务中经常发生这类支付金额与合同总金额不一致的情况，因此有必要在支付条款中明确规定支付金额。具体规定方法主要有以下两种：

1. 按全部发票金额支付。这适用于一般无附加费用或在交货前能够确定附加费用的交易。收款时要将应收的附加费在发票上具体列出，必要时，另附费用证明或单据，由买方按发票金额付款。

2. 货款按发票金额，附加费用另行结算。这适用于交货前无法确定附加费用金额的交易。例如，货款按全部发票金额，港口拥挤附加费由卖方支付，凭支付费用的正本收据向买方收取。

(二) 支付工具

国际货款结算的支付工具有货币和金融票据。支付货币既可以是出口国货币，也可以是进口国货币，还可以是进出口双方约定的其他货币。对支付货币要妥善选择，并在合同中明确规定两者的比价，必要时还应规定外汇保值条款。汇票、本票、支票等金融票据的性质、作用和使用情况也各有差异，交易双方究竟使用何种支付工具，需在买卖合同的支付条款中做出明确规定。

(三) 支付方式

支付方式是支付条款的重要内容，就我国外贸业务中常见的不同支付方式举例说明如下：

1. 汇付方式。使用汇付时，应明确规定汇付的时间、具体的汇付方式和汇付金额等内容。

【例 7-1】 "买方应不迟于 2 月 1 日将 100% 的货款用票汇预付并抵达卖方。" (The buyer shall pay 100% of the sales proceeds in advance by Demand Draft to reach the seller not later than Feb. 1.)

2. 托收方式。由于托收的种类多种多样，在磋商和订立合同条款时，就要将具体情况明确规定清楚。简要举例说明远期付款交单的规定方法。

【例 7-2】 "买方对卖方开具的见票后 30 天付款的跟单汇票，于第一次提示时即予承兑，并应于汇票到期日即予付款，付款后交单。" (The Buyers shall duly accept the documentary draft drawn by the Sellers at 30 days sight upon first presentation and make payment on its maturity. The shipping documents are to be delivered against payment only.)

3. 信用证方式。信用证条款有各种不同的订法，举其中一例说明。

【例 7-3】 "买方应于某年某月某日前（或接到卖方通知后若干天内或签约后若干天内）通过某某银行开立以卖方为受益人的不可撤消的（可转让的）见票后若干天（或装船日后若干天）付款的银行承兑信用证，信用证议付有效期延至上述装运期后 15 天在中国到期"。

(四) 支付时间

国际货款的支付时间可以是预付货款、凭单付现、即期付款、分期付款、延期付款等。

采用延期付款时，通常开立远期汇票。远期汇票付款时间的规定方法主要有以下几种：
1. 出票后若干天付款。
2. 见票后若干天付款。
3. 提单签发日期后若干天付款。
4. 指定日期付款。

（五）支付地点

支付地点涉及进出口双方的利害得失，因此在国际货物买卖合同中通常都会有支付地点的专门规定。按照一般惯例和习惯做法，在支付方式中说明了支付地点的，如汇付通常是买方在其所在地将款项汇交卖方；托收通常是在买方营业地；信用证通常是在卖方营业地。如果合同中没有规定支付地点和支付方式或合同当事人之间已同意的惯例或确立的习惯做法的，也没有明示支付地点的，则在"卖方营业地"或"移交货物或单据的地点"支付价款。

二、不同支付方式的支付条款范例

（一）汇付条款

合同中的汇付条款是当交易双方商定通过汇付方式进行货款交付时，合同中对货款交付的具体细节的规定，它是国际贸易合同中支付条款的一个具体类型。合同中的汇付条款可以规定如下：

【例7-4】 买方应不迟于12月15日，将100%的货款用电汇预付至卖方。

The Buyer should pay 100% of the sale amount to the Seller in advance by telegraphic transfer not later than Dec. 15th.

（二）托收条款

合同中的托收条款是当交易双方商定通过托收方式进行货款交付时，合同中对货款交付的具体细节的规定。托收又分为D/P付款交单与D/A承兑交单。合同中的托收条款可以规定如下：

【例7-5】 付款交单

买方应凭卖方开具的即期汇票于见票时立即付款。

The Buyer should make immediate payment against the presentation of the draft issued by the Seller.

【例7-6】 承兑交单

买方对卖方开具的见票后20天付款的跟单汇票于提示时应予以承兑，并应于汇票到期日付款。

The Buyer should accept the documentary draft at 20 days' sight upon the presentation and make payment on the maturity.

（三）信用证条款

合同中的信用证条款是当交易双方商定通过信用证（L/C）方式进行货款交付时，合同中对货款交付的具体细节的规定。合同中的信用证条款可以规定如下：

【例7-7】 即期信用证

买方应于装运月份前××天通过卖方可接受的银行开立并送达卖方不可撤销的即期信用

证,有效期至装运月份后 15 天在中国议付。

The Buyers shall open through a bank acceptable to the Sellers an Irrevocable Sight Letter of Credit to reach the Sellers ×× days before the month of shipment, valid for negotiation in China until the 15th day after the month of shipment.

【例 7-8】 远期信用证

买方应于××年×月×日前(或接到卖方通知后×天内或签约后×天内)通过××银行开立以卖方为受益人的不可撤销(可转让)的见票后××天(或装船日后××天)付款的银行承兑,议付有效期延至上述装运期后 15 天在中国到期。

The Buyers shall arrange with ×× Bank for opening an Irrevocable (Transferable) bankers acceptance Letter of Credit in favour of the Sellers before… (or within…days after receipt of Sellers advice; or within…days after signing of this contract), The said Letter of Credit shall be available by draft(s) at sight (or after date of shipment) and remain valid for negotiation in China until the 15th after the aforesaid time of shipment.

【例 7-9】 假远期信用证

本项下的远期汇票由付款人承兑和贴现,所有费用由买方负担,远期汇票可即期收款。

Drawee will accept and discount usance drafts drawn under this Credit. All charges are for buyers account, usance draft payable at sight basis.

【例 7-10】 循环信用证

买方应于第一批装运月份前通过卖方可接受的银行开立并送达卖方不可撤销即期循环信用证,该证在 20××年期间,每月自动可供××(金额),并保持有效至 20××年 1 月 15 日在北京议付。

The Buyers shall open through a bank acceptable to the Sellers an Irrevocable Revolving Letter of Credit at sight to reach the Sellers ×× days before the month of first shipment. The Credit Shall be automatically available during the period of 19×× for ××(value) per month, and remain valid for negotiation in Beijing until Jan. 15, 20××.

实 训 活 动

【实训目的】

使学生了解支付条款的内容,掌握合同中不同支付方式下的支付条款的订立。

【实训内容】

天津绮华服装有限公司(TIANJIN QIHUA GARMENTS CO., LTD.,地址:5 Xinmei road, Huayuan Zone, Nankai District, CHI-Tianjin)是一家具有进出口经营权的纺织品公司(天津),该公司与美国曼哈顿 OTTO 服饰有限公司(以下简称"OTTO",AMERICAN MAN-

HATTAN OTTO DRESS CO., LTD., 地址：46；22113 Manhattan 20457 NEW YORK，USA）欲建立合作关系。双方通过交谈与沟通，经过反复磋商与谈判后，从价格、装卸条款、货款结算、保险以及相关费用等方面达成一致。相关信息如表7-3所示。

表7-3

货物名称：女士晚礼服	货物总体积：27.945m³	货物总重：3 500KG
单价：USD260 PER PC CIF NEW YORK	货物数量：1 656件，207箱	装运港：新港（XINGANG）
目的港：纽约港（NEW YORK）	销售确认书编号：LSJ0011258	生产周期：45 Days
货款支付方式：	保险条款：按惯例加成10%，按C.I.C投保一切险和战争险。	

请根据上述信息书写：
（1）汇付方式下的合同相关条款。
（2）托收方式下的合同相关条款。
（3）信用证方式下的合同相关条款。

【实训方法】

将学生分为若干小组，根据上述实训内容，讨论合同中各项支付条款的要点，并要求每组以外贸工作人员身份编写不同支付方式下的支付条款。

学生分组讨论，各小组分别展示编写的支付条款，学生讨论、教师点评。

【重点提示】

支付条款一般包括货款支付的金额、支付工具、支付方式、支付时间、支付地点等。在订立支付条款时，进、出口商不仅需要熟悉各种结算方式，还应当充分考虑收付货款的安全、汇率变动的风险、对资金周转的影响、利息费用的负担及成交价格高低等因素，结合自身的经营意图，在权衡利弊的基础上，约定互惠互利的支付条款。

拓展阅读   **不同支付方式综合运用策略**

在国际贸易中，每笔交易通常只采用一种支付方式，但根据不同的国家和地区，不同的客商，不同的市场状态和不同货源国的情况，为了把商品打入国际市场，可以灵活的、多样的支付方式综合运用，加强竞争，便于成交，旨在按时安全收汇、加速资金周转、争取好的经济效益。

1. 在进出口业务中，正常情况下，一般来讲都采用即期信用证，但为了推销产品，出口商给进口商提供优惠条件，可以采用远期信用证方式成交，亦可以采用付款交单托收方式成交。

2. 为了处理货源国或出口方的积压商品或库存商品，或错过货物销售季节的滞销商品，把这类库存商品变成外汇，可采用托收承兑交单方式成交。除采用上述灵活方式成交外，还可采用不同支付方式相结合的办法来支付货款。

3. 信用证与汇付相结合。信用证与汇付相结合系指部分货款采用信用证，余额货款采用汇付结算。例如，成交的契约货物是散装物，如矿砂、煤炭、粮食等，进、出口商同意采用信用证支付总金额的90%。余额10%，待货到后经过验收，确定其货物计数单位后，将余额货款采用汇付办法支付。

4. 信用证与托收相结合。不可撤销信用证与跟单托收相结合的支付方式，是指部分货款采用信用证支付，部分余额货款采用跟单托收结算。一般的做法是：在信用证中，应规定出口商须签发两张汇票，一张汇票是依信用证项下部分，货款凭光票付款；另一张汇票须附全部规定的单据，按即期或远期托收。

5. 备用信用证与跟单托收相结合。以备用信用证与跟单托收相结合作为支付方式，是为了防止跟单托收项下的货款一旦遭到进口商拒付时，可利用备用信用证的功能追回货款，可减少进口商拒付的风险。

采用这种支付方式的特点是跟单托收被拒付时，出票人可凭备用信用证所列的条款予以追偿。

6. 跟单托收与提交预付金相结合。这是采用跟单托收并须由进口商提交预付款或一定数量的押金作为保证。于合同契约货物装运后，出口商通过银行可获得货款的部分金额。若托收遭到进口商拒付时，出口商可将货物运回，而从已获款额中扣除来往运费、利息及合理的损失费用。关于预付金和一定数量的押金的数目，应视协商情况而定。此方式旨在减少风险，做到安全收汇。

7. 不同支付方式与分期付款、延期付款相结合。在国际贸易中，大型设备、成套机械及大型交通工具成交时，可采用上述支付方式。这种特定的贸易方式其特点是契约货物金额大、制造生产周期长、检验手段复杂、交货条件严格及产品质量保证期较长等，可采用两种不同的支付方式。

在国际贸易实务中，除采用上述相结合的办法作为支付方式外，还有一些其他的方式可以运用，如采用部分现汇、部分托收或部分金额采用信用证作为支付方式等。

模块二　订立其他合同条款
（商检、争议、索赔）

情境导入

天津绮华进出口有限公司与美国曼哈顿OTTO服饰有限公司。于2009年11月4日签订了交易合同，其中的商检条款规定："商品的品质、数量、重量以中国进出口商品检验局检验证书或卖方所出具的证明书为最后依据。"中方公司在收到信用证后按要求将货物运出并提交有关单据，其中商检证由我国天津进出口商品检验局发出。美国公司收到货后来电反映我方所交货物质量有问题，并提出索赔。如果您是公司的外贸人员，您将如何考虑订立商检、争议、索赔条款？

任务一　订立商检条款

在国际贸易中，商品检验是指检验机构对进出口货物的质量、数量、包装、卫生、装运条件以及涉及人类健康安全、动植物生命和健康保护、环境保护、欺诈行为防止、国家案例维护等进行检验、鉴定和监督管理。

商检条款作为合同中的重要条款，关系到出口商品能否顺利交货履约，进口商能否保证符合订货质量要求，以及发生问题时能否索赔、挽回损失等贸易的成功和经济效益。其内容因商品种类、特性的不同而有所差异，但通常包括检验时间和地点、检验机构、检验标准和方法，以及货物与合同规定不符时买方索赔时限等内容。

一、商检条款

（一）检验时间和地点

检验时间和地点是指在何时、何地行使对货物的检验权。检验权是指进口商或出口商对所交易的货物进行检验，其检验结果作为交付与接受货物的依据。确定检验时间和地点，实际上就是确定进出口双方由哪方确定商品品质、数量或包装是否符合合同的问题。在国际贸易中，对检验时间和地点一般有下列几种规定方法：

1. 在出口国检验。

（1）在产地检验，即货物在离开产地（工厂或产地）之前，由出口商或其委托的检验人员，或进口商验收人员检验或验收。出口商只承担货物离开产地或工厂前的责任，对于货物在运输过程中发生的一切变化不再负责。

（2）在装运港（地）检验，又称"离岸品质、离岸重量"（Shipping Quality and Weight），是指货物在装运港或装运地交货前，由买卖合同中规定的检验机构对货物品质、重量等进行检验，并以其出具的检验证书作为最后依据。出口商对交货后货物所发生的变化不承担责任。在此条款下，进口商在货物到达后原则上不能对货物的品质和数量提出异议。这种做法对出口商比较有利。

2. 在进口国检验。

（1）在目的港（地）检验，又称"到岸品质、到岸重量"（Landed Quality and Weight），是指货物到达目的港或目的地时，由合同规定的检验机构在规定的时间内对商品进行检验，并以其出具的检验证书作为出口商交货的最后依据。在此条款下，进口商可以根据目的港检验机构签发的商检证书向出口商提出品质、数量方面的异议。这种做法对进口商有利。

（2）在进口商营业地或最终用户所在地检验。对于一些在使用前不便拆开包装或在目的港（地）开件检验后难以恢复原包装的商品，以及需要安装调试后的机器设备，交易双方可约定在进口商营业地或最终用户所在地由双方约定的检验机构在规定时间内进行检验。货物的品质、数量等以该检验机构出具的检验证书为准。

3. 在出口国检验，进口国复检。装运港检验机构进行检验后，以装运港的检验证书作为议付贷款的依据，但在货物到达目的港后，允许买方向双方约定的检验机构申请复验。如复验后发现货物的品质、数量与合同不符，并证明这种不符确系出口方责任，进口方有权在规定时间内凭复检证书向出口方提出异议和索赔。这种做法比较公平合理，兼顾到交易双方的利益，在国际贸易中使用比较普遍。

（二）检验机构

在国际贸易中，商品检验工作通常由专业的检验机构负责办理。各国的检验机构从组织性质上可分为以下几类：

1. 官方检验机构。官方检验机构是由国家或地方政府投资，按国家有关法律法规对进出口商品实施检验、鉴定和监督管理的机构。如美国的食品药物管理局（FDA）、英国标准协会（BSI）、德国技术检验代理机构网（TUV）等。我国的国家质量监督检验检疫总局是主管全国出入境卫生检验、动植物检疫、商品检验、鉴定、认证和监督管理的行政执法机构，对进出口我国的商品实施法定检验、办理检验鉴定业务等。

2. 半官方检验机构。半官方检验机构是指一些由国家政府授权，代表政府行使某项商品检验或某一方面检验管理工作的，有一定权威的民间机构。如美国保险人实验室（UL）。根据美国政府的规定，凡进口与防盗信号、化学危险品以及与电器、供暖、防水等有关产品的案例检验和鉴定，必须经美国保险人实验室认证合格后，方可进入美国市场。

3. 非官方检验机构。非官方检验机构是由私人创办，具有专业检验、鉴定技术能力的公证行或检验公司。如英国埃劳氏公证行（Lloyd's Surveyor）、瑞士日内瓦通用公证行（SGS）等。

除此之外，还有生产、制造厂商或产品的使用部门设立的检验机构。

（三）检验标准与检验方法

在国际贸易中，检验标准是商检机构对进出口商品实施检验的基本依据，检验标准和检验方法不同，其结果也会大不一样。因此，交易双方在签订合同时，除规定检验时间和地点、检验机构外，需要明确检验标准和检验方法。在国际贸易中，商品的标准可归纳为：

1. 贸易有关国家制定的强制执行的法规标准，是指商品生产国、出口国、进口国、消费国或过境国所制定的法规标准。如货物原产地标准、卫生法规标准、环保法规标准、动植物检疫法规标准等。

2. 权威标准，是指在国际上具有权威性的检验标准，具体包括：

（1）国际标准化组织标准，是指国际专业化组织、国际商品行业协会所制定的检验标准。如国际标准化组织、国际计量局、国际海事组织、国际橡胶协会等制定的标准。

（2）区域性标准化组织标准，是指区域性组织所制定的标准。如欧洲标准化委员会、泛美技术标准委员会等制定的标准。

3. 交易双方自行商定的具有法律约束力的标准，即在合同中交易双方约定的商品标准。

各国对同一商品规定的品质标准不完全一致，而且每个国家的标准（包括各同业公会的标准）各年的版本又有可能不同，内容也有差异，因此，在签订合同时，如按标准确定商品的品质，不仅要规定是按哪个国家的标准，而且还需规定是按照哪个版本的标准。有些商品，在检验时常因所采用的检验方法不同，而出现不同的结果。所以在签订合同时，对于可能有几种检验方法检验的商品，应明确采用哪一种检验方法。在签订货物买卖合同时，买卖双方应对商检条款做出明确的约定，以确保日后发生纠纷无法解决时可以诉诸法律，维护各方的利益。

(四) 商检的期限

商检的时间一般就是品质、数量索赔的期限。在检验条款中通常都规定，买方必须于货物到达目的港后若干天内（如 50 天内）进行检验，或规定买方应于货物在目的港卸货后若干天内进行检验，如果超过规定的期限不进行检验，买方就失去检验的权利等。

二、订立商检条款注意事项

商检条款的订立对于商检工作的实施、合同的履行具有重要作用，在商订商品检验条款时应注意：

1. 商检条款不能与合同的其他条款相抵触。这是一条基本的原则。因为整个合同是一个有机的整体，各个部分必须协调、配合，不能自相矛盾，否则在执行时就会引起不必要的争议，不便于合同的履行。

2. 检验时间与地点的规定要明确、清楚地写在国际货物买卖合同中。对商品检验的时间和地点有多种不同规定办法，其中主要的有在出口国工厂检验，装船前或装船时在装运港检验，目的港卸货后检验，装运港检验、目的港复验，以及装运港检验重量、目的港检验品质等五种。

3. 检验标准与检验方法的确定须明确具体检验标准和方法是个十分重要的问题，不同的标准、不同的方法，可能得出完全相反的结论，因此，在合同中最好明确所用的标准与方法，以避免不必要的争议。商品检验的标准通常有生产国标准、进口国标准、国际通用标准及买卖双方协议标准等。

4. 复验期限、复验机构与复验地点的规定。当买方有权对进口商品进行复验时，合同中应对复验的期限、机构和地点予以明确。复验期限的长短，应视商品的性质和港口情况而定。对于有些商品，还需增加诸如质量保证期限、试用期限等相关规定。

【合同商检条款编写样例】

商品检验：以中国_____所签发的品质/数量/重量/包装/卫生检验合格证书作为卖方的交货依据。

Inspection：The Inspection Certificate of Quality / Quantity / Weight / Packing / Sanitation issued by _____ of China shall be regarded as evidence of the Sellers' delivery.

异议：品质异议须于货到目的口岸之日起 30 天内提出，数量异议须于货到目的口岸之日起 15 天内提出，但均须提供经卖方同意的公证行的检验证明。如责任属于卖方者，卖方于收到异议 20 天内答复买方并提出处理意见。

Discrepancy：In case of quality discrepancy, claim should be lodged by the Buyers within 30 days after the arrival of the goods at the port of destination, while for quantity discrepancy, claim should be lodged by the Buyers within 15 days after the arrival of the goods at the port of destination. In all cases, claims must be accompanied by Survey Reports of Recognized Public Surveyors agreed to by the Sellers. Should the responsibility of the subject under claim be found to rest on the part of the Sellers, the Sellers shall, within 20 days after receipt of the claim, send their reply to the Buyers together with suggestion for settlement.

实训活动

【实训目的】

通过实际操作，让学生了解商检条款。

【实训内容】

将学生分组，分析案例，分别商讨出商检条款安排方案后，对比差别，找出相比较好的条款。

【实训方法】

学生分组解决问题，教师总结对比及分析原因。

2010年11月3日，天津绮华服装有限公司和加拿大B公司以FOB术语签订了一份出口3 000公吨大豆的合同，B公司于12月1日以加拿大D银行为开证行开出了以绮华公司为受益人的信用证，信用证有效期为一个月。A公司接到信用证后开始备货、准备各项单据，12月4日取得了由检验检疫部门签发的出境货物通关单以及各项随附单据，但在此时B公司迟迟没有派船来接运货物，经绮华公司的反复催促，B公司于12月26日派来船只接运货物。

请问：

（1）在绮华公司报关时，海关能否以绮华公司的出境货物通关单有效期超过21天而不予通关？

（2）货物运到加拿大后，B公司发现大豆品质问题，合同中订明：如发现品质或数量与本合同规定不符时，买方有权向卖方索赔，但必须提供卖方同意的公证机构出具的检验证书。

【重点提示】

商检条款作为合同中的重要条款，关系到出口商品能否顺利交货履约、进口商能否保证进口商品符合订货质量要求，以及发生问题时能否索赔、挽回损失等贸易的成功和经济效益。商检条款通常包括检验时间和地点、检验机构、检验标准和方法，以及货物与合同规定不符时买方索赔时限等内容。

拓展阅读　　　　　检 验 证 书

检验证书（Inspection Certificate）是检验机构对进出口商品进行检验、鉴定后签发的书面证明文件。常见的检验证书有：

1. 品质检验证书（Inspection Certificate of Quality），是出口商品交货结汇和进口商品结算索赔的有效凭证。法定检验商品的证书，是进出口商品报关、输出输入的合法凭证。

商检机构签发的放行单和在报关单上加盖的放行章有与商检证书同等通关效力，签发的检验情况通知单同为商检证书性质。

2. 重量检验证书（Inspection Certificate of Weight），是证明进出口商品重量的证明文件。

3. 数量检验证书（Inspection Certificate of Quantity），是证明进出口商品数量的证明文件。

4. 兽医检验证书（Veterinary Inspection Certificate），是证明出口动物产品或食品经过检疫合格的证件，适用于冻畜肉、冻禽、禽畜罐头、冻兔、肠衣等出口商品，是对外交货、银行结汇和进口国通关输入的重要证件。

5. 卫生检验证书（Sanitary Inspection Certificate of），是证明可供人类食用的出口动物产品、食品等经过卫生检验或检疫合格的证件，适用于肠衣、罐头、冻鱼、蛋品、乳制品、蜂蜜等，是对外交货、银行结汇和通关验放的有效证件。

6. 消毒检验证书（Disinfection Inspection Certificate），是证明出口动物产品经过消毒处理、保证卫生安全的证件，适用于猪鬃、马尾、羽毛、人发等商品，是对外交货、银行结汇和国外通关验放的有效凭证。

7. 熏蒸证书，是用于证明出口粮谷、油籽、皮张等商品，以及包装用木材与植物性填充物等已经过熏蒸灭虫的证书。

8. 产地检验证书（Inspection Certificate of Origin）。如果合同规定出具原产地证明，按给惠国的要求，出口方开具原产地证明，商检机构签发原产地证书。

9. 价值检验证书（Inspection Certificate of Value），证明产品的价值或发票所载商品价值正确的文件。

10. 积载鉴定证书，是证明船方和集装箱装货部门正确配载积载货物，作为证明履行运输契约义务的证件，可供货物交接或发生货损时处理争议之用。

11. 验残检验证书（Inspection Certificate on Damaged Cargo），证明商品残损情况、残损程度、残损原因，供索赔、理赔之用的文件。

12. 船舱检验证书，证明承运出口商品的船舱清洁、冷藏效能及其他技术条件是否符合保护承载商品的质量和数量完整与安全的要求。其可作为承运人履行租船契约适载义务，对外贸易关系方进行货物交接和处理货损事故的依据。

13. 生丝品级及公量检验证书，是出口生丝的专用证书。其作用相当于品质检验证书和重量/数量检验证书。

14. 产地证明书，是出口商品在进口国通关输入和享受减免关税优惠待遇和证明商品产地的凭证。

15. 价值证明书，是进口国管理外汇和征收关税的凭证。在发票上签盖商检机构的价值证明章与价值证明书具有同等效力。

商检证书关系到有关各方的经济责任和权益，起着公证证明的作用，是买卖双方交接货物、结算货款和处理索赔、理赔的主要依据，也是通关纳税、结算运费的有效凭证。

任务二　订立争议、索赔条款

国际贸易涉及面广，情况复杂多变，在履约过程中，如果一个环节出现问题，就可能导致一方当事人违约或毁约，给另一方当事人造成损害，受损害方会向违约方提出异议，并要求赔偿损失。为便于处理此类问题，在贸易合同中，通常订立争议解决方法条款、索赔条款。

一、争议条款

根据我国《合同法》第一百二十八条的规定，合同争议的解决方式有四种：和解、调解、仲裁和诉讼。其中，和解和调解并非解决合同争议必经的程序，即使合同当事人在合同争议条款中做了相应的规定，当事人也可不经协商和解或调解而直接申请仲裁或提起诉讼。故选择仲裁还是诉讼解决合同争议是订立合同争议条款要解决的一个重要问题。

1. 仲裁是指双方当事人根据有效的仲裁协议，将纠纷提交给仲裁机构进行处理的一种争议解决方式。仲裁协议一旦依法成立，当事人不得再就争议事项向法院提起诉讼。同诉讼相比，仲裁具有快速、便捷、高度保密、裁决便于执行、能够充分体现双方当事人的意思自治，有利于维持和发展争议双方之间的商事关系等特点。

2. 诉讼是解决合同争议中使用得最多的纠纷解决方式。它是一种强制管辖，假若合同中没有有效的仲裁条款，也没有另外达成有效的仲裁协议，即使合同中没有约定诉讼，当事人仍有权就该合同争议向人民法院起诉。我国诉讼制度比较仲裁制度而言，具有程序严格、公正、对当事人的诉权保障全面、法官审判经验丰富等特点。

二、索赔条款

国际贸易的索赔条款大致可分为以下两种：

（一）异议和索赔条款

在一般商品的买卖合同中，多数只签订异议和索赔条款，异议与索赔条款主要包括提出异议与索赔的时限、索赔的依据、索赔金额和违约处理办法等内容。

（二）罚金条款

在买卖大宗商品或机械设备的合同中，一般还签订罚金条款。其内容主要规定：一方如未履行合同所规定的义务时，应对对方支付一定数额的约定罚金，以补偿对方的损失，这种方法一般适用于卖方延期交货等。双方还根据延误时间长短预先约定赔偿的金额，同时规定最高罚款金额。

上述索赔条款有的也与仲裁条款合并订在一起，附带订明合同双方产生纠纷时申请仲裁的机构。

三、选择以仲裁方式解决合同争议时应注意的问题

合同当事人将合同争议提请仲裁，必须基于有效的仲裁协议。根据《仲裁法》第十六条第二款的规定，仲裁协议内容必须具备三个要素：一是要有请求仲裁的意思表示；二是

要有仲裁事项;三是要有选定的仲裁委员会。其中,对第一项和第三项的规定,合同当事人往往会由于不了解仲裁制度和仲裁机构的设置,在合同争议条款中做出不规范的仲裁协议。

二、订立索赔条款注意的问题

1. 明确一方如违反合同,另一方有权提出索赔,即规定索赔的权利问题。
2. 规定索赔时需提供的证件以及出证的机构。出口贸易合同一般应该注明:"如发现品质或数量与本合同规定不符时,买方有权向卖方索赔,但必须提供卖方同意的公证机构出具的检验证书。"进口贸易合同一般应该注明:"如发现品质或数量与本合同规定不符时,除属保险人或承运人负责外,买方可凭中国检验检疫机构出具的检验证书,在索赔有效期内向卖方提出退货或索赔。"
3. 明确索赔期限,包括索赔有效期和品质保证期。

索赔有效期是指买方对卖方未按合同约定要求提供商品时,买方向卖方提出赔偿要求的时间期限。索赔有效期的约定应根据进口商品的特点、运输、检验条件等情况而定,一般商品为45天、60天、90天。针对数量较多、技术较复杂、检测时间较长的商品,索赔有效期可适当延长,可订为120天、160天、180天。明确索赔期限另一个很重要的问题是索赔期开始计算时间,根据国际贸易惯例,开始计算的时间分为装货日期、进口日期、抵岸日期、卸毕日期。以卸毕日期最为合理,对买方也最为有利。

品质保证期是指买方接受卖方货物后,在保存或使用中发现进口商品品质问题而向卖方提出赔偿要求的时间期限,一般情况订为一年、一年半。起始日期最好订为"从买方收货后检验、验收、启用之日起计算"或"安装调试完毕之日起计算"。

4. 赔偿损失的办法和金额等。例如,规定所有退货或索赔所引起的一切费用(包括检验费)及损失均由卖方负担等。

【索赔条款范例】

如买方提出索赔,凡属品质异议,须于货到目的口岸之60日内提出;凡属数量异议,须于货到目的口岸之30日内提出。对所装货物所提任何异议属于保险公司、轮船公司等其他有关运输或邮递机构的,卖方不负任何责任。

In case of quality discrepancy, claim should be filed by the Buyer within 60 days after the arrival of the goods at port of destination; while for quantity discrepancy, claim should be filed by the Buyer within 30 days after the arrival of the goods at port of destination. It is understood that the seller shall not be liable for any discrepancy of the goods shipped due to causes for which the Insurance Company, Shipped Company other transportation organization/or Post Office are liable.

实 训 活 动

【实训目的】

使学生了解索赔条款的内容,掌握信用证和合同中索赔条款的订立。

【实训内容】

1. 先讨论索赔条款的编写要点,以及订立索赔条款过程中应注意的问题和相关注意点。
2. 将学生分为若干小组,根据情景导入的内容,每组以外贸工作人员身份完成索赔条款的编写,分析合同中的索赔条款的使用。

【实训方法】

学生分组撰写,学生互评,教师点评。

【重点提示】

国际贸易时间长,环节多,涉及面广,情况复杂,为了预防、减少贸易纠纷,便于处理合同争议,交易双方需在合同中事先约定包括争议发生处理方式的争议条款和包括索赔提出期限、索赔的依据、索赔金额和违约处理办法等内容的索赔条款。

拓展阅读　　　　　国际贸易中根本违约的构成

"根本违约"是《联合国国际货物销售合同公约》中一个特殊的重要概念。根据《联合国国际货物销售合同公约》第25条的规定,凡一方当事人违反合同的结果使另一方当事人蒙受损害,以至于实际上剥夺了后者根据合同规定有权期待得到的东西,即为根本违约,除非违反合同的一方当事人并不预知而且一个同等资格、通情达理的人处于相同情况中也没有理由预知会发生这种结果。

构成根本违约,有三个要件:

其一,当事人一方有违约行为。

其二,该当事人违约行为的结果已经严重到了在实际上剥夺了对方当事人根据合同规定而有权期待得到的利益的程度。

其三,违约方当事人自己对其上述违约结果是预知的,或者,即使他没有预知,但与其具有同等资格、通情达理的第三人处在与其相同的情况中是能够预知的。

项目小结

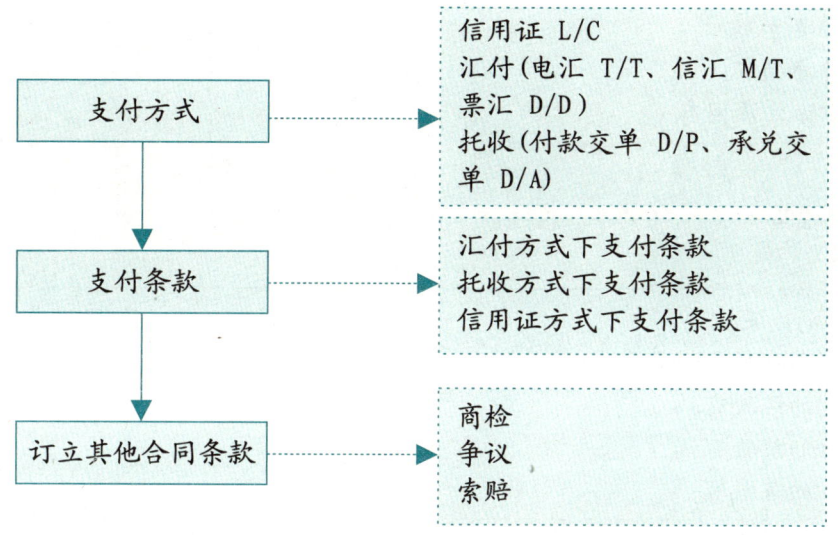

学生自我总结

通过完成项目七，我能够做如下总结：

一、主要知识

完成本任务涉及的主要知识有：

二、主要技能

完成本任务的主要技能有：

三、主要原理

完成本任务的主要原理有：

四、相关知识与技能

完成本任务中：
1. 过程要素有：
2. 操作要领有：
3. 这么做的原因有：

五、成果检验

完成本任务的成果：
1. 完成本任务的意义有：
2. 学到的经验有：
3. 自悟的经验有：
4. 形成的策略有：

自 主 练 习

一、选择题

1. 属于银行信用的国际贸易支付方式是（　　）。
   A. 汇付　　　　　　　　　　　　B. 托收
   C. 信用证　　　　　　　　　　　D. 票汇
2. 在票汇业务中，大多数情况下使用的汇票是（　　）。
   A. 商业汇票，属于商业信用　　　B. 银行汇票，属于银行信用
   C. 商业汇票，属于银行信用　　　D. 银行汇票，属于商业信用
3. 在国际贸易中，最常用的货款结算方式是（　　）。
   A. 汇款　　　　　　　　　　　　B. 汇付
   C. 托收　　　　　　　　　　　　D. 信用证
4. 某公司签发一张汇票，上面注明"At 90 days after sight"，则这是一张（　　）。
   A. 即期汇票　　　　　　　　　　B. 远期汇票
   C. 光票　　　　　　　　　　　　D. 跟单汇票
5. 下列可能属于商检条款内容的是（　　）。
   A. 检验时间与地点　　　　　　　B. 检验机构
   C. 检验标准　　　　　　　　　　D. 检验证书

二、简答题

1. 试写出 T/T、M/T、D/D、D/P、D/A 的英文全文、中文译名，并分别简述其基本含义。

2. "在国际货物买卖中，对买卖双方来说，汇付是一种最安全的支付方式"，这种认识是否正确？为什么？

3. 在出口业务中采用跟单托收方式通常应注意哪些问题？

三、案例分析题

1. 天津绮华进出口有限公司出口一批货物，付款方式为 D/P 90 天托收。汇票及货运单据通过托收银行寄抵国外代收行后，买方进行了承兑，但货到目的地后，恰逢行市上涨，进口人为抓住有利时机，于是请买方出具信托收据（T/R）向银行借出单据。货物出售后买方倒闭。

试分析：我方于汇票到期时还能收回货款吗？

2. 出口合同规定的支付条款为装运月前 15 天电汇付款，买方延至装运月中始从邮局寄来银行汇票一纸，为保证按期交货，出口企业于收到该汇票次日即将货物托运，同时委托银行代收票款。1 个月后，接银行通知，因该汇票系伪造，已被退票。此时，货已抵达目的港，并已被买方凭出口企业自行寄去的单据提走。事后追偿，对方早已人去楼空。

试分析：对此损失，我方的主要教训是什么？

3. 上海 A 公司与香港 B 公司按 FOB 上海、D/P 见票后 60 天付款条件达成出口某货物合同。A 公司按合同规定，将货物交付给买方指定的承运人香港 C 公司驻上海办事处，并由该公司负责运往土耳其伊斯坦布尔，香港 C 公司在其驻上海办事处接管货物后即签发联合运输提单（Combined Bill of Lading）正本一式三份，通过其驻上海办事处交给 A 公司。C 公司将货物通过海运运至香港，再在香港换装另一海轮运往伊斯坦布尔。联运提单所示的托运人为 A 公司，并在该提单的收货人项下载明货物"凭香港 B 公司指示交付"。A 公司随即将全套提单连同其他单据委托上海 W 银行收款。由于 B 公司到期拒不付款，接受 W 银行委托的香港代收行只得将全部单据通过 W 银行退回 A 公司。A 公司经向香港 C 公司查询货物下落时才获悉，C 公司已按联运单所载"凭香港 B 公司指示交付"的文字将从香港把货物运至伊斯坦布尔的船公司出具的正本提单交给香港 B 公司，货物也早已被土耳其的收货人凭香港船公司的提单提走。A 公司遂以承运人无单放货为由，在上海法院对 C 公司提起诉讼，并要求赔偿全部损失。法院判决支持原告的全部理由和请求。但由于 C 公司已宣告破产清理，驻上海办事处也早已撤销停业。而 B 公司在不久前也已倒闭歇业，A 公司要追回损失，事实上已无可能。后又查明，香港 B 公司实为土耳其收货人的代理人。

要求：从此案全过程分析我方 A 公司应从中吸取的教训。

四、实务操作题

南京服装贸易公司出品服装一批，商品品名数量见发票（见表 7-4）。12 月 8 日，海关通关放行，12 月 10 日，该批货物顺利装船。

表 7-4

南京服装国际有限公司
NANJING GARMENTS IMP. AND EXP. CO., LTD.
NO. 301 ZHEN AN TONG ROAD NANJING CHINA

商业发票
COMMERCIAL INVOICE

To:
AL-HADON TRADING COMPANY
P. O. BOX NO. 1198, DUBAI
U A E

Invoice No.: 2008-1500
Invoice Date: 30 NOV., 2008
L/C No.: LC-2008-1098
LC Date: 10 OCT., 2008

Transport details
From: SHANGHAI CHINA To: DUBAI U A E BY VESSEL

Marks & Nos	Description of goods	Quantity	U. price	Amount
	MEN'S UNDERWEAR			CFR DUBAI
	2 PCS SET			
HALLSON				
HT-2578	ART. NO. 3124A,	300DOZ	USD52.50	USD15 750.00
DUBAI				
NO. 1-200	ART. NO. 3125A,	500DOZ	USD50.00	USD25 000.00
	Total:	800DOZ		USD40 750.00

SAY U. S. DOLLARS FORTY THOUSAND SEVEN HUNDRED AND FIFTY ONLY
TOTAL PACKED IN 200CARTONS.
GROSS WEIGHT: 4 400.00KGS.
ALL OTHER DETAILS AS PER PROFORMA INVOICE NO. HT-2578 OF M/S. HALLSON TRADING P. O. BOX 2512 DUBAI U A E

南京服装国际有限公司（章）
NANJING GARMENTS IMP. & EXP. CO. LTD

张红（章）

【实训要求】

分组以出口商和进口商身份编写买卖合同中的商检、争议、索赔条款，根据学生分工情况、工作效率，以及买卖合同中的商检、争议、索赔条款的编写情况，进行综合评分。

项目八
履行出口合同

| 项目描述 |

我国出口业务多采用 CIF 术语条件信用证支付方式。出口合同履行涉及货、证、船、款四个主要环节。本项目以 CIF 条件、信用证方式付款为例,帮助学生掌握备货报检、催证审证改证、租船订舱、报关投保、装船制单结汇等出口合同履行环节的具体操作技能。

▷ 学习目标

【理论知识目标】
☐ 认知出口合同履行的货、证、船、款四个主要环节的内容。
☐ 了解出口合同涉及的主要单证及作用

【岗位技能目标】
☐ 掌握备货报检具体业务技能
☐ 掌握租船订舱、装船具体操作技能
☐ 掌握报关投保具体业务操作

模块一　备货、报检

情景导入

天津绮华服装有限公司（TIANJIN QIHUA GARMENTS CO., LTD.，地址：5 Xinmei road, Huayuan Zone, Nankai District, CHI – Tianjin）是一家具有进出口经营权的纺织品公司（天津），该公司与美国曼哈顿OTTO服饰有限公司（以下简称OTTO，AMERICAN MANHATTAN OTTO DRESS CO., LTD.，地址：46；22113 Manhattan 20457 NEW YORK；USA）欲建立合作关系，双方通过交谈与沟通，经过反复磋商与谈判后，从价格、装卸条款、货款结算、保险以及相关费用等方面达成一致。2013年11月4日双方签订了交易合同，约定2014年4月20日前天津绮华服装有限公司将1 700件晚礼服（型号：E235）运到美国纽约曼哈顿OTTO服饰有限公司。双方签订销售合同之后，绮华公司按合同要求组织生产和包装。OTTO订单要求：数量为装满一个20尺的集装箱，通过计算得到装207个纸箱（1m × 0.5m × 0.27m = 0.135m³）刚好。于是双方开始了业务操作。

相关信息见表8-1。

表8-1　销售确认书

货物名称：女士晚礼服 WOMEN'S EVENING DRESS	货物总体积：27.945m³	货物总重：3 500KG
单价：USD260 PER PCCIF NEW YORK	货物数量：1 656件，207箱	装运港：新港（XINGANG）
目的港：纽约港（NEW YORK）	销售确认书编号：LSJ0011258	生产周期：45 Days
货款支付方式：Irrevocable L/C at sight	保险条款：按惯例加成10%，写法为：plus 10% agaistall risk and war risk as per C.I.C	

SALES CONFIRMATION

			S/C NO:	LSJ0011258	
			DATE:	NOV 4, 2013	
The Seller:	TIANJIN QIHUA GARMENTS CO., LTD.		The Buyer:	AMERICAN MANHATTAN OTTO DRESS CO., LTD.	
Address:	5 Xinmei road, Huayuan Zone, Nankai District, CHI – Tianjin		Address:	46；22113 Manhattan 20457 NEW YORK；USA	
E – Mail:			E – Mail:		
Item No.	Commodity & Specifications	Unit	Quantity	Unit Price (US $)	Amount (US $)
E235	WOMEN'S EVENING DRESS	PCS	1 656	260.00	430 560.00

续表

TOTAL CONTRACT VALUE:	SAY US DOLLARSFOUR HUNDRED THIRTY THOUSAND FIVE HUNDRED AND SIXTY ONLY
PACKING:	CARTON
PORT OF LOADING:	XINGANG
PORT OF DESTINATION:	NEWYORK
TIME OF SHIPMENT:	JAN 30, 2014
TERMS OF PAYMENT:	Irrevocable L/C at sight
INSURANCE:	plus 10% agaist all risk and war risk as per C.I.C
REMARKS:	

资料来源：职业院校物流技能大赛单证项目模拟训练题。

任务一　出口备货

一、出口备货原则

出口备货，是指根据信用证或合同规定，按时、按质、按量地准备好应交付的货物。它是出口方履行合同的第一步，是履行国际贸易出口合同的重要环节，也是卖方（出口方）的基本义务。出口备货有两种情况：一种是出口商自己生产，另一种是外购产品以备出口。自产货物时，出口商需落实好生产计划；外购产品以备出口时，出口商需选择好生产厂商或加工供货单位，及时就交货的有关事宜与生产、加工或供货部门签订合同，落实生产、加工或收购的有关事项。无论哪一种情况，出口商都必须做好跟踪产品生产进度、检查和监督产品质量、落实包装要求、刷制唛头和标志及入仓查验待运等工作，并注意时间上要与信用证装期相适应。在备货过程中，出口商应掌握以下原则：

1. 货物的品质必须与出口合同的规定相一致。凡凭规格、等级、标准等文字说明达成的合同，交付货物的品质必须与合同规定的规格、等级、标准等文字说明相符；如凭样品达成的合同，则必须与样品相一致；如既凭文字说明、又凭样品达成的合同，则两者均须相符。

2. 货物的包装必须符合出口合同的规定。包装标志应按合同规定或客户要求刷制。运输标志的式样，如合同有规定或客户另有指定的，则必须按合同规定或客户指定的办理；如合同未规定、客户对此有无要求的，则由出口方自行选定运输标志，一般应包括收（发）货人缩写、目的港、件号等内容。

3. 货物的数量必须符合出口合同的规定。在实际交货过程中，常常会发生溢交或少交的情况。因此，根据生产和交货的实际需要，卖方在与买方磋商签订合同时，可对交货数量留有一定的机动幅度并达成特别约定，如规定溢短装条款，这样卖方履行合同时在数量上就可在规定机动幅度内有所伸缩。备货数量一般以略多于出口合同的规定数量为宜。

4. 货物备妥时间应与合同与信用证装运期限相适应。交货时间是国际货物买卖合同的主要交易条件，若有违反，买方不仅有权拒收货物并提出索赔，甚至还可宣告合同无效。因此，货物备妥的时间必须适应出口合同与信用证规定的交货时间和装运期限，并结合运输条件，例如船期进行妥善安排。为防止意外，一般还应适当留有余地。

二、出口备货流程

以服装出口为例，出口备货工作的重点是要做好以下几点：

1. 签订国内购销合同。缮制国内购销合同时要与原合同相符，用中文填写，并且清楚、完整。此单据是国内进出口公司与内地工厂进行制单结汇的依据。国内购销合同一般包括下列主要内容：

（1）产品名称、货号、规格、数量和价格。
（2）质量标准。
（3）包装标准。
（4）交货期限、交货方式、交货地点。
（5）付款方式。
（6）供需双方的违约责任。

2. 拟订跟单计划，抓好生产进度，满足交货期要求。从签订合同到交货出运这段时间，出口商对能否按时交货一定要做到心中有数。在签订合同前，出口商对生产商或供应商的生产供货情况已经有了初步的了解和把握，在此基础上，出口商就必须一环扣一环地落实生产和交货进度。

3. 建立文档，使备货工作有案可查。在实施跟单计划过程中，随时做好业务记录，包括该项合同的各类往来函电、工艺单、订单、操作要则和实施记录等，这对完成出口备货、将来争议的解决至关重要。

4. 货物出仓管理。货物出运时，必须办理出仓手续。很多进出口公司使用"货物出仓申请单"作为办理货物出仓的交接手续。

5. 查验货物质量，做好质量监控及部分商品的预验工作。质量监控是备货过程中一项非常重要的工作。产品质量关系着合同是否能够最终顺利履行，关系着国家和出口商的声誉，出口企业必须高度重视。为了保证按时、按质、按量地对外交货，出口公司的跟单人员应该积极参与全程质量监控。一旦发现问题，跟单人员应该立即提请有关生产方及时采取措施。

实 训 活 动

【实训目的】

1. 掌握出口合同履行"货"环节注意事项；

2. 掌握备货的程序及时间安排。

【实训内容】

学生扮演出口方（天津绮华服装有限公司）的业务员并分成两组，两组学生分别根据"情景导入"中给出的资料完成自产货物备货和外购货物备货两套流程方案，方案中需根据出口业务情况及表8-1的销售确认书中的内容标明日期安排。

【实训方法】

学生分组书写方案，教师总结对比及分析原因。

【重点提示】

出口备货有两种情况：一种是出口商自己生产，另一种是外购产品以备出口。无论哪种情况，出口方都必须保证货物的品质、包装、数量、时间符合出口合同规定。

拓展阅读　　　　　　　　运输标志不可缺　　出口企业须警惕

> 2012年1月至11月，国内某检验检疫局在日常监管及抽样过程中共检出不合格货物177批次，其中因运输标志问题不合格就有66批次，占总不合格批次的37.28%。错报、漏报或者不报运输标志的情况时有发生，导致申报的运输标志内容与实际出口货物运输标志不相符，须返工整改，既给查验工作带来了困难，同时也影响了货物的通关速度。
>
> 企业对运输标志的设置与申报主要存在以下问题：一是申报的运输标志与实际货物不符或没有申报相应的运输标志，导致查验不合格；二是运输标志中的收货人、品名、目的港等关键信息由于种种原因印刷错误，致使发出的货物不能正确到达目的地，导致生产企业的经济损失；三是收货人、品名、目的港、产地等关键信息不足或缺失，影响货物通关效率；四是运输标志印刷不清晰、颜料不牢固导致褪色脱落，经长距离运输后，包装上的信息模糊，不易辨认，容易导致错发错运、货物损失等情况的发生。

任务二　出口报检

凡属国家规定法检的商品，或合同规定必须经中国进出口商品检验检疫局检验出证的商品，在货物备齐后，应向商品检验局申请检验。只有取得商检局发给的合格的检验证书，海关才准放行。

一、出口报检流程

（一）接单

具有商品出口经营权的单位报检操作人员或受其委托的单位接到客户或内部转来的单据后，在专门的登记簿上登记，有特殊要求的应注明，并询问出口的大致日期、出口运输方式是否需要出具检疫部门的证书等，然后填写"出口商品检验申请单"，向当地商检机构申请报验。报验时间一般在发运前 7~10 天进行申请，鲜活商品应及早申请。

（二）审单

首先要核对出口报检单据是否齐全。单据有：发票、装箱单、合同、报检委托书（青岛企业必须提供正本报检委托书）。有特殊要求的其他单据有：使用信用证结汇的须提供信用证复印件；货物外包装（纸箱、塑编袋、网袋、桶包装的涉及食品安全卫生标示的）必须提供"出境货物运输包装性能检验结果单"正本；出口换证商品必须提供"出境货物换证凭单"正本；出口安全质量许可、食品卫生监督等管理范围之内的商品，必须提供生产厂家的"两证"管理编号以及厂检合格单等；出口熏蒸货物必须提供场站入货通知书，并且确认货物存放于场站熏蒸区。

（三）预录

1. 出口单据审核完毕后，使用单证系统对单据进行预录入。在预录入过程中，可以根据系统提示制单，并且可以根据系统对商品编码的要求最终确认所需单据是否齐全（九城单证系统在线更新，所以很多编码要求及时更新）。

2. 在制单过程中出现计量单位与海关的计量单位冲突时，第一计量单位按商检规定的计量单位输入，第二计量单位按海关的规定输入。

3. 在制单预录入的过程中如果出现问题，应及时与客户或操作人员联系。

4. 一般在预录入后待系统自动生成预录入报检编号后，打印报检出境货物报检单，交给报检员。

（四）申报

1. 报检员接到全套申报单据发票、装箱单、合同、报检委托书（企业必须提供正本报检委托书）、有特殊要求的其他单据后，在报验申请单上填写随附单据并注明，然后报检员签名。

2. 到报检前台申报，随时解答商检官员对商品的提问，报检员必须了解所申报商品及客户情况。

3. 申报完成，报检员根据申报货物的不同，将申报单据转往各个科室，并且根据各个科室的不同要求对单据进行登记。

（五）验货

1. 申报完毕的单据，报检员要及时联系客户验货，到检疫局科室预约验货时间并告知客户。

2. 国家商检机构或国家商检部门指定的检验机构根据法律、行政法规规定有强制性标准或其他必须执行的检验标准，或国际贸易合同约定的检验标准，可以对商品质量、食品卫生、动植物、包装等直接进行检验，也可视情况，根据生产单位检验或外贸部门验收的结果换证，不可以派出人员与生产单位共同进行检验。

3. 验货完毕后，将单据转回各科室。

（六）出证放行

1. 出口验货后到各科室将找出验货单据，根据各科室的不同要求填写验货单据交科室主管人员签字，并在电脑中过机放行。

2. 到计费处计费，然后到商检财务部门缴纳检疫费。

3. 打印"出口货物通关单"，如果需要出具检疫部门证书的，还需在单据中注明，以便日后出具检疫证书。

4. 放行后，将通关单交给报检操作人员或报关人员签收。

（七）下账

1. 报检员将"出口通关单"及商检发票交给操作人员，操作人员将其复印登记留底，并注明公司编号。

2. 将正本通关单交给报关员报关使用。

出口报检业务流程如图 8-1 所示。

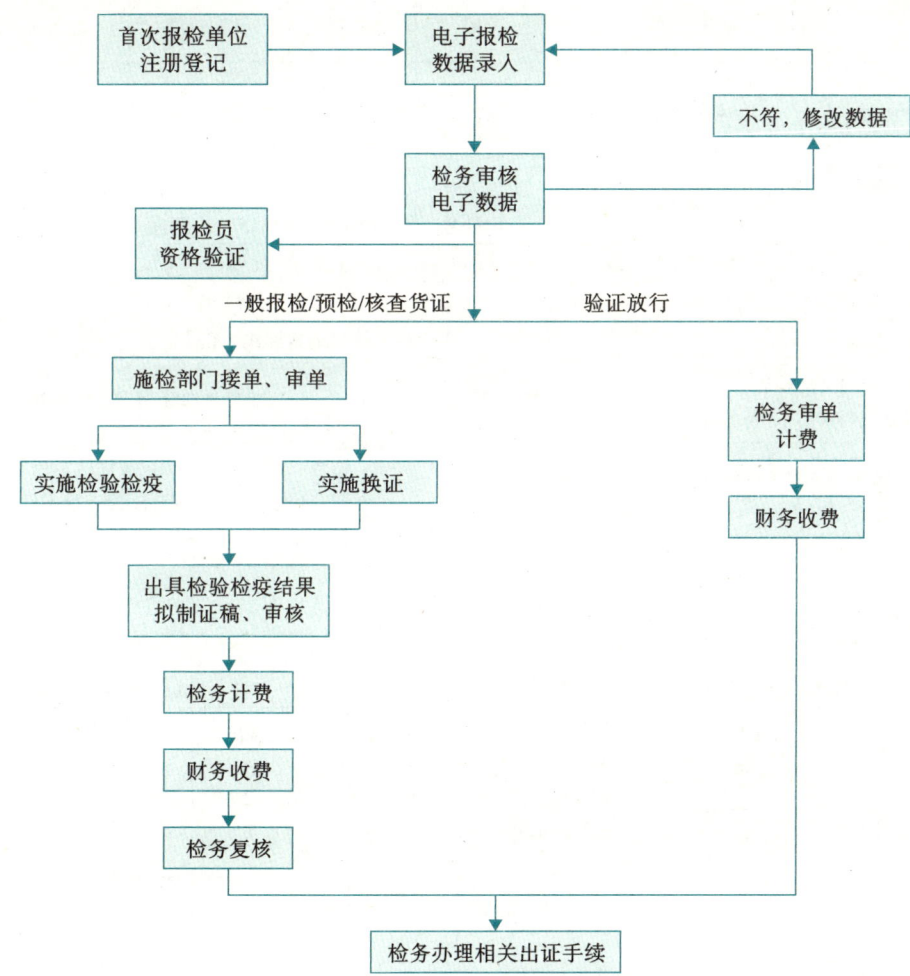

图 8-1　出口报检业务流程图

表 8-2

中华人民共和国出入境检验检疫出境货物报检单

报检单位（加盖公章）：		天津绮华服装有限公司		编　号*			
报检单位登记号：	无	联系人：		电话：	报检日期：	2013 年 11 月 4 日	
发货人	（中文）	天津绮华服装有限公司					
	（外文）	TIANJIN QIHUA GARMENTS CO., LTD.					
收货人	（中文）	美国曼哈顿 OTTO 服饰有限公司					
	（外文）	AMERICAN MANHATTAN OTTO DRESS CO., LTD.					
货物名称（中/外文）		H.S. 编码	产地	数/重量	货物总值	包装种类及数量	
女士晚礼服 WOMEN'S EVENING DRESS		3025417	纽约	3500KG	USD430560.00	207 箱	
运输工具名称号码		GFRT 03524		贸易方式	一般贸易	货物存放地点	
合同号		LSJ0011258		信用证号	0183620610038457	用途	
发货日期			输往国家（地区）	美国	许可证/审批号		
启运地		天津	到达口岸	纽约	生产单位注册号		
集装箱规格、数量及号码			1 个四十英尺的普通集装箱				

合同、信用证订立的检验检疫条款或特殊要求	标记及号码	随附单据（划"✓"或补填）	
	N/M	□合同 □信用证 □发票 □换证凭单 □装箱单 □厂检单	□包装性能结果单 □许可/审批文件

需要单证名称（划"✓"或补填）				检验检疫费*	
□品质证书	＿正＿副	□植物检疫证书	＿正＿副	总金额（人民币元）	
□重量证书	＿正＿副	□熏蒸/消毒证书	＿正＿副		
□数量证书	＿正＿副	□出境货物换证凭单	＿正＿副		
□兽医卫生证书	＿正＿副	□出境货物通关单	＿正＿副	计费人	
□健康证书	＿正＿副				
□卫生证书	＿正＿副			收费人	
□动物卫生证书	＿正＿副				

报检人郑重声明： 1. 本人被授权报检。 2. 上列填写内容正确属实，货物无伪造或冒用他人的厂名、标志、认证标志，并承担货物质量责任。 签名：＿＿＿＿＿＿	领取证单	
	日期	年　日　月
	签名	

注：有"*"号栏由出入境检验检疫机关填写　　　　　　◆国家出入境检验检疫局制

实 训 活 动

【实训目的】

1. 认知跟单员报检工作内容。
2. 掌握报检程序。

【实训内容】

天津绮华服装有限公司出口一批晚礼服,2014 年 1 月 20 日货物备妥后在装船前就开始向天津商检部申报检验,货物暂时存放在天津新港,这批晚礼服共有 1656 件,207 箱,装在了一个 40 英尺的普通集装箱中。贸易方式:一般贸易;货物总值:USD430560.00;信用证号码:0183620610038457;承运船只的船名或航次:GFRT 03524;报检单位登记号:12500003514。

让学生扮演天津绮华服装有限公司的外贸跟单员办理报检业务,教室模拟为商检局报检前台,安排其他学生扮演检验人员,全程模拟进口报检工作,并通过网络搜索工作流程中涉及的报检单并进行填制,最后学生之间进行评比。

【实训方法】

学生分组演练并准备单证进行汇报,学生之间进行评比,教师总结对比并分析原因。

【重点提示】

出境货物报检的时限地点

1. 出境货物最迟应在出口报关或装运前 7 天报检,对于个别检验检疫周期较长的货物,应留有相应的检验检疫时间。
2. 需隔离检疫的出境动物在出境前 60 天预报,隔离前 7 天报检。
3. 法定检验检疫货物,除活动物需由口岸检验检疫机构检验检疫外,原则上实施产地检验检疫。

拓展阅读　　　　　　　　**进出口商品法定检验**

进出口商品法定检验是国家出入境检验检疫部门根据国家法律法规的规定,对规定的进出口商品或有关的检验检疫事项实施强制性的检验检疫,未经检验检疫或经检验检疫不符合法律法规规定要求的,不准输入输出。

法定检验检疫的目的是为了保证进出口商品、动植物(或产品)及其运输设备的安全、卫生符合国家有关法律法规规定和国际上的有关规定；防止次劣有害商品、动植物（或产品）以及危害人类和环境的病虫害和传染病源输入或输出，保障生产建设安全和人类健康。国家出入境检验检疫部门对进出口商品实施法定检验检疫的范围包括：

1. 列入《出入境检验检疫机构实施检验检疫的进出境商品目录》（简称《检验检疫商品目录》）的商品。
2. 《中华人民共和国食品卫生法（试行）》规定，应实施卫生检验检疫的进出口食品。
3. 危险货物的包装容器、危险货物运输设备和工具的安全技术条件的性能和使用鉴定。
4. 装运易腐烂变质食品、冷冻品的船舱、货仓、车厢和集装箱等运载工具。
5. 国家其他有关法律、法规规定须经出入境检验检疫机构检验的进出口商品、物品、动植物等。

（资料来源：p：//zhidao.baidu.com/link? url＝7ZLtsOfyqR1YxLqcTU0Q－eb9E＿K＿6SvTCcQNUrlHgtE7dU6kVm9gy1wAIc0dPTtb3uHu－n9uaNAMHgTT6ZYpR＿）。

模块二　落实信用证

> 情境导入

天津绮华服装有限公司（以下简称"绮华"，TIANJIN QIHUA GARMENTS CO.，LTD.，地址：5 Xinmei road，Huayuan Zone，Nankai District，CHI－Tianjin）是一家具有进出口经营权的纺织品公司与美国曼哈顿OTTO服饰有限公司（以下简称"OTTO"，AMERICAN MAN-HATTAN OTTO DRESS CO.，LTD.，地址：46；22113 Manhattan 20457 NEW YORK；USA）。于2013年11月4日双方签订了交易合同，约定2014年4月20日前天津绮华服装有限公司将1700件晚礼服运送到美国纽约曼哈顿OTTO服饰有限公司。签订销售合同之后，OTTO便开始向澳新银行申请开立信用证。2013年11月25日澳新银行开证。

相关信息见表8－3。

表8－3

货物名称：女士晚礼服（WOMEN'S EVENING DRESS）	开证行：BANK OF ANZ	通知行：Beijing branch of bank of ANZ	单价：USD260 PER PC CIF NEW YORK
货物数量：1656件，207箱	装运港：新港（XINGANG）	目的港：纽约港（NEW YORK）	信用证失效日期为：2014.2.24
保险条款：按惯例加成10%，写法为：plus 10% agaistall risk and war risk as per C.I.C	信用证编号：0183620610038457	交单有效时间为：装船后15天	不允许转船和分批装运
货款支付方式：Irrevocable L/C at sight（一般情况下合同签订15天（含开证及邮寄等时间）后出口商可以开始备货，一般情况下订舱周期为两周）			

资料来源：职业院校物流技能大赛单证项目模拟训练题。

任务一 催证、审证

催证就是出口商通知或催促国外进口商按照合同内容,迅速通过银行将信用证开来,以便出口商能将货物及时装运。

审证即审核信用证,是指对国外进口方通过银行开来的信用证内容进行全面审核,以确定是接受还是修改。

一、催证

(一) 需要催证的情况

在正常情况下无需催证。一般来说,买房应在货物装运期前15天将信用证开到卖方手中,有的生产周期长的产品如纺织品和服装内商品的信用证的开证时间则长达60天以上,如到目的港每月只有一次航班的地区,则更应提前开证。但在实际业务中,有时经常遇到国外进口商拖延开证,或者在行市发生变化或资金发生短缺情况时故意不开证。因此,我们催促对方迅速办理开证手续,主要有以下几种情况:

1. 合同签订的日期与合同内规定的装运期相距较长,或合同规定买方应在装运期前一定时间开出信用证;
2. 出口方备货比预期提前,可以提前装运,可与进口方协商提前交货;
3. 进口方没有在合同规定日期内开证;
4. 考虑到进口方信誉问题,存在故意拖延开证的情节,未按照要求向开证行缴纳押金;
5. 合同签订日期与履约日期相隔较远,发邮件提醒对方及时开证。

(二) 催证方式

催证的方式包括通过信件、传真或其他电子通信工具。必要时,也可请我驻外机构或中国银行代为催证。

二、审证

在实际业务中,由于国外客户对我国政策不了解,或者某些国家对开立信用证有特别规定,或者国外客户或开证银行工作疏忽和差错,或者开证申请人、开证行的故意行为等,出现信用证条款与合同条款不一致或与我国外贸政策不符。为确保收汇安全和合同顺利执行,防止给我方造成不应有的损失,我们应该在国家对外政策的指导下,对不同国家及地区不同银行的来证依据合同认真进行核对与审查。在实际业务中,一般进出口公司和银行共同承担审证任务。审核信用证是银行(通知行)与出口企业的共同责任,只是各有侧重。银行重点审核开证行的政治背景、资信能力、付款责任、索汇路线及信用证的真伪等,出口企业则着重审查信用证的内容与买卖合同是否一致。

(一) 银行审核信用证

1. 从政策上审查。主要看来证各项内容是否符合我国的方针政策以及是否有歧视性内容。如有,则需根据不同情况向开证行交涉。
2. 对开证行资信的审查。主要对开证行所在国家的政治经济状况、开证行资产多少、分支机构的多少、历史长短、业务多少、过去业绩、经营作风等进行审查。对于资信欠佳的银行，应酌情采取适当的保全措施。

3. 对信用证性质与开证行付款责任的审查。在出口业务中，我方不接受带"可撤销"字样的信用证；对于不可撤销的信用证，如附有限制性条款或保留字句，使"不可撤销"名不符实，应要求对方修改。按照UCP600开立的信用证，开证行在信用证中应有保证付款的明确表示，且开证行和保兑行对于指定行的偿付责任是独立于其对受益人的承诺。如果开证行为减轻其责任而附加各种保留或限制，则对指定行索偿、出口人的收汇没有保证，应要求开证行删除后才能接受。

4. 对索汇路线和索汇方式的审查。信用证的索汇路线必须正常合理，如果索汇路线迂回、环节过多，则应与开证行联系进行修改。

（二）出口商审核信用证

出口商只需做复核性审核，其审证重点主要应放在下述几项：

1. 对信用证金额与货币的审核。即审核信用证金额是否与合同金额一致，大、小写金额是否一致。如合同订有溢短装条款，信用证金额是否包括溢装部分金额；信用证使用的货币是否与合同规定的计价和支付货币一致。

2. 对有关货物条款的审核。主要是对商品的品质、规格、数量、包装等依次进行审核，如发现信用证内容与合同规定不一致不应轻易接受，原则上要求改证。

3. 对信用证的装运期、有效期和到期地点的审核。信用证的装运期必须与合同的规定相同；信用证的有效期一般规定在装运期限后7~15天，以方便卖方制单。关于信用证的到期地点，通常要求规定在中国境内，对于在国外到期的信用证，我们一般不接受，应要求修改。

4. 对开证申请人、受益人的审核。开证申请人的名称和地址应仔细审核，以防错发错运。受益人的名称和地址也须正确无误，以免影响收汇。

5. 对单据的审核。主要对来证中要求提供的单据种类、份数及填制方法等进行审核，如发现有不正常规定或我方难以办到的，应要求对方修改。

6. 对其他运输条款、保险、商检等条款的审核。即仔细审核信用证对分批装运、转船、保险险别、投保加成以及商检条款的规定是否与合同一致，如有不符，应要求对方修改。

7. 对特殊条款的审核。审证时，如发现超越合同规定的附加或特殊条款，一般不应轻易接受，如对我方无太大影响，也可酌情接受一部分。

实 训 活 动

【实训目的】

1. 让学生在对信用证进行审核的过程中认知催证、审证工作内容；
2. 掌握信用证中的催证与审证方法。

【实训内容】

让学生分别扮演天津绮华服装有限公司的工作人员,根据案例中对于整个国际贸易流程的时间及内容的描述,判断我方是否需要对国外进口公司进行催证,另外对国外进口公司申请银行开立的不可撤销跟单信用证进行审核。

【实训方法】

让学生分组扮演天津绮华服装有限公司的工作人员,根据"情景导入"中出口业务的描述,判断出口方是否需要对国外进口公司进行催证,另外对进口方申请开立的不可撤销跟单信用证进行审核。

【重点提示】

信用证是依据买卖合同开立的,信用证内容应该与买卖合同条款保持一致。为确保收汇安全和合同的顺利执行,出口商和银行必须认真审核信用证。银行重点审核开证行的政治背景、资信能力、付款责任、索汇路线及信用证的真伪等。出口商则着重审查信用证的内容与买卖合同是否一致。

拓展阅读　　跟单信用证统一惯例

《跟单信用证统一惯例》(Uniform Customs and Practice for Documentary Credits,UCP)是国际银行界、律师界、学术界自觉遵守的"法律",是全世界公认的、到目前为止最为成功的一套非官方规定。70多年来,160多个国家和地区的国际商会和不断扩充的国际商会委员会持续为UCP的完善而努力工作着。

随着国际贸易变化,国际商会分别在1951年、1962年、1974年、1978年、1983年、1993年对UCP进行了多次修订,被各国银行和贸易界广泛采用,已成为信用证业务的国际惯例。但UCP本身不是一个国际性的法律规章。现行的是2007年版本,从2007年7月起,《跟单信用证统一惯例(2007年修订本)》第600号出版物开始执行,简称为"UCP600"。

UCP600共有39个条款、比UCP500减少10条,但却比UCP500更准确、清晰,更易读、易掌握、易操作。

任务二　修改信用证

对信用证进行了全面细致的审核以后,如果发现问题,应区别问题的性质,分别同银行、运输、保险、商检等有关部门研究,做出恰当妥善处理。凡是属于不符合我国对外贸易方针政策,影响合同执行和安全收汇的情况,我们必须要求国外客户通过开证行进行修改,并坚持在收到银行修改信用证通知书后才能对外发货,以免发生货物装出后而修改通知书未到的情况,造成发货人工作上的被动和经济上的损失。

信用证的修改可以由开证申请人提出，也可以由受益人提出，无论是哪一方提出，均必须当事人全部同意才能办理和生效。

一、受益人审证后要求开证申请人改证

受益人（出口商）审证后，发现信用证内容有遗漏或与合同和惯例规定不一致，在规定装运期内无法完成交货，要求单据多且获取不易，一些特殊条款可能对自己完全履行合同带来限制等，受益人应及时向开证申请人提出修改信用证。在实际业务中，很多情况下，修改信用证是出口商先提出来，但具体执行是由进口方向开证行申请来完成。

1. 需要修改的内容应一次性通知开证申请人，以节约对方改证费用。
2. 开证行的改证通知书，仍须通过通知行转递，以保真实。
3. 对于改证通知书的内容，如发现其中一部分不能接受，则应把改证通知书退回，待全部改妥后才能接受。

受益人审证时，如发现一些条款虽与合同或惯例不符，但经过努力可以办到的，一般可以不改，以示合作，并减少周折。

信用证修改的程序一般是：开证申请人提出→开证行→通知行→受益人。

二、开证申请人主动改证

开证申请人主动改证应征得受益人的同意。若开证申请人事先未征得受益人同意，单方面改证，则受益人有权决定是否接受。在未表示接受前，原证条款继续有效，受益人并有权保持沉默直至交单为止。若交单时按修改书制单即表示接受，若按原证制单，则应另具通知书以示拒绝修改。

修改信用证应注意以下几点：

1. 凡是需要修改的内容，应做到一次性向客人提出，避免多次修改信用证的情况。
2. 对于不可撤销信用证中任何条款的修改，都必须取得当事人的同意后才能生效。

实 训 活 动

【实训目的】

1. 使学生认知改证工作内容；
2. 掌握信用证中的改证方法。

【实训内容】

让学生分别扮演天津绮华服装有限公司的工作人员，根据"情景导入"中的业务情况审证以后，针对审证结果进行改证活动。

【实训方法】

学生根据审证结果进行改证工作，老师分析并更正。信用证见表8-4。

表8-4　　　　　　　　　　　不可撤销跟单信用证

不可撤销跟单信用证 irrevocable documentary letter of credit

澳新银行 BANK OF ANZ	Irrevocable Documentary Credit Number： 0183620610038457
Place and Date of Issue： NEW YORK NOV 25，2009	Expiry Date and Place for Presentation of Documents Expiry Date：JAN 30，2010 Place for Presentation：CHINA
Applicant：TIANJIN QIHUA GARMENTS CO.，LTD.	Beneficiary： AMERICAN MANHATTAN OTTODRESS CO.，LTD
Advising Bank：BEIJING BRANCH OF BANK OF ANZ	Amount：USD430560
Partial Shipments　　　　☒allowed ☐not allowed	Credit available with Bank： ☐by sight payment ☐by acceptance
Transhipment　　　　　　☒allowed ☐not allowed	☒by negotiation ☐by deferred payment
Insurance covered by buyers	
Port of shipment：NEW YORK	Against the documents detailed
Transportation to：XINGANG	☒and beneficiary's draft
Latest Date of Shipment：FEB 24，2010	☒at sight
Introduce： WOMEN'S EVENING DRESSOUTERSHELL：100% POLYESTER INNERSHELL：100% POLYESTER	
Document to be presented (　17　) within days after the date of shipment but within the validity of the Credit.	
Instructions to the Negotiating Bank：	
Document consists of (　3　) signed page (s).	
Authorize Signatures	

【重点提示】

信用证的修改可以由开证申请人提出，也可以由受益人提出，无论是哪一方提出，出口方必须坚持在收到银行修改信用证通知书后才能对进口方发货，以免造成出口方工作上的被动和经济上的损失。

> **拓展阅读**　　　　　　　　　　信用证的性质与作用

一、信用证的性质

信用证（Letter of Credit，L/C）的性质：开证银行应申请人（买方）的要求并按其指示向受益人开立的载有一定金额的、在一定的期限内凭符合规定的单据付款的书面保证文件。信用证是国际贸易中最主要、最常用的支付方式。

信用证方式有三个特点：

1. 信用证是一项自足文件（Self–sufficient Instrument）。信用证不依附于买卖合同，银行在审单时强调的是信用证与基础贸易相分离的书面形式上的认证。

2. 信用证方式是纯单据业务（Pure Documentary Transaction）。信用证是凭单付款，不以货物为准。只要单据相符，开证行就应无条件付款。

3. 开证银行负首要付款责任（Primary Liabilities for Payment）。信用证是一种银行信用，它是银行的一种担保文件，开证银行对支付有首要付款的责任。

二、信用证的作用

采用信用证的支付方式，给进、出口双方以及银行带来一定的好处。

信用证在国际贸易结算中的作用主要表现为以下几点：

（一）对出口商的作用

1. 保证出口商凭单取得货款。信用证支付的原则是单证严格相符，出口商交货后提交的单据，只要做到与信用证相符，"单证一致，单单一致"，银行就保证支付货款。在信用证的支付方式之下，出口商交货后不必担心进口商到时不付款，而是由银行承担付款责任，这种银行信用要比商业信用可靠。因此，信用证支付为出口商收取货款提供了较为安全的保障。

2. 出口商得到外汇保证。在进口管制和外汇管制严格的国家，进口商要想本国申请外汇得到批准后，方能向银行申请开证，出口商如能按时收到信用证，说明出口商已经得到本国外汇管理当局使用外汇的批准，因而可以保证出口商履约交货后按时收取外汇。

3. 可以取得资金融通。出口商在交货前，可凭进口商借取打包贷款（Packing Credit），用以收购、加工、生产出口货物和打包装船；或出口商在收到信用证后，按规定办理货物出运，并提交汇票和信用证规定的各种单据，叙作押汇取得货款。这是出口地银行对出口商的资金融通，有利于资金的周转，扩大出口。

（二）对进口商的作用

1. 可以保证取得代表货物的单据。在信用证方式下，开证行、付款行、保兑行的付款以及议付行的议付货款都要求做到单证相符，都要对单据的表面的真伪进行审核。因此，可以保证进口商收到的是代表货物的单据，因为提单是物权的凭证。

2. 保证按时、按质、按量收到货物。进口商申请开证时，可以通过控制信用证的条款来约束出口商的交货时间、交货的品质和数量，如在信用证中规定最迟装运期限以及要求出口商提交的由信誉良好的公证机构出具的品质、数量或重量证书等，以保证出口商按时、按质、按量收到货物。

3. 提供资金融通。进口商在申请开证时通常要缴纳一定的押金,如开证行认为进口商资信较好,进口商就由可能在少缴或免缴部分押金的情况下履行开证义务。如采用远期信用证,进口商好可以凭信托收据(Trust Receipt)向银行借单,先行提货、转售,到期再付款,这就为进口商提供了资金融通的便利。

(三)对银行的作用

开证行接受进口商的开证申请,即承担开立信用证和付款的责任,这是银行以自己的信用做出保证,以银行的信用代替了进口商的商业信用。所以,进口商在申请开证时要向银行交付一定的押金或担保品,为银行利用资金提供便利。此外,在信用证业务中银行每做一项服务均可取得各种收益,如开证费、通知费、议付费、保兑费、修改费等各种费用。因此,承办信用证业务是各银行业务项目之一。在国际结算中,信誉良好、作风正派的银行以及高质量的服务又促进了信用证业务的发展。

模块三 办理货运、报关和投保

情境导入

当绮华将货物全部准备完成后,委托货代公司(天津竭诚货运代理公司)向船公司租船订舱并顺利租到舱位,有了详细的船名航次、提单号之后,就需要向报关行提供相关单据,完成报关的初步准备工作。报关员要在收到出口商提供的相关单据之后,就需要根据相关表单完成报关草单的填制,然后再登录海关报关电子口岸申请报关。

相关信息见表8-5。

表8-5

货物名称:女士晚礼服(WOMEN'S EVENING DRESS)	货物总体积:27.945m³	货物总重:3500KG 净重:3312KG	单价:USD260 PER PC-CIF NEW YORK
货物数量:1656件,207箱	装运港:新港(XINGANG)	目的港:纽约港(NEW YORK)	船名航次:MCS boston 102e
提单号:SNL JP62912356	集装箱号:MCSU4597787*1(1)	货代公司(天津竭诚货运代理公司)	运输方式:水路运输
批准文号:718012013	运费:3225,502/3225/3	保费:000/0.03/1	包装种类:纸箱
商品编号:62044300.90 合同协议号:LSJ0011258	信用证编号:0183620610038457 信用证失效日期:2010.2.14	订舱要求: 1. 运费:根据事前谈好的,运费共USD3225。 2. 请配2月1日开船到纽约1个20尺普柜。 3. 提前三天在堆场提箱。 4. 不允许转船和分批装运。	

资料来源:职业院校物流技能大赛单证项目模拟训练题。

任务一　办理出口货运

随着信息技术的发展和社会分工的细化，在国际贸易货运中，除运输工具承运人外，出现了越来越多的中介服务机构，如船舶代理公司、货运代理公司、储运公司、物流公司等，为办理出口货运提供了多种选择便利。在国际上，出口企业在办理货物运输时，根据货运公司提供服务的不同类型划分，一般会与下列三种类型的货运服务机构发生关系：

一、国际货运机构

（一）国际储运公司

最初的国际储运公司主要是为等待装运的货物提供仓储服务。在多数情况下，出口货物在实际装运前要在储运公司仓库中进行装运前的处理。如果是集装箱货物，国际储运公司会负责货物的拼箱和装箱，以及货物运到装运港码头或航空港进行实际装运。现在国际储运公司受现代物流管理影响，其业务已不仅是仓储和拼装箱服务，也负责办理国际运输，充当了国际货运代理人的角色。

（二）国际货运代理公司

国际货运代理原系指代表进出口商完成货物的装卸、储存、安排内地运输、收取货款等日常业务的代理机构。近年来随着国际贸易和多种运输形式的发展，国际货运代理的服务范围也扩展到为整个货物运输和分拨过程提供一揽子综合服务。目前，国际货运代理在国际贸易和国际运输中居于重要地位。

（三）国际运输联盟

国际运输联盟是指在国际上具有一定实力的货运公司，凭借其在世界各地的运输代理机构，与不同地区的各有优势的货运代理公司结成运输战略联盟，为客户提供复杂、系统的大型工程项目等的运输。

出口方委托外运公司或其他有权受理对外货运业务的单位办理海、陆、空等出口运输业务，称为"托运"。在货证备齐、办妥商检的情况下，就可以根据合同与信用证的要求规定，办理出口货物的托运手续。出口货物的出口托运可以由出口人自己办理，也可以委托外运公司或国际货运代理公司办理，一般情况下，委托货运代理公司办理运输业务比外贸公司自己亲自办理更加有效率。

二、海运出口货运流程

（一）制船期表

外运公司按月编印出口船期表，分发给各外贸公司及工贸企业，内列航线、船名及其国籍、抵港日期、截止收单期、预计装船日期和挂港港口名称（即船舶停靠的港口）。各外贸公司及工贸企业据此进行催证、备货。

（二）办理托运

外贸公司在收到国外开来的信用证经审核（或经修改）无误后即可办理托运。按信用证或合同内有关装运条款填写"托运单"并提供全套单证，在截止收单期前送交外运公司，作为订舱的依据。

(三) 领取装运凭证

外运公司收到有关单证后，即缮制海运出口托运单，并会同有关船公司安排船只和舱位；然后由船公司据以签发装货单，作为通知船方收货装运的凭证。

(四) 装货、装船

外运公司根据船期，代各外贸公司往发货仓库提取货物运进码头，由码头理货公司理货，凭外轮公司签发的装货单装船。

(五) 换取提单

货物装船完毕，由船长或大副签发"大副收据"或"场站收据"，载明收到货物的详细情况。托运人凭上述收据向有关船公司换取提单。

(六) 发出"装船通知"

货物装船后，托运人即可向国外进口方发出"装船通知"，以便对方准备付款、赎单、办理收货。如为 CIF 或 FOB 合同，由于保险由买方自行办理，及时发出"装船通知"尤为重要。

三、租船订舱操作流程

出口企业委托外运公司办理进出口货物运输，租船订舱操作可分为以下三个步骤：

1. 外运公司与货运代理人接洽，填写订舱委托书，委托租船订舱事宜。
2. 外运公司编制和递送托运单、出口货物明细单。
3. 船公司或其代理收到托运单及其他单据，经审核，如果认为可以接受，就会向发货人或货运代理人签发装货单，订舱即告完成。

租船订舱业务流程见图 8-2。

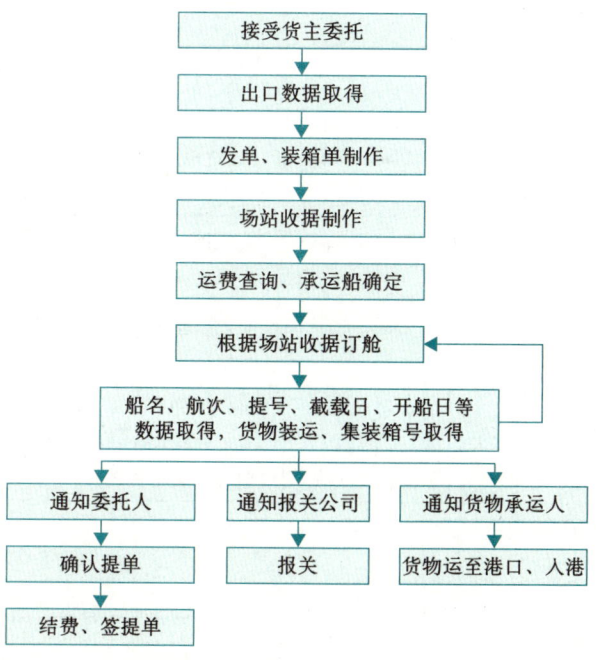

图 8-2　租船订舱操作流程图

出口企业租船订舱准则如下：

第一，出口企业根据船公司提供的船期表掌握船、货情况，在船舶抵达港口或截止签单前，及时办理托运手续。

第二，出口企业办理订舱手续时，力求准确无误，尽量避免加载（增加订舱数量）、退载和变载的情况发生，以免影响承运人和船、货代理人以及港务部门的工作。

第三，对于运输特殊货物，如散装油类、冷藏货和鲜活货物的订舱，出口企业应事先通知承运人或船、货代理人，并列明要求。

四、出口贸易货运业务相关单证

（一）托运单

托运单（Booking Note，B/N），俗称"下货纸"，是托运人根据贸易合同和信用证条款内容填制的，向承运人或其代理办理货物托运的单证。承运人根据托运单内容，并结合船舶的航线、挂靠港、船期和舱位等条件考虑，认为合适后，即接受托运。

托运单（见表 8-6）是运货人和托运人之间对于托运货物的合约，其记载有关托运人与送货人相互间的权利和义务。运送人签收后，一份给托运人当收据，货物的责任从托运转至运送人，直到收货人收到货物为止。如发生托运人向运送人要求索赔时，托运单是必备的文件。运送人输入托运单上的数据正确与否，对后续作业影响甚大。

表 8-6　　　　　　　　　　集装箱货物托运单

Shipper（发货人）			B/L No.	
Consignee（收货人）				
Notify Party（通知人）			天津竭诚货运代理公司 集装箱货物托运单	
Pre-carriage by（前程承运人）		Place of Receipt（收货地点）	装货单 SHIPPING ORDER	
Ocean Vessel（船名） Voy. No.（航次）		Port of loading（装运港）		
Port of Discharge（卸货港）		Place of Delivery（交货地点）	Final Destination for the Merchant's Reference（目的地）	
Container No. （集装箱号）	Seal No（铅封号） Marks & Nos.（标记与号码）	No. of containers or p'kgs（箱数或件数）	Kind of Package; Description of Goods（包装种类与货名）	Gross Weight 毛重（公斤）	Measurement 尺码（立方米）
TOTAL NUMBER OF CONTAINERS OR PACKAGES (JIN WORDS) 集装箱数或件数合计（大写）					
FREIGHT&CHARGES（运费与附加费）	Revenue Tons（运费吨）	Rate（运费率）	Per（每）	Prepaid（运费预付）	Collect（运费到付）

续表

TYPE OF GOODS（货类）	Ordingary（ ） Reeger（ ） Dangerous（ ） Auto（ ） 普通冷藏危险品裸装		危险品	IMCO Class： UN No.： IMDG Code Page Property：
	Liquid（ ） Live Animal（ ） Bulk（ ） 液体活动物散货			
可否转船：	可否分批：	装期：		
货价：	信用证号码：	No. of original B（S）/L		
特约事项：	合同号码：	托运人盖章：		

（二）大副收据（Mate's Receipt）

大副收据是船上大副签发给交货人的单据。它确认收到货物，并记载货物的数量和状况，也可能记载交货人或货主的名称。大副收据是签发提单的重要依据。不论大副收据记载如何完善，它都只是货物收据。大副收据不是运输合同的证明，它所列的内容不像提单那样可以约束承运人，一般不视为物权凭证，对它的占有不等于对货物的占有。

卖方最好取得将自己载明为托运人的大副收据，这样，在卖方付款条件得到满足前，承运人将提单签发给予买方，就要承担非法侵占的责任，从而使得卖方依赖大副收据控制货物担保货款是危险的。

（三）码头收货单

根据目前的交易惯例，码头收货单据或收据是船舶运输公司在码头上收到交付的货物时所签发的一种临时凭证。这种凭证使其所指定的人有权要求该公司向他签发提单。尽管该收据表面上可以凭其要求签发可流通提单，但其本身在形式上是不流通的。虽然在某些情形下，依据交易惯例可以将此种单据看作物权凭证，但它并不属于物权凭证的一般范围。

而且上述评论也仅仅限于美国法，就中国及世界其他国家而言，码头收货单或收据的物权凭证地位，可以肯定地说不会得到有效支持。在出口业务中，国内工厂或供货商直接将货物发运至港区或码头，由其向对方出具收货单，以此主张履行完毕交货义务并要求对方支付货款的情况下，在码头收货单记载事项明确、形式清晰的前提下，可以确认对方取得货物并交付给相关码头保管这一事实。但仍需留意该收货单的来源，以防出具虚假收货单骗取货款的情况发生。更不可认为收到码头收货单据便万事大吉，只因收货凭证的效力比之物权凭证还是低了许多。

实 训 活 动

【实训目的】

1. 认知出口办理货运中的托运工作流程；

2. 认知出口办理货运中的订舱工作。

【实训内容】

让学生分组扮演天津绮华服装有限公司货运部工作人员、国际货运代理公司工作人员、船运公司工作人员，依照"情景导入"中的出口业务资料，进行出口货运业务流程演练，并网络搜索流程中涉及的托运单的格式范本进行填制，小组之间进行评比。

【实训方法】

分组演练并绘制流程图进行汇报，小组之间进行评比，教师总结对比并分析原因。

【重点提示】

出口方委托外运公司或其他有权受理对外货运业务的单位办理海、陆、空等出口运输业务，称为"托运"。在货证备齐、办妥商检的情况下，就可以根据合同与信用证的要求规定，办理出口货物的托运手续。出口货物的出口托运可以由出口人自己办理，也可以委托外运公司或国际货运代理公司办理，一般情况下，委托货运代理公司办理运输业务比外贸公司自己亲自办理更加有效率。

拓展阅读　　　　　海 运 提 单

海运提单（Ocean Bill of Lading）是承运人收到货物后出具的货物收据，也是承运人所签署的运输契约的证明。提单还代表所载货物的所有权，是一种具有物权特性的凭证。

提单的作用主要表现为以下几个方面：

1. 提单是承运人或其代理人签发的货物收据（Receipt for the Goods），证明已按提单所列内容收到货物。

2. 提单是一种货物所有权的凭证（Documents of Title）。提单的合法持有人凭提单可在目的港向轮船公司提取货物，也可以在载货船舶到达目的港之前，通过转让提单而转移货物所有权，或凭以向银行办理押汇贷款。

3. 提单是托运人与承运人之间所订立的运输契约的证明（Evidence of Contract of Carrier）。在班轮运输的条件下，它是处理承运人与托运人在运输中产生争议的依据；在包租船运输条件下，承运人或其代理人签发的提单也是运输契约的证明。这种运输的契约是租船合同（Charter Party），它是处理承运人（船东）与租船人在运输中的权利和义务的依据。

任务二　办理出口报关

报关是指进出口货物出运前向海关申报的手续。按照我国海关法规定，凡是进出国境的货物，必须经由设有海关的港口、车站、国际航空站进出，并由货物的发货人或其代理人向海关如实申报，交验规定的单据文件，请求办理查验放行手续。经过海关放行后，货物才能提取或者装运出口。

出口报关是指发货人（或其代理）向海关申报出口货物的详细情况，海关据以审查，合格后放行，准予出口。

我国出口企业办理报关的时候，可以自行办理报关手续，也可以通过专业的报关经纪行或国际货运代理公司来办理。

一、出口报关的程序

一般出口报关程序主要分为以下几个步骤：

（一）申报

1. 出口货物的发货人根据出口合同的规定，按时、按质、按量备齐出口货物后，即应当向运输公司办理租船订舱手续，准备向海关办理报关手续，或委托专业（代理）报关公司办理报关手续。

2. 需要委托专业或代理报关企业向海关办理申报手续的企业，在货物出口之前，应在出口口岸就近向专业报关企业或代理报关企业办理委托报关手续。接受委托的专业报关企业或代理报关企业要向委托单位收取正式的报关委托书，报关委托书以海关要求的格式为准。

3. 准备好报关用的单证是保证出口货物顺利通关的基础。一般情况下，报关应备单证除出口货物报关单外，主要包括：托运单（即下货纸）、发票一份、贸易合同一份、出口收汇核销单及海关监管条件所涉及的各类证件。

申报应注意的问题：报关时限是指货物运到口岸后，法律规定发货人或其代理人向海关报关的时间限制。出口货物的报关时限限为装货的 24 小时以前。不需要征税费、查验的货物，自接受申报起 1 日内办结通关手续。

（二）查验

查验是指海关接受报关单位的申报并以经审核的申报单位为依据，通过对出口货物进行实际的核查，以确定其报关单证申报的内容是否与实际进出口的货物相符的一种监管方式。

1. 通过核对实际货物与报关单证来验证申报环节所申报的内容与查证的单、货是否一致，通过实际的查验发现申报审单环节所不能发现的有无瞒报、伪报和申报不实等问题。

2. 通过查验可以验证申报审单环节提出的疑点，为征税、统计和后续管理提供可靠的监管依据。海关查验货物后，均要填写一份验货记录。验货记录一般包括查验时间、地点、进出口货物的收发货人或其代理人名称、申报货物的情况、查验货物的运输包装情况（如运输工具名称、集装箱号、尺码和封号）和货物的名称、规格型号等。需要查验的货物自接受申报起 1 日内开出查验通知单，自具备海关查验条件起 1 日内完成查验，除需缴税外，自查验完毕 4 小时内办结通关手续。

（三）征税

根据海关法的有关规定，进出口的货物除国家另有规定外，均应征收关税。关税由海关依照海关进出口税则征收。需要征税费的货物，自接受申报 1 日内开出税单，并于缴核税单 2 小时内办结通关手续。

（四）放行

1. 对于一般出口货物，在发货人或其代理人如实向海关申报并如数缴纳应缴税款和有关规费后，海关在出口装货单上盖"海关放行章"，出口货物的发货人凭以装船起运出境。

2. 出口货物的退关。申请退关货物的发货人应当在退关之日起 3 天内向海关申报退关，经海关核准后，方能将货物运出海关监管场所。

3. 签发出口退税报关单。海关放行后，在浅黄色的出口退税专用报关单上加盖"验讫章"和已向税务机关备案的海关审核出口退税负责人的签章，退还报关单位。

二、出口报关单

出口货物报关单是指出口货物收发货人或其代理人，按照海关规定的格式对出口货物的实际情况做出书面申明，以此要求海关对其货物按适用的海关制度办理通关手续的法律文书（见表 8–7）。

表 8–7　　　　　　　　　中华人民共和国海关出口货物报关单

预录入编号			海关编号			
出口口岸		备案号		出口日期		申报日期
经营单位		运输方式	运输工具名称		提运单号	
发货单位		贸易方式	征免性质		结汇方式	
许可证号		运抵国（地区）	指运港		境内货源地	
批准文号		成交方式	运费	保费		杂费
合同协议号		件数	包装种类	毛重（公斤）		净重（公斤）
集装箱号		随附单据		生产厂家		
标记唛码及备注						
备注：						
随附单证号：						
项号	商品编号	商品名称、规格型号	数量及单位	最终目的国（地区）	总价	币制	征免
税费征收情况							
录入员	录入单位	兹声明以上申报无讹并承担法律责任		海关审单批注及放行日期（签章）			
				审单审价			
报关员		申报单位（签章）		征税统计			
单位地址				查验放行			
邮编		电话		填制日期			

 实 训 活 动

【实训目的】

认知出口报关的手续流程。

【实训内容】

"情景导入"中的天津绮华服装有限公司将货物全部准备完毕,并顺利租到舱位,有了详细的船名航次、提单号之后,需要向报关行提供相关单据,完成报关的初步准备工作。

将教室模拟为报关大厅,安排学生扮演工作人员,负责接待及关税计算、征收。

让学生扮演天津绮华服装有限公司的报关员,要在收到出口商提供的相关单据之后,通过网络搜索报关工作中涉及的报关单范本,再根据相关表单完成报关草单的填制,然后登录海关报关电子口岸申请报关,情景模拟天津绮华服装有限公司本批货物的报关工作流程。

【实训方法】

分组演练并准备单证进行汇报,小组之间相互评比,教师总结对比并分析原因。

【重点提示】

出口报关是指发货人(或其代理)向海关申报出口货物的详细情况,海关据以审查,合格后放行,准予出口。

出口报关所需清关单据包括:发票、装箱单、合同、报关委托书、核销单、货物报关单。

拓展阅读　　　　　　　电 子 报 关

电子报关是一种新型、现代化的报关方式,是指进出口货物的收发货人或其代理人利用现代通讯和网络技术,通过微机、网络或终端向海关传递规定格式的电子数据报关单,并根据海关计算机系统反馈的审核及处理结果,办理海关手续的报关方式。

电子报关的常见申报方式有3种类型:

1. 终端申报方式:进出口货物收、发货人或其代理人使用联接海关计算机系统的电脑终端录入报关单内容,直接向海关发送报关单电子数据。

2. EDI申报方式:进出口货物收、发货人或其代理人在微机中安装EDI申报系统,在该系统中录入报关单内容,由计算机转换成标准格式的数据报文向海关计算机系统发送报关单电子数据。

> 3. 网上申报方式：进出口货物收、发货人或其代理人在微机中安装"中国电子口岸"系统，登录"中国电子口岸"网站，在"联网申报"系统中录入报关单内容，通过"中国电子口岸"向海关计算机系统发送报关单电子数据。

任务三　办理出口投保

出口方应根据合同或信用证规定，在备妥货物、订妥舱位，确定运输工具和装运日期后，在货物运离装运地仓库进入码头准备装船前，即应按规定的保险险别和保险金额向保险公司逐笔和及时办理货物运输保险事宜。

一、填写投保单

进、出口商根据合同或信用证的规定，在备齐货物并确定装运日期和运输工具后，按照保险公司规定的格式填制"货物运输保险投保单"（见表8-8），随附商业发票，向保险公司投保。

货物运输保险投保单填写说明如下：

1. 出单方（Issuer）。出单人的名称与地址应与发票的出单方相同。在信用证支付方式下，此栏应与信用证受益人的名称和地址一致。

2. 投保人名称、地址、邮编、联系人、电话、电子邮箱等应与公司基本资料相符。

3. 信用证号。填列信用证号码，若不是信用证方式付款，本项留空。

4. 发票号。填写此批货物的发票号码。如果是出口商投保，填商业发票号；如果是进口商投保，本栏无需填写。

5. 标记。参照合同中的"Shipping Mark"填写。唛头即运输标志，既要与实际货物一致，还应与提单一致，并符合信用证的规定。如果信用证没有规定，可按买卖双方和厂商订的方案或由受益人自定。无唛头时，应注明"N/M"或"No Mark"。如为裸装货，则注明"NAKED"或散装"In Bulk"。如来证规定唛头文字过长，用"/"将独立意思的文字彼此隔开，可以向下错行。即使无线相隔，也可酌情错开。

6. 包装数量。填写货物的总包装件数，例如：1CARTON、200CARTONS（请注意单位的单复数）。在国际贸易中，合同中的数量一般为销售数量，外包装件数则需通过计算得出。

7. 保险货物项目。填写货物名称，如有多种货物，以分号隔开。

8. 装载运输工具。海运方式下填写船名，空运方式下填写航班号。在国际贸易中，船名可在货运公司接受出口商订舱时签发的"配舱回单"中查找；航班号可在货运公司签发的"空运进仓通知单"中查找。如系进口商投保，则应询问出口商。

9. 起运日期。填写预计起运日期，格式可参照合同日期。

10. 赔付地点。严格按照信用证规定填写；如来证未规定，则应填写目的地或目的港。如信用证规定不止一个目的港或赔付地，则应全部填写。

表 8-8

货 物 运 输 险 投 保 单
APPLICATION FOR CARGO TRANSPORTATION INSURANCE

投保单号：MI0001931

注意：请您在保险人明确说明本投保单及适用保险条款后，如实填写本投保单，您所填写的材料构成签订保险合同的要约，成为保险人核保并签发保险单的依据。除双方另有约定外，保险人签发保险单且投保人向保险人缴清保险费后，保险人开始按约定的险种承保货物运输保险。

投保人 Applicant	RIQING EXPORT AND IMPORT COMPANY				
投保人地址 Applicant's Add	P.O.BOX 1589, NAGOYA, JAPAN			邮编 Code	197-0804
联系人 Contact	CHUANBEN	电话 Tel.	81-3-932-3588	电子邮箱 E-mail	
被保险人 Insured	RIQING EXPORT AND IMPORT COMPANY			电话 Tel.	
贸易合同号 Contract No.	contract01	信用证号 L/C No.	002/0000398	发票号 Invoice No.	IV0000066

标 记 Marks & Nos.	包装及数量 Packing & quantity	保险货物项目 Description of goods
CANNED LITCHIS JAPAN C/NO.1-1000 MADE IN CHINA	1000　　　　CARTONS	CANNED LITCHIS

装载运输工具：
Name of the Carrier　TBA

起运日期：　2011-08-29　　　　赔付地点：　JAPAN
Departure Date　　　　　　　　Claims Payable At

航行路线：自 SHANGHAI,CHINA　经 _____ 到达（目的地）NAGOYA, JAPAN
Route　From　　　　　　　Via　　　　　　　To(destination)

包装方式：_____
运输方式：_____

承保条件　投保人可根据投保意向选择投保险别及条款，并划 √ 确认，但保险人承保的险别及适用条款以保险人最终确定并在保险单上列明的险种、条款为准。
Conditions：
进出口海洋运输：　[√] 一切险　　[ ] 水渍险　　[ ] 平安险　　《海洋运输货物保险条款》
　　　　　　　　　[ ] ICC(A)　　[ ] ICC(B)　　[ ] ICC(C)　　《伦敦协会条款》
进出口航空运输：　[ ] 航空运输险　[ ] 航空运输一切险　《航空运输货物保险条款》
进出口陆上运输：　[ ] 陆运险　　[ ] 陆运一切险　《陆上运输货物保险条款》

特殊附加险：　[√] 战争险　　[√] 罢工险

特别约定 Special Conditions：
1、加成　Value Plus About　110　　%
2、CIF金额　CIF value _____　　　3、保险金额 Insured Value _____
4、费率（‰）Rate _____　　　　　5、保险费 Premium _____

投保人声明：
1. 本人填写本投保单之前，保险人已经就本投保单及适用的保险条款的内容，尤其是关于保险人免除责任的条款及投保人和被保险人义务条款向本人作了明确说明，本人对该保险条款及保险条件已完全了解，并同意接受保险条款的约束。
2. 本投保单所填各项内容均属事实，同意以本投保单作为保险人签发保险单的依据。
3. 保险合同自保险单位发放日起成立。

投保人签字（盖章）RIQING EXPORT AND IMPORT COMPANY　　　　日期 2011-08-29

11. 启运港。依据合同"Port of Shipment"填写,格式为"港口名,国家",例如:Hamburg, Germany。

12. 转运港。按实际情况填写,如没有,则不填。

13. 目的港。依据合同"Port of Destination"填写。

14. 包装方式、运输方式。按照合同规定填写。

15. 承保条件。根据货物运输方式不同,选择海运或空运险别,主险只能选择一种。海洋运输投保条款包括:人民保险公司保险条款(PICC CLAUSE)、伦敦协会货物险条款(ICC CLAUSE),两种任选其一。航空运输投保条款包括:航空运输一切险(AIR TPT ALL RISKS)、航空运输险(AIR TPT RISKS);除此之外,还有两种特殊附加险:战争险(WAR RISKS)、罢工险(STRIKE)。进、出口商可以根据情况加保。

16. 投保加成。在进出口贸易中,根据有关的国际贸易惯例,保险加成率通常为0%~30%之间,当然,出口人也可以根据进口人的要求与保险公司约定不同的保险加成率。在国际贸易中,在CIF、CIP贸易术语方式下,出口商必须按照合同规定的投保加成填写,否则单据无法检查通过。在其他贸易方式下,投保加成率由进口商自行决定。

17. CIF金额、保险金额、费率、保险费。在国际贸易中,这几项内容不需填写,会在进出口商办理投保后,由系统自动计算生成。

18. 投保人签字。填写投保人公司英文名称。在国际贸易中,投保人公司英文名称请在公司基本资料中复制。

19. 投保日期。必须为正确的日期格式。

二、缮制保险单

保险公司接受出口商的投保申请后,认为可以接受的,根据投保单内容缮制保险单,作为合同成立的书面凭证。保险单是被保险人向保险公司索赔的依据,也是投保人议付的单据之一。出口保险单可分为以下几种:

(一)保险单(Insurance Policy)

保险单俗称"大保单",是一种正规的保险合同,除载明被保险人(投保人)的名称、被保险货物(标的物)的名称、数量或重量、唛头、运输工具、保险的起讫地点、承保险别、保险金额、出单日期等项目外,还在保险单的背面列有保险人的责任范围,以及保险人与被保险人各自的权利、义务等方面的详细条款。它是最完整的保险单据。保险单可由被保险人背书,随物权的转移而转让,它是一份独立的保险单据。

(二)保险凭证(Insurance Certificate)

保险凭证俗称"小保单"。它含有保险单正面的基本内容,但没有保险单反面的保险条款,是一种简化的保险合同。

(三)联合保险凭证(Combined Insurance Certificate)

联合保险凭证俗称"承保证明"(Risk Note),是我国保险公司特别使用的一种更为简化的保险单据,由保险公司在出口公司提交的发票上加上保险编号、承保险别、保险金额、装载船只、开船日期等,并加盖保险公司印章即可,这种单据不能转让。

(四)预约保险单(Open Policy/Open Coner)

预约保险单是一种长期性的货物保险合同。预约保险单上载明保险货物的范围、险别、保险费率、每批运输货物的最高保险金额以及保险费的结付、赔款处理等项目，凡属于此保险单范围内的进出口货物，一经起运，即自动按保险单所列条件承保。被保险人在获悉每批保险货物起运时，应立即将货物装船详细情况，包括货物名称、数量、保险金额、运输工具种类和名称、航程起讫地点、开船日期等情况通知保险公司和进口商。这种保险单据目前在我国一般适用于以FOB或CIF贸易术语条件下成交的进口货物以及出口展览品、小卖品。

三、审核保险单

保险单投保人应参照信用证、合同及发票等单据对保险单进行逐项审核，保证单证一致、单单一致，并与合同规定相符。审核无误后，保险公司确定一式若干份的保险单内容，保险公司留存一份，其余交给投保人，作为投保人的议付单据和被保险人索赔依据。

四、修改保险单

投保人在保险公司出具保险单后，如需更改险别、运输工具、航程、保险期限、保险金额等，则需要向保险公司提出申请，保险公司将立即出立批单，附在保险单上，作为保险单的组成部分。

五、缴纳保险费

投保人必须向保险公司缴纳保险费后，才能使被保险人得到保险公司对有关险别的承保。保险公司收取保险费后，出具"货物运输保险单"并提供保费发票。特别注意：保险单据的出单日期不能迟于装运日期。

保险费通常是保险金额和保险费率的乘积，其计算公式为：

$$保险费 = 保险金额 \times 出口保险费率$$

保险费率是按照商品品种、航程、险别等因素计算出来的，并根据具体情况做适当调整。一般情况可通过查费率表得知进出口保险费率。

实 训 活 动

【实训目的】

1. 掌握出口投保中投保单的填制；
2. 熟悉出口投保业务流程。

【实训内容】

广州黄埔玩具有限公司（GUANGZHOU HUANGPU TOY CO., LTD.）出口了一批电动玩具火车，进口方为美国AOP玩具有限公司（America AOP TOY CO., LTD.），双方签订了销售合同。相关资料如下：

合同号（CONTRACT NO）：INVAC02
货物总值：USD40000.00
装运口岸：深圳港
目的港：纽约港
装船日期：2014年8月1日
价格术语：CIF New York
船名航次：DANU BHUM V. S009
标记及号码：N/M
保险条款：plus 10% agaist all risk and war risk as per C. I. C

现在需要为本批出口货物办理出口投保业务，保险公司选择中国人民保险公司广州分公司。

请学生扮演广州黄埔玩具有限公司工作人员与保险公司人员，进行出口货物投保业务流程演练，填制货物运输保险投保单，计算本批货物保险费。

【实训方法】

学生分组演练、填单并计算保费。学生互评，教师点评。

【重点提示】

出口货物保险应由进、出商根据合同或信用证的规定，在备齐货物并确定装运日期和运输工具后，按保险公司规定的格式填制"货物运输保险投保单"，随附商业发票，向保险公司投保；保险公司根据投保单缮制保险单；投保人审核保险单，必要时可修改保单，并缴纳保险费完成出口投保业务。

> **拓展阅读**　　　　　　　　　　审核保险单常见的问题和错误
>
> 1. 保险单的种类与信用证要求不符。例如，信用证要求提交保险单，而保险公司出具的是保险证明或保险凭证等。
> 2. 投保险别与信用证要求不符。例如，信用证要求投保受潮受热险，实际投保的只有平安险。
> 3. 投保货物与信用证要求不符。例如，保险单上的货物描述、金额等与信用证或发票规定不符。
> 4. 运输工具、装运港、目的港与信用证或提单不符。例如，信用证上要求在某地转船，而保险单上没有注明。
> 5. 保险单上的币制与信用证、汇票或发票不符。
> 6. 保险日期迟于提单上的装运日期。
> 7. 被保险人与信用证要求不符。
> 8. 偿付地点和偿付代理人与信用证不符。

模块四 制 单 结 汇

> **情景导入**

天津绮华服装有限公司与美国曼哈顿OTTO服饰有限公司签订了交易合同，约定2010年4月20日前，天津绮华服装有限公司将1700件晚礼服运送到美国纽约曼哈顿OTTO服饰有限公司。2010年1月30日，货物全部装船并开始运输。

相关信息见表8-9。

表8-9

货物名称：女士晚礼服（WOMEN'S EVENING DRESS）	货物总体积：27.945m³	货物总重：3500KG 净重：3312KG	单价：USD260 PER PCCIF NEW YORK
货物数量：1656件，207箱	装运港：新港（XINGANG）	目的港：纽约港（NEW YORK）	船名航次：MCS boston 102e
提单号：SNL JP62912356	集装箱规格及数量：1×20′GP	运费：USD3225（出口商与货代之间），USD3000（船代与货代之间），运费预付	
运费滞纳罚金：0.15%/天	提单签发日期：FEB 3，2010	商品编号：62044300.90 合同协议号：LSJ0011258	

资料来源：职业院校物流技能大赛单证项目模拟训练题。

任务一 缮制主要单据

出口货物装运之后，出口企业应按照合同或信用证的规定，正确缮制各种单据，在规定的交单有效期内，递交银行办理议付结汇手续。缮制的主要出口结汇单据有汇票、商业发票、提单、保险单、检验证书、原产地证明、装箱单、重量单、受益人证明等。

制单结汇包括制单、审单、结汇三个环节。

一、缮制汇票

【汇票范例】 如表8-10所示。
信用证下汇票的主要内容和缮制方法：
1. 汇票号码：填写本套单据的发票号码。
2. 出票日期与地点（Date and Place of Issue）：信用证项下的出票日期是议付日期，出票地点是议付地或出票人所在地，通常出口商多委托议付行在办理议付时代填。但要注意的是：汇票出票不得早于其他单据日期，也不得晚于信用证有效期和提单日期后第21天。

表 8-10

```
                              BILL OF EXCHANGE

NO.    YU25868    (1)              DATE    APR. 14, 2002    (2)

EXCHANGE FOR    JPY60,600.00    (3)
AT    D/P 90    (4)    DAYS AFTER SIGHT OF THIS SECOND OF EXCHANGE (FIRST OF
EXCHANGE BEING UNPAID)
PAY TO THE ORDER OF        THE BANK OF TOKYO, LTD.        (5)
THE SUM OF    JAPAN YUAN SIXTY THOUSAND SIX HUNDRED ONLY.    (6)

DRAWN UNDER    COVERING 3,000 DOZ OF GARMENTS UNDER CONTRACT NO.: 02PT744
FOR COLLECTION    (7)
TO    TOYOHANM AND CO., LTD.

       58 NISHIKI 6-CHOME, NAKAKU
                                              SHANGHAI FENGHUA TEXTILES
       (8)                                    I/E CORP.    (9)
```

3. 汇票金额（Amount）：用数字小写和英文大写分别表明。

小写金额位于"EXCHANGE FOR"后，可保留 2 位小数，由货币名称缩写和阿拉伯数词组成。例如：USD1450.80。

大写金额位于"The Sum of"后，习惯上句首加"SAY"，意指"计"，句尾由"ONLY"示意为"整"，小数点用 POINT 或 SENTS 表示。例如：SAY U.S DOLLARS ONE THOUSAND FOUR HUNDRED AND FIFTY POINT EIGHT ONLY。大小写金额与币制必须相符。通常，汇票金额和发票金额一致。如果信用证规定汇票按发票价值 95% 或以"贷记通知单"（Credit Note）方法扣佣时，应从发票中扣除上述金额后的余额作为汇票金额。汇票金额不得超过信用证金额，除非信用证另有规定。

4. 付款期限（Tenor）：必须按信用证的规定填写。即期付款在 At 与 Sight 之间填上"*"符号，变成 At * * * * Sight，表示见票即付。远期付款主要有见票后若干天付款（At * * Days after Sight）、出票日后若干天付款（At * * Days after Date of Draft）、提单日后若干天付款（At * * Days after Date of B/L）和定日付款（At a Fixed Date in Future）。

5. 受款人（Payee）：又称"抬头人"或"收款人"，是指接受票款的当事人。汇票常见的抬头表示方式如下：

（1）指示性抬头。即在受款人栏目中填写"Pay to the order of…"，意为付给……人的指定人。我国实际业务中多用中国银行等议付行为受款人，例如：Pay to the bank of China。以议付行为收款人，议付行要在汇票背面进行背书。

（2）限制性抬头。即在受款人栏目中填写"Pay to…only"或"Pay to … not trnsferable"，意为仅付给……人或限付给……人，不许转让。使用这种方式多是付款人不愿将本债务和债券关系转移到第三者。

（3）持票人抬头。又称"来人式抬头"，即在受款人栏目中填写"Pay to bearer"，意为付给持票人。这种方式不用背书就可转让，风险较大，现极少使用。

6. 出票条款（Drawn Clause）：必须按信用证的描述填于"DRAWN UNDER"后。如果信用证没有出票条款，其分别填写开证行名称、地址、信用证编号和开证日期。

7. 受票人（付款人）：即在左下角"To"后，按信用证规定填写开证行名称或开证行的指定银行名称。

8. 出票人签章（Signature of the Drawer）：为信用证受益人，也就是出口商。通常在右下角空白处打上出口商全称，由经办人签名，该汇票才正式生效。如果信用证规定汇票必须手签，应照办。

二、缮制商业发票（Commercial Invoice）

商业发票是出口方向进口方开列发货价目清单，是买卖双方记账的依据，也是进出口报关交税的总说明。它是结汇单证中最重要的单据，其他单据都是以发票为依据的。

【商业发票范例】 如表8-11所示。

商业发票由出口企业自行拟制，无统一格式，但基本栏目大致相同，分首文、本文和结文三个部分。首文部分包括发票名称、号码、出票日期、地点、抬头人、合同号、运输线路等。本文部分包括货物描述、单价、总金额、唛头等。结文部分包括有关货物产地、包装材料等各种证明句、发票制作人签章等。

1. 出票人的名称，即出口商的名称和详细地址、电话、传真等。

2. 单据的名称，即"商业发票"（Commercial Invoice）或"发票"（Invoice）字样。发票的名称应与信用证规定的一致，但不能有"临时发票（Provisional invoice）"或"形式发票（Proforma invoice）"等字样出现。

3. 发票的制单日期，应早于提单日期和汇票日期。

4. 发票号码、合约号，要如实填写，其他单据以此为参照。

5. 发票的抬头人，即付款人的名称、地址。通常情况下，抬头人作成进口商，信用证方式下为开证申请人。

6. 有关此笔经济业务的内容摘要，包括：

（1）货物描述。注明货物的名称、品质、规格及包装状况等内容。

（2）货物的起运地、目的地。如有转运可标明。

（3）唛头。唛头是货物的识别标志，运输企业在装卸、搬运时，根据唛头来识别货物，作为交货清单的发票，必须正确显示这一装运标志。唛头一般包括收货人简标、合同号、目的港、件号等。

7. 数量和金额。在出口发票上必须明确显示数量及数量单位、单价、总值和贸易术语（价格条款），有时还需列出佣金、折扣、运费、保费等。

8. 出票人名称、签章。一般将这些内容打在发票的右下方或盖上公司名称章，如信用证要求签字，再盖上公司经理签章。

表 8–11　　　　　　　　　　　　　商业发票

上海进出口贸易公司

SHANGHAI IMPORT & EXPORT TRADE CORPORATION.
1321 ZHONGSHAN ROAD SHANGHAI, CHINA

COMMERCIAL INVOICE

TEL: 021-65788877　　　　　　　　　　　INV NO: TX0522
FAX: 021-65788876　　　　　　　　　　　DATE: JUN. 01, 2006
　　　　　　　　　　　　　　　　　　　　S/C NO: TXT264
TO:　　　　　　　　　　　　　　　　　　L/C NO: XT173
TKAMLA CORPORATION
6-7, KAWARA MACH OSAKA
JAPAN

FROM　SHANGHAI PORT　　　TO　OSAKA PORT

MARKS & NO	DESCRIPTIONS OF GOODS	QUANTITY	U/ PRICE	AMOUNT
T.C TXT264 OSAKA C/NO. 1-66	CHINESE GREEN TEA ART NO.555 ART NO.666 ART NO.777 Packed in 66 cartons	 100 KGS 110 KGS 120 KGS	CIF OSAKA USD 110.00 USD 100.00 USD 90.00	 USD 1100.00 USD 1100.00 USD 10800.00 USD 32800.00

TOTAL AMOUNT:　SAY US DOLLARS THIRTY TWO THOUSAND EIGHT HUNDRED ONLY.

WE HEREBY CERTIFY THAT THE CONTENTS OF INVOICE HEREIN ARE TRUE AND CORRECT.

9. 其他内容。包括该笔业务相关的特定号码、证明句等。如在发票"商品描述"下方空白处注明买方的参考号、进口证号、信用证号，以及货物产地，出口商关于货物制造、包装、运输等方面的证明。

三、缮制海运提单（Bill of Lading，B/L）

海运提单是用以证明海上货物运输合同和货物已由承运人接收或装船，以及承运人保证据以交付货物的单证，是最具特色、最完整的运输单据。在国际贸易中，提单是一种有价证券，同时代表物权和债权。在各国有关运输法律中，提单都被认定是一份非常重要的法律文件，提单上权利的实现必须以交还提单为要件。

提单的内容一般有正反两面内容。正面记载的内容有：船名、航次、提单号、承运人名称、托运人名称、收货人名称、通知人名称、装货港、卸货港、转运港、货物名称、标志、包装、件数、重量、体积、运费支付、提单签发日、提单签发地点、提单签发份数、承运人或船长或其授权人的签字或盖章。

【海运提单范例】 如表8－12所示。

表8－12　　　　　　　　　海 运 提 单

SHIPPER（1）		B/L NO.（10）	
CONSIGNEE（2）		CARRIER： C O S C O 中国远洋运输（集团）总公司 CHINA OCEAN SHIPPING（GROUP）CO. **ORIGINAL** Combined Transport BILL OF LADING	
NOTIFY PARTY（4）			
PLACE OF RECEIPT（4）	OCEAN VESSEL（5）		
VOYAGE NO.（6）	PORT OF LOADING（7）		
PORT OF DISCHARGE（8）	PLACE OF DELIVERY（9）		
MARKS（11）	NOS. & KINDS OF PKGS.（12）	DESCRIPTION OF GOODS（13）	G. W.（kg）（14）	MEAS（m^3）（15）
TOTAL NUMBER OF CONTAINERS OR PACKAGES（IN WORDS）（16）				
FREIGHT & CHARGES（17）	REVENUE TONS	RATE	PER	PREPAID	COLLECT
PREPAID AT	PAYABLE AT	PLACE AND DATE OF ISSUE（18）	
TOTAL PREPAID	NUMBER OF ORIGINAL B（S）L（19）	（21）	
LOADING ON BOARD THE VESSEL			
DATE（20）	BY		

四、缮制原产地证明书（Certification of Origin）

原产地证明书是出口商应进口商要求而提供的，由公证机构或政府，或出口商出具的证明货物原产地或制造地的一种证明文件。原产地证明书不仅是贸易关系人交接货物、结算货款、索赔理赔、进口国通关验收、征收关税的有效凭证，还是出口国享受配额待遇、进口国对不同出口国实行不同贸易政策的凭证。

原产地证明书主要包括进、出口商的名称及地址、运输方式及航线、商品唛头和编号、商品名称、数量和重量以及证明文字等内容。根据我国的规定，企业最迟于货物报关出运前三天向中国国际经济贸易促进委员会（CCPIT）或中国出入境检验检疫局申请办理原产地证书，并严格按照签证机构的要求，真实、完整、正确地填写申请书等有关资料。中国国际贸易促进委员会审核后出具的一般原产地证书，简称"贸促会产地证书"（CCPIT CEERTIFI-CATE OF ORIGIN），中华人民共和国检验检疫局（CIQ）出具的为普惠制产地证格式A（GSP FORM A）、一般原产地证书（CERTIFICATE OF ORIGIN）。

五、装箱单（Packing List or Packing Specification）

装箱单又称"包装单"、"码单"，是用以说明货物包装细节的清单。装箱单无统一格式，各出口企业制作的装箱单大致相同，详细记载包装方式、包装材料、包装件数、货物规格、数量、重量等内容，其作用主要是补充发票的内容，便于进口商和海关等对货物的核准。

【装箱单范例】 如表8-13所示。

实 训 活 动

【实训目的】

1. 了解出口企业制单结汇所需缮制的主要单据。
2. 掌握信用证下汇票和商业发票的缮制。

【实训内容】

根据"情景导入"中的资料，完成以下任务：
1. 列明出口企业结汇所需缮制的主要单据。
2. 缮制汇票和商业发票。

【实训方法】

结合所给的单据范例，学生自行缮制汇票和商业发票，业务流程和单证制作学生互评，教师评价打分。

表 8-13　　　　　　　　装　箱　单

上海进出口贸易公司
SHANGHAI IMPORT & EXPORT TRADE CORPORATION.
1321 ZHONGSHAN ROAD SHANGHAI, CHINA

PACKING LIST

TEL : 021-65788877　　　　　　　　　　　　　　INV NO : TX0522
FAX : 021-65788876　　　　　　　　　　　　　　DATE :　JUN. 01, 2006
　　　　　　　　　　　　　　　　　　　　　　　S/C NO : TXT264

TO:　　　　　　　　　　　　　　　　　MARKS & NOS
TKAMLA CORPORATION　　　　　　　　　T.C
6-7, KAWARA MACH OSAKA　　　　　　　TXT264
JAPAN　　　　　　　　　　　　　　　　OSAKA
　　　　　　　　　　　　　　　　　　　C/NO. 1-66

GOODS DESCRIPTION & PACKING	QTY (KGS)	CTNS	G.W (KGS)	N.W (KGS)	MEAS (M³)
CHINESE GREEN TEA					
ART NO.555	100	20	7/140	5/100	0.2/4
ART NO.666	110	22	6.5/132	5/110	0.2/4.4
ART NO.777	120	24	6/144	5/120	0.2/4.8
PACKED IN 66 CARTONS OF 5 KILOGRAMS EACH					
TOTAL	330	66	416	330	13.2

SAY TOTAL SIXTY SIX CARTONS ONLY

国际贸易流程

【重点提示】

出口货物装上运输工具之后，出口公司应按照合同或信用证的规定，正确缮制汇票、商业发票、提单、出口产地证明书、保险单等单据，在信用证规定的交单有效期内，递交银行办理议付结汇手续。

拓展阅读　　　　　　　　　　**缮制提单的方法**

1. 托运人（SHIPPER）：一般为信用证中的受益人。如果开证人为了贸易上的需要，要求做第三者提单（THIRDPARTYB/L），也可照办。

2. 收货人（CONSIGNEE）：提单的收货人栏要根据信用证或合同对提单的要求来填写。通常的要求如下（其中，ABC 为托运人，XYZ 为开证行）：

　　a. "Full set of B/L consigned to ABC Co." … "Consigned to ABC Co."
　　b. "Full set of B/L made out to order" … "To order"
　　c. "B/L issued to order of Applicant" … "To order of ABC Co."
　　d. "Full set of B/L made out to our order" … "To order of XYZ Bank" or "To XYZ Bank's order"
　　e. "Full set of B/L made out to order of shipper" … "To order of shipper"，此种写法与空白抬头"TO ORDER"在功能上没有区别。

3. 被通知人（NOTIFY PARTY）：这是船公司在货物到达目的港时发送到货通知的收件人，有时即为进口人。在信用证项下的提单，如信用证上对提单被通知人有权具体规定时，则必须严格按信用证要求填写。如果是记名提单或收货人指示提单，且收货人又有详细地址的，则此栏可以不填。如果是空白指示提单或托运人指示提单，则此栏必须填列被通知人名称及详细地址，否则船方就无法与收货人联系，收货人也不能及时报关提货，甚至会因超过海关规定申报时间被没收。

4. 提单号码（B/L NO.）：一般列在提单右上角，以便于工作联系和查核。发货人向收货人发送装船通知（SHIPMENT ADVICE）时，也要列明船名和提单号码。

5. 船名（NAME OF VESSEL）：应填列货物所装的船名及航次。

6. 装货港（PORT OF LOADING）：应填列实际装船港口的具体名称。

7. 卸货港（PORT OF DISCHARGE）：填列货物实际卸下的港口名称。如属于转船，第一程提单上的卸货港填写转船港，收货人填写第二程的船公司；第二程提单装货港填写上述转船港，卸货港填写最后目的港，如由第一程的船公司出联运提单（THROUG HB/L），则卸货港可填写最后目的港，提单上列明第一程和第二程船名。如经某港转运，要显示"VIAXX"字样。在运用集装箱运输方式时，目前使用"联合运输提单"（COMBINED TRANSPORT B/L），提单上除列明装货港、卸货港外，还要列明"收货地"（PLACE OF RECEIPT）、"交货地"（PLACE OF DELIVERY）以及"第一程运输工具"（PRE-CARRIAGE BY）、"海运船名和航次"（OCEAN VESSEL，VOY NO.）。填写卸货港，还要注意同名港口问题，如属于选择港提单，就要在这栏中注明。

8. 货名（DISCRIPTION OF GOODS）：在信用证项下货名必须与信用证上规定的一致。

9. 件数和包装种类（NUMBER AND KIND OF PACKAGES）：要按箱子实际包装情况填列。包装种类一定要与信用证一致。

10. 唛头（SHIPPING MARKS）：唛头是为了装卸、运输及存储过程中便于识别而刷在外包装上的装运标记，是提单的一项重要内容，是提单与货物的主要联系要素，也是收货人提货的重要依据。信用证有规定的，必须按规定填列，否则可按发票上的唛头填列，并与其他单据以及实际货物保持一致，否则会给提货和结算带来困难。

11. 毛重、尺码（GROSS WEIGHT, MEASUREMENT）：除信用证另有规定者外，一般以公斤为单位列出货物的毛重，以立方米列出货物体积。

12. 运费和费用（FREIGHT AND CHARGES）：一般为预付（FREIGHT PREPAID）或到付（FREIGHT COLLECT）。如 CIF 或 CFR 出口，一般均填上运费预付字样，千万不可漏列，否则收货人会因运费问题提不到货，虽可查清情况，但拖延提货时间，也将造成损失。如系 FOB 出口，则运费可制作"运费到付"字样，除非收货人委托发货人垫付运费。

13. 装船费和装卸费：对于货物的装船费和装卸费等的负担问题，经常船方要求在提单上注明有关条款，例如：

"F. I."（Free In）：船方不负担装船费；

"F. O."（Free Out）：船方不负担卸船费；

"F. I. O."（Free In and Out）：船方不负担装船费和卸船费；

"F. I. O. S."（Free In , Out and Stowed）：船方不负担装卸费和理舱费；

"F. I. O. S. T."（Free In , Out, Stowed and Trimmed）：船方不负担装卸费和理舱费。

14. 提单的签发、日期和份数：提单必须由承运人或船长，或他们的代理签发，并应明确表明签发人身份。一般表示方法有："CARRIER"、"CAPTAIN"、或"AS AGENT FOR THE CARRIER：XXX"等。提单份数一般按信用证要求出具，如"FULL SET OF"，一般理解为三份正本和若干份副本。

任务二　交单结汇、收汇核销

一、交单

交单是指出口商（信用证受益人）在规定时间内向银行提交信用证规定的全套单据，这些单据经银行审核后，根据信用证条款不同的付汇方式，由银行办理结汇。

交单方式有两种：一种是两次交单，或称"预审交单"，在运输单据签发前，先将其他已备妥的单据交银行预审，发现问题及时更正，待货物装运后收到运输单据，可以当天议付并对外寄单。另一种是一次交单，即在全套单据收齐后一次性送交银行，此时货已发运。银行审单后若发现不符点需要退单修改，耗费时日，容易造成逾期而影响收汇安全。因此，出口企业宜与银行密切配合，采用两次交单方式，加速收汇。

交单应注意以下三点：

1. 单据的种类和份数与信用证的规定相符。
2. 单据内容正确，包括所用文字与信用证一致。
3. 交单时间必须在信用证规定的交单期和有效期之内。

二、结汇

信用证项下的出口单据经银行审核无误后，银行按信用证规定的付汇条件，将外汇结付给出口企业称为"结汇"。我国出口业务中，主要结汇方式有以下几种：

（一）收妥结汇

收妥结汇又称"先收后付"，是指议付行收到出口公司的出口单据后，经审查无误，将单据寄交国外付款行索取货款，待收到付款行将货款拨入议付行账户通知书时，即按当时外汇牌价，折成人民币拨给出口公司。目前，我国银行一般采用收妥结汇方式，尤其是对可以电报索汇的信用证业务，因为在电汇索汇时，收汇较快，一般都短于规定的押汇时间。

（二）定期结汇

定期结汇是指议付行根据向国外付款行索偿所需时间，预先确定一个固定的结汇期限（7～14天不等），到期后主动将票款金额折成人民币拨交出口企业。

（三）出口押汇

出口押汇也称"买单结汇"或"议付"，是指议付行在审单无误的情况下，按信用证条款买入受益人（出口公司）的汇票和单据，从票面金额中扣除从议付日到估计收到票款之日的利息，将余款按议付日牌价，折成人民币划给出口公司。议付行向受益人垫付资金、买入跟单汇票后，即成为汇票持有人，可凭票向付款行索取票款。银行同意做出口押汇，是为了对出口公司提供资金融通，有利于出口公司的资金周转。

三、出口收汇核销

自2012年8月1日起，我国为大力推进贸易便利化，进一步改进货物贸易外汇服务和管理，国家外汇管理局、海关总署、国家税务总局决定，在全国实施货物贸易外汇管理制度改革，调整出口报关流程，优化升级出口收汇与出口退税信息共享机制。其具体操作流程如下：

1. 出口单位到商务部办理备案登记，取得对外贸易经营权。
2. 出口单位到海关办理"中国电子口岸"入网手续，并到有关部门办理"中国电子口岸"企业法人IC卡"和"中国电子口岸"企业操作员IC卡电子认证手续。
3. 出口单位持有关材料到注册所在地外汇局办理核销备案登记，外汇局审核无误后，为出口单位办理登记手续，建立出口单位电子档案信息。
4. 出口单位通过"中国电子口岸出口收汇系统"在网上向外汇局申领"出口收汇核销单"，核销单自领单之日起两个月以内报关有效，出口单位应当在失效之日起一个月内将未用的核销单退回外汇局注销。
5. 出口单位报关前，通过"中国电子口岸出口收汇系统"在网上向报关地海关进行出口核销单的口岸备案。

6. 出口单位出口报关后，通过"中国电子口岸出口收汇系统"将已用于出口报关的核销单向外汇局交单。

7. 出口单位在银行办理出口收汇后之日起30天内凭核销单、银行出具的"出口收汇核销专用联"，到外汇局办理出口收汇核销手续。

实 训 活 动

【实训目的】

掌握交单结汇、收汇核销的操作流程。

【实训内容】

根据"情景导入"中的资料，在完成任务一实训活动的基础上，将学生分为出口企业、外汇局、海关、银行等小组，分角色模拟情景，完成交单结汇、收汇核销流程，并找出各环节存在的问题。同时，使用网络搜索结汇过程中所需的单证样本，进行展示，小组间互评，教师点评。

【实训方法】

分角色进行小组讨论，网络搜集各类资料，模拟演示交单结汇、收汇核销流程，并要求小组间相互评析各环节存在的问题，教师指导，小组互评。

【重点提示】

出口结汇有汇付、托收、信用证三种操作方式，目前国际贸易中最常用的是信用证方式。

三种操作方式具有相同点与不同点，并且风险大小也不相同，在实际出口业务中要根据实际情况灵活运用。

拓展阅读

中国电子口岸出口收汇系统是：中国电子口岸执法系统中的子系统。它利用现代信息技术，借助国家电信公网，在公共数据中心建立出口收汇核销单的电子底账，使海关和税务部门实现对核销单的联网数据核查，并使企业可以凭操作员工的IC卡通过本系统在网上向外汇局申请核销单，向出口地海关进行报关前备案，出口报关后进行网上交单，并可对核销单各项信息进行综合查询。

项目小结

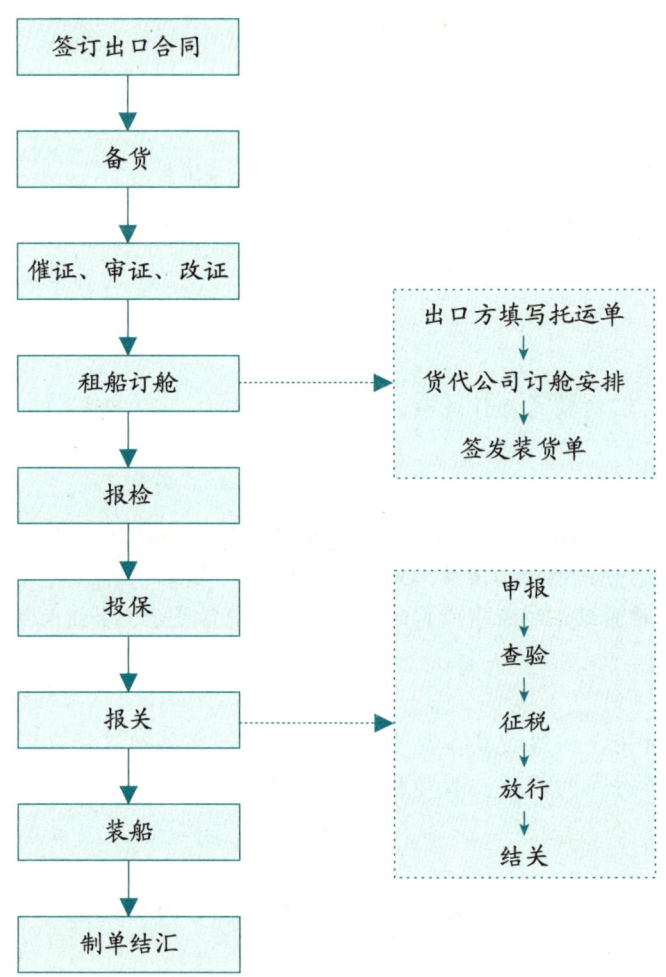

学生自我总结

通过完成项目八，我能够做如下总结：

一、主要知识

完成本任务涉及的主要知识有：

二、主要技能

完成本任务的主要技能有：

三、主要原理

完成本任务的主要原理有：

四、相关知识与技能

完成本任务中：
1. 过程要素有：
2. 操作要领有：
3. 这么做的原因有：

五、成果检验

完成本任务的成果：
1. 完成本任务的意义有：
2. 学到的经验有：
3. 自悟的经验有：
4. 形成的策略有：

自 主 练 习

一、选择题

1. 出口备货是履行国际贸易出口合同的重要环节，也是卖方（出口方）的基本义务，主要有（　　）两种情况。
   A. 出口商自产　　　　　　　　　　B. 进口商自行采购
   C. 出口商外购　　　　　　　　　　D. 进口商自产

2. 在出口备货工作中，出口商必须遵循的规则有（　　）。
   A. 货物的品质必须与出口合同的规定相一致
   B. 货物的包装必须符合出口合同的规定
   C. 货物的数量必须符合出口合同的规定

D. 货物备妥时间应与合同与信用证装运期限相适应
3. 在出口报检工作环节中，申报与放行中间还有一个非常重要的（　　）环节。
   A. 接单　　　　　　　　　　　　B. 审单
   C. 下账　　　　　　　　　　　　D. 验货
4. 审核信用证是（　　）的共同责任，一般由他们共同承担审证业务。
   A. 银行　　　　　　　　　　　　B. 进口企业
   C. 出口企业　　　　　　　　　　D. 货代公司
5. 信用证的修改可以由开证申请人提出，也可以由受益人提出，无论是哪一方提出，只需一方当事人同意就可以办理和生效。（　　）
   A. 正确　　　　　　　　　　　　B. 错误

二、简答题

1. 请简述出口结汇中汇付、托收、信用证支付方式三种操作方式的相同点与区别。
2. 请简述信用证的特点与作用。

三、实际操作

【实训要求】

把教室布置成报关大厅场景，6个学生一组，分别担任不同角色，模拟整个出口报关的实际流程，填写单据，各司其职。根据学生分工情况、工作效率，操作流程及单证制作正确情况进行综合评分。

【背景资料】

2011年7月15日，广州黄埔玩具有限公司（以下简称"黄埔玩具"）与荷兰QQ玩具有限公司（以下简称"QQ玩具"）双方签订销售合同。双方约定装船日期为2011年8月1日，2011年8月25日将4000件玩具运至鹿特丹。双方签订了销售合同。

广州永久物流中心（以下简称"永久物流"）是集国际空海运、国内陆运、仓储、贸易物流为一体的国内综合性第三方物流中心，为黄埔玩具提供全方位的第三方物流服务。2011年7月15日，永久物流客户经理张军收到黄埔玩具（海关注册编号4401920053）的货运代理，委托其运输一批电动玩具火车到国外荷兰QQ玩具。装船日期为2011年8月1日。张军根据销售确认书确定此票货物为国际运输业务后，分别与公司的货代部、仓储部和深圳货运站进行联系，准备办理本批货物的出口运输业务。

7月28日，永久物流货代部持"出境货物换证凭单"至口岸检验检疫中心顺利换取"出境货物通关单"，报关员开始办理货物报关业务。永久物流在接到黄埔玩具提交的全套单据（合同、发票、箱单、核销单、出境货物通关单等材料）后向深圳海关（7900）申请报关，办理出口货物通关业务。电动玩具火车的商品编码（H.S.编码）为95031000，法定计量单位为千克。

安排学生分别扮演海关、报关人员等不同岗位的工作人员，模拟整个出口报关的工作流程，并制作相关的单据（报关单参照表8-14报关单格式）。

（1）销售合同见表8-14。

表8-14

	SALES CONFIRMATION		
		S/C NO：	INVAC02
		DATE：	2011-07-15
The Seller：	GUANGZHOU HUANGPU TOY CO.，LTD。	The Buyer：	HOLLAND QQ TOY CO.，LTD.
Address：	NO.4 MU PO XI JIE, TIAN HE DISTRICT, GUANGZHOU POST CODE：501663	Address：	K P VAN DE MANDELELAAN 100, ROTTERDAM, 3062 MB NETHERLANDS
E-Mail：		E-Mail：	
Item No.	Commodity & Specifications	Unit	Quantity	Unit Price (US$)	Amount (US$)
	电动玩具火车 ELECTRIC TOY	PCS	4000	USD10.00	USD40000.00
TOTAL CONTRACT VALUE：		SAY USD DOLLARS FORTY THOUSAND ONLY	
PACKING：		CARTON	
PORT OF LOADING：		SHENZHENPORT	
PORT OF DESTINATION：		ROTTERDAMHOLLAND	
TIME OF SHIPMENT：		1 Aug, 2011	
TERMS OF PAYMENT：		T/T	
INSURANCE：			
REMARKS：			

（2）发票见表8-15。

表8-15

广州黄埔玩具有限公司
GUANGZHOU HUANGPU TOY CO.，LTD
INVOICE

TO：HOLLAND QQ TOY Co.，LTD.　　　　　　NO. OF INVOICE：000996
DATE：17JULY, 2011
FROM SHENZHEN TOROTTERDAM
Sailing on or about 1 AUG, 2011
L/C No.：　　　　　　　　　　　　　　　SALES CONFIRMATION.：INVAC02
B/L NO.：HACB8122145

Description of Goods	Unit Price	Amount
ELECTRIC TOY 电动玩具火车 PACKAGES：200 CASES	USD10/PC	CIFROTTERDAM USD40000 F：USD300 I：USD0.27%

(3) 装箱单见表 8-16。

表 8-16

广州黄埔玩具有限公司
GUANGZHOU HUANGPU TOY CO., LTD
PACKING LIST

TO: HOLLAND QQ TOY Co., LTD.　　　　　NO. OF INVOICE: 000996
DATE: 18 JULY, 2011
FROM SHENZHEN TO ROTTERDAM
Sailing on or about 1 AUG, 2011
Country of origin: CHINA　　　　　Country of destination: HOLLAND

Marks&Nos.	Number and Kind of Packages Description OF Goods	Quantity	Gross Weight	Net Weight
INVAC02 MADE IN CHINA C/NO.: 1-200	ELECTRIC TOY TOTAL: 200 CASES ONLY	4000PCS	3000KGS	2944KGS

CONTAINER NO.: TEXU8676881, 1*20' (200 PACKAGES)

项目九
履行进口合同

| 项目描述 |

  我国进口合同通常按 FOB 术语条件信用证方式结算成交。进口合同履行涉及开证、租船订舱、投保、审单付汇、接货报关报检等环节。本项目以 FOB 术语条件、信用证方式结算为例，帮助学生掌握开立信用证、租船订舱、催装投保、审单付汇、接货报关报检等进口合同履行环节具体操作技能。

◊ 学习目标

【理论知识目标】
☐ 认识进口合同履行的主要环节
☐ 了解主要的进口操作流程及单据的种类和作用

【岗位技能目标】
☐ 掌握开证申请书、信用证开立方法
☐ 掌握租船订舱、投保环节具体操作技能
☐ 正确审核单据付汇
☐ 掌握进口报关报检操作技能
☐ 合理解决进口合同履行中的争议

模块一 开立信用证

▎情境导入

上海一公司和日本一公司于 2011 年 6 月 26 日签署了合同（见表 9-1），从日本进口了一批全棉毛巾。

表 9-1

<table>
<tr><td colspan="6">DENKI SHOJI CO., LTD
4-1-3 NISHI-TEMMA, KITA-KU, OSAKA530, JAPAN
销售确认书
SALES CONFIRMATION</td></tr>
<tr><td colspan="3"></td><td>S/C NO：</td><td colspan="2">SH107</td></tr>
<tr><td colspan="3"></td><td>DATE：</td><td colspan="2">JUNE 26, 2011</td></tr>
<tr><td colspan="2">The Seller：</td><td>DENKI SHOJI CO., LTD</td><td>The Buyer：</td><td colspan="2">SHANGHAI ABC CO., LTD</td></tr>
<tr><td colspan="2">Address：</td><td>4-1-3 NISHI-TEMMA, KITA-KU, O-SAKA530, JAPAN</td><td>Address：</td><td colspan="2">NO. 44 NANJING ROADSHANGHAI, P. R. CHINA</td></tr>
<tr><td colspan="2">E-Mail：</td><td></td><td>E-Mail：</td><td colspan="2"></td></tr>
<tr><td colspan="2">SHIPPING MARKS.</td><td>DESCRIPTION OF GOODS</td><td>QUANTITY</td><td>UNIT PRICE</td><td>AMOUNT</td></tr>
<tr><td colspan="2">N/M</td><td>100 PCT COTTON TOWEL
ART NO. 0427
ART NO. 0428
ART NO. 0429</td><td>3000 PCS
3000 PCS
2000 PCS</td><td>USD1.00
USD1.00
USD1.25</td><td>CFR SHANGHAI
USD3000.00
USD3000.00
USD3000.00</td></tr>
<tr><td colspan="2"></td><td></td><td></td><td></td><td>USD8500.00</td></tr>
<tr><td colspan="3">TIME OF SHIPMENT：</td><td colspan="3">20110820</td></tr>
<tr><td colspan="3">PACKING：</td><td colspan="3">10 PCS INTO ONE CARTON</td></tr>
<tr><td colspan="3">INSURANCE：</td><td colspan="3">TO BE EFFECTED BY THE BUYERS</td></tr>
<tr><td colspan="3">PAYMENT：</td><td colspan="3">L/C AT 30 DAYS AFTER SIGHT</td></tr>
<tr><td colspan="3">REMARKS：</td><td colspan="3">PLEASE SIGN AND RETURN ONE FOR OUR FILE</td></tr>
</table>

其他信息见表 9-2。

表9-2

信用证号码：0227LC07000016	Date of Issue：110702	Port of loading：OSAKA JAPAN
Port of discharge：SHANGHAI, CHINA	Date and Place of Expiry：110910 JAPAN	Issuing bank：BANK OF CHINA, SHANGHAI BRANCH
Advising bank：BANK OF CHINA OSAKA BRANCH	Latest Date of Shipment：110820	允许转船和分批装运
DOCUMENTS MUST BE PRESENTED WITHIN15 DAYS AFTER THE DATE OF ISSUANCE OF THE TRANSPORT DOCUMENTS BUT WITHIN THE VALIDITY OF THIS CREDIT.		

任务一 开立信用证

信用证（L/C）是指开证银行应申请人的要求，并按其指示向第三方开立的载有一定金额的、在一定的期限内凭符合规定的单据付款的书面保证文件。信用证是国际贸易中最主要、最常用的支付方式。

进出口双方在签订贸易合同，确认信用证类型、信用证有效期限、货物单价、总量、货物质量、双方法定地址、受益人名称、通知行等相关信息后，进口商应按以下流程开立信用证：

一、填写开证申请书（Documentary Credit Application）

开证申请书是开证申请人与开证行之间有关开立信用证的权利与义务的契约，是开证银行对外开立信用证的基础和依据。进口商填写信用证开证申请书是申请开立信用证过程中最重要的工作。

信用证开证申请书一般由银行印制，格式虽然有所不同，但内容及填写方法基本一致。进口商填写开证申请书时，必须使用英文，按合同条款规定填写，内容须明确、完整，不得将含糊不清、模棱两可、可作弹性解释或有争议的内容，以及与信用证无关的内容和合同中过细的条款写入开证申请书中。

【开证申请书范例】 如表9-3所示。

表9-3 不可撤销跟单信用证开证申请书

IRREVOCABLE DOCUMENTARY CREDIT APPLICATION	
TO：开证行	Date：申请开证日期
（ ）Issue by airmail （ ）With brief advice by teletransmission （ ）Issue by express delivery （V）（which shall be the operative instrument）	Credit No. 不填 （开证行填写） Date and place of expiry 信用证有效期和到期地点（受益人所在国）
Applicant 开证申请人	Beneficiary（Full name and address） 受益人
Advising Bank	Amount

续表

通知行（议付行；卖方所在地银行）		金额小写（大写）
Partial shipments 分批规定 (　) allowed (　) not allowed	Transshipment 转船规定 (　) allowed (　) not allowed	Credit available with 议付行 By (　) payment (　) acceptance 承兑 (v) negotiation against the documents detailed herein
Loading on board/dispatch/taking in charge at/from 装运港 not later than　　　　　　　　最迟装运期 For transportation to：　　　　　目的港 (　) FOB　　(　) CFR　　(　) CIF □or other terms		☒and beneficiary's draft（s）for　　100% of invoice value At _____ sight drawn on 开证行

Documents required：（marked with X）

1. (X) Signed commercial invoice in __13__ copies
2. (X) Full set of clean on board Bills of Lading made out to order and blank endorsed, marked "freight to collect / [　] prepaid [　] showing freight amount"　　　　　　　　FOB 运费到付
　　　　　　　　　　　　　　　　　　　　　　　　　　　CFR CIF 运费预付

notifying __APPLICANT_____.
(　) Airway bills/cargo receipt/copy of railway bills issued by _____ showing "freight [　] to collect/ [　] prepaid [　] indicating freight amount" and consigned to _____.

3. (X) Insurance Policy/Certificate in __3__ copies for __110__% of the invoice value showing claims payable in __赔付地点__ (买方所在地)_____ in currency.

　　　　　　　　　　　　　　FOB：买方租船订舱、买方投保
　　　　　　　　　　　　　　CFR：卖方租船订舱、买方投保
　　　　　　　　　　　　　　CIF：卖方租船订舱、卖方投保

of the draft, blank endorsed, covering All Risks, War Risks and _____.

4. (X) Packing List/Weight Memo in __MONTREAL__ __3__ copies.
5. (　) Certificate of Quantity/Weight in _____ copies issued by _____.
6. (　) Certificate of Quality in _____ copies issued by [　] manufacturer/ [　] public recognized surveyor _____.
7. (X) Certificate of Origin in __2__ copies.
8. (X) Beneficiary's certified copy of fax 装船通知 / telex dispatched to the applicant within __2__ days after shipment advising L/C No., name of vessel, date of shipment, name, quantity, weight and value of goods.

Other documents, if any
　其他单据
　EXPORT LICENCE
　Certificate of Origin FORM A
　Description of Goods：货描
　QUANTITY 数量 2550PREGES
　PRICE TERM：

续表

Additional instructions:
1. (X) All banking charges outside the opening bank are for beneficiary's account.
2. (X) Documents must be presented within __21__ days after date of issuance of the transport documents but within the validity of this credit.
3. (X) Third party as shipper is not acceptable, Short Form/Blank back B/L is not acceptable.
4. ( ) Both quantity and credit amount _____% more or less are allowed.
5. (X) All documents must be sent to issuing bank by courier/speed post in TWO lots.
(X) Other terms, if any
ALL DOCUMENTS MUST ADVISE L/C NO. AND DATE

二、递交开证申请资料

进口商向银行申请开立信用证时，应向银行递交开证申请书、贸易合同副本及附件、购汇申请书（如需）、进口许可证、进口配额证（如需）、业务背景等资料。如为首次办理业务，还须提供经营进出口业务的批文（如需）、工商营业执照、组织机构代码证、年审过的贷款卡等。申请开立信用证的时间须按合同规定，若合同没有规定时，一般掌握在合同规定的装运期前1个月到1个半月左右，以便出口方备货、办理其他手续、按时装运。

三、提供开证担保

按照国际惯例，进口商向银行申请开立信用证，应向银行支付一定比例的押金或其他担保。押金一般为信用证金额的百分之几到百分之几十，由银行根据进口商的资信情况而定。担保一般可以是现金、动产或不动产。我国开证行根据不同企业和不同交易情况，要求开证申请人缴付一定比例的人民币保证金后开立信用证。

四、支付开证手续费

银行为进口商开立信用证时，进口商须按规定支付一定金额的开证费用，包括开证手续费、远期信用证下的承兑费、邮电费等。开证费用一般为开证金额的1.5‰。银行在收取开证费时，开立信用证，并交给开证申请人一份信用证的副本。

五、银行开立信用证

开证行审核开证申请所列情况，在确信可以接受开证申请人的申请并收到开证申请人提交的押金和开证费用后，即向信用证受益人开出信用证，并将信用证正本寄交或电传给受益人所在地分行或代理行（统称为"通知行"），由通知行通知受益人。

【信用证范例】 如表9-4所示。

表 9-4　　　　　　　　　　　信 用 证 样 本

不可撤销跟单信用证 Irrevocable Documentary Letter of Credit（1）	
中国银行 BANK OF CHINA,	Irrevocable Documentary Credit Number：（2）
Place and Date of Issue：（3）	Expiry Date and Place for Presentation of Documents Expiry Date：（4） Place for Presentation：（5）
Applicant：（6）	Beneficiary：（7）
Advising Bank：（8）	Amount：（9）
Partial Shipments（10）　　　☐ allowed ☐ not allowed	Credit available with Bank：（15） ☐ by sight payment ☐ by acceptance
Transhipment（11）　　　　　☐ allowed ☐ not allowed	☐ by negotiation ☐ by deferred payment
Insurance covered by buyers（16）	
Port of shipment：（12）	Against the documents detailed
Transportation to：（13）	☐ and beneficiary's draft
Latest Date of Shipment：（14）	☐ at sight
Introduce：	
Document to be presented（　）within　days after the date of shipment but within the validity of the Credit.	
Instructions to the Negotiating Bank：	
Document consists of（　）signed page（s）.	
Authorize　Signatures	

（1）Irrevocable Documentary Letter of Credit　不可撤销跟单信用证

（2）Irrevocable Documentary Credit Number　不可撤销跟单信用证号，由银行随机生成，不需填写。

（3）Place and Date of Issue　签发地点与日期

（4）Expiry Date　到期日

（5）Place for Presentation　到期地点

（6）Applicant　开证申请人（进口商）的英文名称和地址

（7）Beneficiary　受益人（出口商）的英文名称和地址

（8）Advising Bank　通知行，也就是卖方最后交单议付的银行

（9）Amount　金额，由固定的格式，如 SAY US DOLLARS＊＊＊AND＊＊ONLY

（10）Partial shipment allowed not allowed　是否允许分批装运

（11）Transhipment allowed not allowed　是否允许转运

（12）Port of shipment　装运港
（13）Transportation to　转运到
（14）Latest Date of Shipment　最迟装船日期　具体到几月几日
（15）Credit available with Bank by sight payment　即期信用证
　　　Credit available with Bank by acceptance　银行承兑信用证
　　　Credit available with Bank by negotiation　议付信用证
　　　Credit available with Bank by deferred payment　延期付款信用证
（16）Insurance covered by buyers　买家保险

实训活动

【实训目的】

让学生掌握信用证开立流程。

【实训内容】

学生4人一组，根据"情景导入"中的资料，讨论开立信用证的流程，分别扮演进口方、出口方、开证行与通知行，模拟开证流程，填写开证申请书，并绘制开立信用证流程图。

【实训方法】

学生填写开证申请书，绘制开立信用证流程图，教师总结对比及分析总结。

【重点提示】

进出口双方在签订贸易合同，确认信用证类型、信用证有效期限、货物单价、总量、货物质量、双方法定地址、受益人名称、通知行等相关信息后，进口商需要填写开证申请书，向所在地银行递交有关合同副本等开证资料，银行审核资料，并同意接受开证申请，要求开证申请人提交开证担保，收取开证费用后，开立信用证。

拓展阅读　　网上信用证业务

网上信用证就是国内信用证的网络化运作，其简洁的业务流程和便捷的操作手续为实现网上融资开通了绿色通道，是优化企业现金管理的首选金融产品。网上信用证是银行对传统信用证业务的一个创新发展，是将电子商务、网上银行和信用证业务结合的一个切入点。网上信用证目前集成在企业银行系统中，作为企业银行的一个子系统推出。

网上信用证是传统纸质信用证业务的完全电子化，从开证到支付的一系列过程，如通知、交单、审单等过程完全在网上进行。期间，信息的传递可以用 EDI 系统，通知可以用电子邮件。从我国目前的实际来看，实现完全的"网上信用证"为时尚早。我国银行目前采用的"网上信用证"，仅仅是用电子信用证代替了纸质的信用证，至于其他的操作内容，诸如审核、交单、审单，还是采用传统的人工方式。

模块二 租船订舱和保险

情境导入

连云港宝马 4S 店（LIANYUNGANG BMW 4S stores，以下简称"宝马 4S 店"）是一家从事国内外汽车车销售与维修服务的公司，与德国巴伐利亚机械制造厂股份公司（German Bavarian Machinery Factory Corporation）保持长期良好的合作。由于近期汽车销售情况大好，宝马 4S 店计划从巴伐利亚机械制造厂股份公司进口一批宝马 7 系汽车，双方经磋商签订了合同，并经审核合格后开立了信用证。所有进口操作委托连云港环泰进出口代理公司（以下简称"环泰代理"）代理操作。

任务一 办理租船订舱

在进口业务中，凡以 FOB/FCA 贸易术语订立的合同，应由进口商安排运输，订立运输合同，并按规定期限及时将船名及预计到港日期通知出口商，以便出口商备货装船；凡以 CIF/CFR 贸易术语成交的进口合同，应由出口商负责租船、订舱、安排装运。无论是进口商还是出口商安排运输，都需要根据货物的性质和数量决定租船或订舱。凡需整船装运的，应洽谈租用适当船舶承运；小批量或零星杂货，则可选择预订班轮舱位，完成货物运输。

订舱是货物托运人（Shipper）或其代理人根据其具体需要，选定适当的船舶向承运人（即班轮公司或其营业机构）以口头或订舱函电进行预约，恰订舱位装货、申请运输，承运人对这种申请给予承诺的行为。如货物的数量较多，可以洽租整船甚至多船来装运。不论是租船还是订舱，均需办理相关手续。除个别情况外，一般均委托代理人来办理。

一、进口商办理租船订舱操作流程

进口企业既可以亲自向船东或班轮公司订舱，也可以委托货运代理代其办理。在我国，这项工作通常是委托货运代理公司办理。其具体操作程序是：

1. 进口企业接到卖方备货通知后（在合同未规定卖方发出备货通知的情况下，则在交货期前 45 天），填写好进口租船订舱联系单（见表 9-5），连同合同副本，提交给货运代理公司，委托其安排船只或舱位。

表 9-5　　　　　　　　　　　　进口租船订舱联系单

编号：　　　　　　　　　　　　　年　月　日

Cargo Description（货名）				
Quantity（数量）		Delivery Date（交货期）		
Contract No.（合同号）	CBM（尺码）		Packing（包装）	
Load/Discharge Port（装卸港）		Term（交易条件）		FOB
Shipper Address（发货人名称地址）				
Fax（发货人传真）				
Vessel（订妥船名）	Voy（航次）		Loading Date（受载期）	
Remark（备注）		委托单位（章）		

进口租船订舱联系单是货运代理公司据以办理租船订舱、组织运输的必不可少的依据，所以进口企业在填制时必须做到：

（1）与贸易合同完全一致，如租整船，须附贸易合同副本。

（2）货名、重量、尺码、包装、件数要用中英文两种文字填写。货名须用学名（技术名称），不得用俗称；重量应填毛重；对特殊大件货物，要列明长、宽、高具体尺寸。对集重货物，列明最大件的重量和件数。

（3）对合同中的装运条款另有规定的，要在"进口租船订舱联系单"上详细列明，以便划分责任、风险和费用。

（4）危险货物须注明危险品性质和《国际海运危险货物规则》（IMDGC）的页码及联合国编号（UN No.），并注明危险类别。对易燃混合体，还须注明其闪点（Flash Point）。

2. 货运代理公司根据进口企业的委托，与各承运人或船主联系，具体安排货物运输。

3. 货运代理公司将租船订舱结果通知进口企业。

4. 进口企业将船名及预计到港日期通知出口商，以使其做好装货准备。

二、出口商办理租船订舱操作流程

出口企业一般委托外运公司办理租船订舱手续。其操作流程如下：

1. 出口企业与外运公司接洽，填写托运单（Shipping Note），亦称"订舱委托书"（见表 9-6）和出口货物明细单，递送至外运公司，委托其办理租船订舱手续。

表 9-6　　　　　　　　　　　　订 舱 委 托 书

订 舱 委 托 书				
公司编号			日期	
1）发货人	4）信用证号码			
	5）开证银行			
	6）合同号码		7）成交金额	
	8）装运口岸		9）目的港	

续表

2）收货人			10）转船运输		11）分批装运	
			12）信用证效期		13）装船期限	
			14）运费		15）成交条件	
			16）公司联系人		17）电话/传真	
3）通知人			18）公司开户行		19）银行账号	
			20）特别要求			
21）标记唛码	22）货号规格	23）包装件数	24）毛重	25）净重	26）数量	27）单价
28）总价	29）总件数	30）总毛重	31）总净重	32）总尺码		33）总金额
34）备注						

订舱委托书（Booking Note/ Shipping Order），简称"托书"，是进、出口商为了买卖商品，通过船公司和货代公司进行订舱船运的申请书。

订舱委托书没有固定格式，不同进出口公司缮制的托书不尽相同，但主要内容都要包含在内，主要包括托运人、收货人、装货港、卸货港、唛头、货物描述、货物毛重、货物体积、运费的支付方式、所订船期、订舱日期以及其他需求要在订舱委托书体现，例如目的港免用箱期申请等。

编制订舱委托书应注意以下几点：

（1）确认委托书所载品名是否是危险品，是否是液体（对接载液体以及电池有特殊要求）。确认品名的另外一个作用就是查明货物是否对该产品存在海关监管条件。

（2）确认件数。确认货物尺寸体积是否超过装载装箱能力，确认重量是否有单件货物超过3吨。如果超过3吨，需要和仓库确认是否有装箱能力。

（3）托书是预配舱单以及提单确认的初步依据，如果一次性正确，可为制作提单确认省去许多麻烦。

（4）如需要投保、熏蒸、打托缠膜、拍照、换单、买单，要在订舱委托书显要位置注明。

（5）所订船期受到外商订购合同、备货时间、商检时间等制约，根据时间合理安排订舱日期。

（6）遇到拼箱出口未能按时出运，并未按时撤载，会产生亏舱费。

2. 外运公司审核收到托运单或订舱委托书及其他单据后，如能接受，联系船公司确定装运船舶后，将托运单的配舱回单退回，并将全套装货单（Shipping Order）交给进出口公司填写，然后由外运公司代表进出口公司作为托运人，向外轮代理公司办理货物托运手续。

3. 货物经海关查验放行后，即由船长或大副签收收货单（又称"大副收据"，Mate receipt）。收货单是由船公司签发给托运人的表明货物已装妥的临时收据。托运人凭收货单向外轮代理公司交付运费并换取正式提单。

实 训 活 动

【实训目的】

通过实际业务操作，让学生分别以进、出企业的身份按照要求模拟租船订舱的流程，掌握操作流程及制单技能。

【实训内容】

让学生分别扮演"情景导入"中的进口方、货代公司、船公司、出口方工作人员，模拟租船订舱的业务流程，并填制"进出租船订舱联系单"和"订舱委托书"。

【实训方法】

学生分别绘制进口企业租船订舱流程图、出口企业租船订舱流程图，并编写"进口租船订舱联系单""订舱委托书"，学生互评，教师总结对比并分析原因。

【重点提示】

履行以 FOB 贸易术语达成的进口合同，进口企业要负责办理租船或订舱事宜。进口货物需整船运输的情况下要办理租船手续，一般少量货物的进口只需洽订舱位。进口企业既可以亲自向船东或班轮公司订舱，也可以委托货运代理代其办理。

在我国，这项工作通常是委托货运代理公司办理。其具体程序是：进口企业在接到卖方备货通知后（在合同未规定卖方发出备货通知的情况下，则在交货期前 45 天），填写好进口订舱联系单，连同合同副本，提交给货运代理公司委托其安排船只或舱位。

订舱联系单是货运代理公司据以办理订舱、组织运输的必不可少的依据，所以在填制时必须做到准确无误。

> **拓展阅读**　　　　　　　　　　租船订舱的简单程序
>
> 　　1. 进、出口公司委托外运公司办理托运手续，填写托运单（Shipping Note），亦称"订舱委托书"，递送给外运公司作为订舱依据。
> 　　2. 外运公司收到托运单后，审核托运单，确定装运船舶后，将托运单的配舱回单退回，并将全套装货单（Shipping Order）交给进、出口公司填写，然后由外运公司代表进出口公司作为托运人，向外轮代理公司办理货物托运手续。
> 　　3. 货物经海关查验放行后，即由船长或大副签收"收货单"（又称"大副收据"，mate'receipt），即收货单的船公司签发给托运人的表明货物已装妥的临时收据。托运人凭收货单向外轮代理公司交付运费并换取正式提单。

任务二　进口报保

在 FOB、CFR 或 FCA、CPT 贸易条件下的进口合同，由买方办理保险。进口商（或收货人）投保时，有以下两种方法可供选择：

一、预约保险

预约保险就是订立预约保险合同。凡从事进口业务的外贸公司或长期进口货物的单位，为了简化手续，可与保险总公司签订海运、空运、邮运保险进口货物预约保险合同（简称"预保合同"）。以防止进口货物在国外装运后因信息传递不及时而发生漏保或来不及办理保险等情形。我国进口货物大都采用预约保险方式。预约保险合同是进口企业与保险公司之间的正式保险契约，预保合同签订后，凡订货单位与外商成交并由买方保险的进口货物，保险公司就负有自动承担的责任，即属于承保合同范围内的货物一经装船，保险即开始生效。在预保合同中须明确规定商品名称、承保险别、保险费率、适用条款以及保险费和赔款支付办法。有些单位可能一次或断续几次从国外进口某种货物，可采取临时办理进口货物运输保险的办法，不必签订预保合同。

（一）海运方式下的预约保险

对于海运货物，进口商接到出口商拍发的"装运通知"后，只需按要求填制进口货物"起运通知书"（见表 9-7），将合同号、起运口岸、船名、起运日期、航线、货物名称、数量、金额等必要内容一一写明，送交保险公司，即视作投保，这些单证就成为投保凭证。货物一经起运，保险公司就自动按预约保单所订立的内容承保，保险公司一般不再另行签发保险单。

本通知经投保人及承保公司双方签章后方为有效。

（二）其他运输方式下的预约保险

对于空运和邮包等其他运输方式下的货物，也可根据预约保险合同的内容和承保范围，在收到出口商的装运通知后，立即填制"装运通知"送交保险公司签章，即完成投保手续。

无论采取哪种方式对进口货物投保，进口方都应及时办理投保手续。否则货物在投保之前于运输途中发生损失，保险公司不负赔偿责任。

表 9-7

中国人民保险公司预约保险起运通知书

投保人：　　　　　　　　　　　　　　　　　　　　　　　　　　　编号：

根据　　　险预约保险合同的规定，办理下列货物运输险：

提单号次	数量	货名	保险金额

运输工具：	开航日期：
运输路线：	

保险险别：	费率	保险费
中国人民保险公司		
	年 月 日	投保人签章

二、逐笔投保

如果是仅有临时的或间隔期较长的货物进口，进口商一般不会与保险公司签订预保合同，可以对进口货物采取逐笔投保的方式办理保险。进口商接到国外出口商装运通知书后，立即填制"装货通知"代投保单送交保险公司，"装货通知"中必须注明合同号、启运地、运输工具、起运日期、估计到达日期、货物名称、数量、保险金额等必要内容，保险公司接受承保后，给进口商签发一份正式保险单，投保人缴纳保费后，保险单生效。

保险公司对海洋货物保险的责任期限一般是从货物在国外装运港装上海轮起生效，到卸货港转运单据载明的国内目的地收货人仓库为止。但应注意，对散装货物以及木材、粮食、化肥等一些货物，保险公司对在卸货港口货物的保险责任均至卸货港的仓库或场地终止，并以货物卸离海轮后 60 天为限，不实行国内转运期间保险责任的扩展。少数货物如新鲜果蔬、活牲畜于卸离海轮时，保险责任即告终止。

实 训 活 动

【实训目的】

掌握进口商预约保险、逐笔保险流程操作，填制"预约保险起运通知书"。

【实训内容】

让学生分组模拟保险公司与进口方，分别演练预约保险与逐笔保险的流程，并分析两组投保方法的不同，填制"预约保险起运通知书"（投保单可在网络上搜索样本）。

【实训方法】

学生绘制流程图，填制"预约保险起运通知书"，教师评比、分析、总结。

【重点提示】

在 FOB、CFR 或 FCA、CPT 贸易条件下的进口合同，进口商可选择预约保险或逐笔保险。无论采取哪种方式对进口货物投保，进口方都应及时办理投保手续，否则货物在投保之前于运输途中发生损失，保险公司不负赔偿责任。

拓展阅读　　　　进口货物运输预约保险合同范例

合同号　　UTDT-326
年/月　　30 JUNE 2004

甲方：东莞雨佳雨衣服装制造有限公司
乙方：中国人民保险公司东莞分公司

双方就进口货物的运输预约保险议定下列各条以资共同遵守：

一、保险范围

甲方从国外进口的全部货物，不论运输方式，凡贸易条件规定由买方办理保险的，都属于本合同范围之内。甲方应根据本合同规定，向乙方办理投保手续并支付保险费。

乙方对上述保险范围内的货物，负有自动承保的责任，在发生本合同规定范围内的损失时，均按本合同的规定负责赔偿。

二、保险金额

保险金额以进口货物的到岸价格（CIF）即货价加运费加保险费为准（运费可用实际运费，亦可由双方协定一个平均运费率计算）。

三、保险险别和费率

各种货物需要投保的险别由甲方选定并在投保单中填明。乙方根据不同的险别规定不同的费率。现暂定如下：

货物种类	运输方式	保险险别	保险费率
D. D. RAINCOAT	BY SHIP	一切险	0.65%
（CLASS8-13）		战争险	0.35%
MEN'S MEDIUM			
MEN'S SMALL			
WOMEN'S MEDIUM			
WOMEN'S SMALL			

四、保险责任

各种险别的责任范围，按照所属乙方制定的"海洋货物运输保险条款""海洋货物运输战争险条款""航空运输综合险条款"和其他有关条款的规定为准。

五、投保手续

甲方一经掌握货物发运情况，即应向乙方寄送起运通知书，办理投保。通知书一式五份，由保险公司签认后，退回一份。如果不办理投保，货物发生损失，乙方不予理赔。

六、保险费

乙方按甲方寄送的起运通知书，照前列相应的费率逐笔计收保费，甲方应及时付费。

七、索赔手续和期限

本合同所保货物发生保险范围以内的损失时，乙方应按制定的《关于海运进口保险货物残存检验和赔款给付办法》迅速处理。甲方应尽力采取防止货物扩大受损的措施，对已遭受损失的货物必须积极抢救，尽量减少货物的损失。向乙方办理索赔的有效期限，以保险货物卸离海轮之日起满一年终止。如有特殊需要，可向乙方提出延长索赔期。

八、合同期限

本合同自 2004 年 07 月 09 日开始生效。

甲方：东莞雨佳雨衣服装制造有限公司　　乙方：中国人民保险公司东莞分公司

模块三　审单付款

情境导入

一、业务背景

交易双方情况如下：

1. 买方：北京大通商贸有限公司委托中国机械进出口公司进口一批用于汽车生产的零部件（属于法定检验检疫和机电产品自动进口许可证管理），合同由长春机械进出口公司执行。该批零件进口后，交由长春华实汽车公司（220121×××）用于生产汽车。该公司的详细名称以及地址如下：CHANGCHUN MACHINE I/E CORP. NO. 86 JINGHONG ROAD CHANGCHUN, CHINA。

2. 卖方：德国 JAND BDEUTCHLAND GMBH，详细名称及地址如下：JAND BDEUTCHLAND GMBH THEDORSTRASSE 83 Bonn, GERMANY TEL：(0049) 211960×××。

二、业务资料

（一）交易商品

品名 GERMANY ORIGIN GEARBOX（变速箱）；HONGKONG ORIGIN BATTERY（蓄电池）。
单位：该货物法定计量单位为千克；成交计量单位为台（UNIT）。

（二）装运资料

货物自波恩（BONN）起运，2011 年 8 月 24 日装载货物的船舶（船舶编号为

5213332625）申报进境，次日由大连外运代理公司持发票、装箱单、提单、原产地证书、入境货物通关单、机电产品自动进口许可证向大连大窑湾海关申报进口。

三、卖方所交单据

（一）BILL OF LADINGG（见表9-8）

表9-8

Shipper JAND BDEUTCHLAND GMBH THEDORSTRASSE 83 Bonn, GERMANY TEL：(0049) 211960××		Booking No. 69557652-A	B/L No. MOLU69557652
Consignee CHANGCHUN MACHINE I/E CORP. 长春机械进出口公司220191××× NO. 86 JINGHONG ROAD, CHANGCHUN, CHINA		COMBINED TRANSPORT BILL OF LADING SHIP NO：5213332625	
Notify party BEIJINGDATONG COMMERCILA & TRAD CO., LTD 北京大通商贸有限公司110125xxxx NO. 67 KEXUENANLU, BEIJING, CHINA			
Ocean Vessel M/V ALT BAOYING	Voy. No. V.151E		
Port of loading MARSEILLES-CY	Port of Discharge DALIAN	Place of Delivery DALIAN-CY	
Particulars furnished by the shipper			
MARK	DESCRIPTIN OF GOODS	Gross weight	Net weight	Measurement
CMIE 69557652-A DALIAN CHINA	GERMANY ORIGIN GEARBOX（变速箱）6 180.00KGS 6 000.00KGS 18.9CBM HONGKONG ORIGIN BATTERY（蓄电池）11 840.00KGS 11 600.00KGS 25.6CBM 1×20" SCZU78536571 (60 WOODEN PALLETS) SEAL：2157 1×40" SCZU78536281 (80 WOODEN CASES) SEAL：2081			
TOTAL PACKAGES (IN WORDS)			
Freight and charges	In witness whereof, the Carrier or his Agents has singed Bills of Lading all of this tenor and date, one of which being accomplished, the others to stand void. Dated _____ MARSEILLES _____ at _____ 2011/8/10 _____		

（二）INVOICE & PACKING LIST（见表9-9）

表9-9　　　　　　　　　　　　INVOICE & PACKING LIST

To: CHANGCHUN MACHINE I/E CORP. NO.: 639802
NO. 86 JINGHONG ROAD DATE: JULY 19, 2011
CHANGCHUN, CHINA

DESCRIPTION OF GOODS	UNIT PRICE	TOTAL AMOUNT	NET WEIGHT	GROSS WEIGHT
GEARBOX	@ EUR300.00 /UNIT	180 000.00	6.00 TONS	6.18 TONS
BATTERY	@ EUR400.00 /UNIT	320 000.00	11.60 TONS	11.84 TONS
TOTAL		500 000.00	17.60 TONS	18.02 TONS

COVERING:
GEARBOX EUR300 PER UNIT FCA BONN
PACKED IN CARTON OF ONE UNIT, 10CARTONS TO A WOODEN PALLET
TOTAL 60 WOODN PALLETS TO ONE 20FT. CONTAINER.
BATTERY EUR400 PER UNIT FCA BONN
PACKED IN CARTON OF ONE UNIT, 10CARTONS TO A WOODEN CASES
TOTAL 80 WOODN CASES TO ONE 40FT. CONTAINER.
FRIEIGHT CHARGES: EUR 5 406.00
INSURANCE: 2.5‰
法定计量单位为"千克"
JAND BDEUTCHLAND GMBH

任务一　审核单据，支付货款

货物单据是进口商凭以付款的依据，也是核对进口货物是否与合同相符的凭证，因此，审核进口货物单据是履行进口合同的一个重要环节。在采用托收和汇付方式的进口业务中，由进口商负责对货物单据进行全面审核；采用信用证方式的进口业务，则由开证行和进口商共同审核单据，在确认单据与信用证及合同规定相符后，予以付款。

一、审核单据的要求

（一）及时性

及时审核有关单据可以对一些单据上的差错做到及时发现、及时更正，有效地避免因审核不及时造成的各项工作的被动。

（二）全面性

应当从安全收汇和全面履行合同的高度来重视单据的审核工作。一方面，我们应对照信用证和合同认真审核每一份单证，不放过任何一个不符点；另一方面，要善于处理所发现的问题，加强与各有关部门的联系和衔接，使发现的问题得到及时、妥善的处理。

(三) 按照严格符合的原则

做到"单单相符、单证相符"。单单相符、单证相符是安全收汇的前提和基础，所提交的单据中存在的任何不符，哪怕是细小的差错，都会造成一些难以挽回的损失。

二、审核单据的方法

(一) 单据与信用证对照审核法 (The Checking – up of Documents Against L/C)

单据与信用证对照审核法亦称"纵横审核法"。第一道程序是依据信用证规定的条款与诸单据所列内容，两者对照，一句一字的予以审核，做到单据与信用证完全相符，这种审核方法称"纵向审核法"；另一道程序是由诸单据中选择一份主要的单据，亦称大单据，如商业发票或汇票。以商业发票与其他单据相对照地予以审核，做到一份主单据与其他单据所列内容完全一样，而且完全相符，此种审核方法称为"横向审核法"，亦称"一单对照多单审核法"，旨在做到单据有效。

(二) 两道工序审核法 (The Checking – up of Documents by Two Times)

有的集团或跨国公司，其制单业务是由各主管部门办理，而后集中于一处由专家予以审核单据。各部门缮制单据必须是制、审相结合，保证无差错。此种程序称"一缮一审"和"综合复审"相结合的方法。二者相结合的方法不是简易的重复，而是抓住扼要内容，一审再审；一般相关内容可做统计审核，即可完成。

(三) 即期装船审核单据法 (The Checking – up of Documents for Prompt Shipment)

海上航运业务的运转，是以计划、装卸、起航、航程及日期予以安排的。把航次的安排、运输的吞吐进度及审核单据的进度相结合，以每航次的装货时间安排审核单据。这种审核单据的方法特点是化整为零，将缮制、审核和改单程序合为一体。若一家公司有多笔契约货物须装运，只能依装货的先后缓急为序，其中，选择即期装船为主线，集中全力予以审核单据，旨在保证单据的质量，做成有效的单据。

三、信用证支付方式下的审单付款

(一) 审单

在信用证支付方式下，开证行或其指定的付款行或偿付行在收到国外寄来的单据次日起5个银行工作日内，将合理谨慎地审核信用证规定的一切单据，以确定其是否符合信用证条款，决定接受或拒绝接受单据并通知交单方。根据UCP600的规定，开证行承担第一性的付款责任。开证行按照"单单相符、单证相符"的原则，对照信用证条款，对出口地银行转来的全套单据进行详细审核，确定单据种类和份数齐全，以及相关各项内容与信用证要求相符后，不必事先征得开证申请人的同意，即可直接办理对外付款。但在实际业务中，银行通常还要交进口商复审。进口商在3个工作日内如果没有提出异议，即视为进口商同意信用证规定条件，对外承担到期付款责任，银行即按即期、远期汇票付汇或承兑，或在延期付款信用证情况下对外承担到期付款责任；如发现单据有不符点时，则要征求申请开证的进口商的意见后，再做出处理。

(二) 付款

银行审单后有两种情况：一种情况是对单据核对无误后，凭议付行寄来的索偿通知书，填制进口单据发送清单，并附全部单据送交进口企业验收。经进口企业对全套单据进行全面细致审核无误后，银行即根据信用证的种类，采用所规定的付款方式付款。与此同时，通知进口企业按当日国家外汇管理局公布的人民币外汇牌价，向银行付汇赎单。另一种情况是银行发现单据与信用证条款不符，通常会先征询进口企业的意见，看其是否愿意接受不符点。如果愿意接受，进口企业即可指示银行对外付款或承兑。如果拒绝接受不符点，进口企业可以采取以下几种处理办法：

1. 拒绝接受单据，拒付全部货款。在单据与信用证、单据与单据之间有明显不符点时，如货量不足，品质、规格不符，短缺必要的单据，货款金额计算错误，以及提交不清洁提单等，原则上可以采用这种方法。

2. 部分付款，部分拒付。单据与单据之间明显有不符点，但根据情节又不宜全部拒付者，可采取部分付款、部分拒付的方式。例如，单据所列货物有几种不同品质规格，每种规格的数量不同，如其中只有一两种规格存在问题，可只拒付有问题部分的货款。

3. 货到经检验后付款。由于单证或单单不符，买方可以通知银行要求货到验货付款。如果经检验，发现货物与合同规定完全相符，买方可以接受单据，支付合同全部货款。如果发现货物与合同规定有出入，买方可以拒付，或要求扣款。

4. 凭卖方或议付行出具的担保付款，或付款后开证行保留追索权。总之，对于"不符点"的处理，开证行或开证申请人都应在合理时间内以最迅速的方式向议付行提出。长期缄默，可能导致丧失拒付的权利。但值得注意的是，上述所指的拒付货款，前提是单据与信用证不符。如果货物与合同规定不符，则应由买卖双方根据合同进行处理。

四、托收方式下的审单付款

我国的进口交易大都采用信用证方式，但也有一部分采用托收方式。在托收方式下，审单付款的具体做法是：当代收行（中国银行）接到委托行寄来的托收单据后，先按托收委托核对单据份数，填制"进口代收发送清单"，然后连同单据一并送交进口企业签收；进口企业须在合理时间内办理付款或承兑手续，即在进口代收发送清单上签章同意付款，然后将其退交代收行；代收行卖出外汇，核定用汇额度后，与进口企业结账，同时以规定方式付款给委托行。

实 训 活 动

【实训目的】

1. 掌握信用证方式下审单付款操作技能。
2. 了解审单原则和方法。

【实训内容】

让学生分组讨论三种审核单据方法的特点，并每组自行准备3～4份单据，运用不同的方法进行审核。

让学生模拟银行国际业务部门的工作人员，根据主要单据的审核要点，对"情境导入"中案例的装箱单（见表9-8）与商业发票（见表9-9）进行审核，并提出审单意见。

【实训方法】

学生审单并提出意见，教师观摩听取后点评。

【重点提示】

审核进口货物单据是履行进口合同的一个重要环节。在采用托收和汇付方式的进口业务中，由进口商负责对货物单据进行全面审核；采用信用证方式的进口业务，则由开证行和进口商共同审核单据，在确认单据与信用证及合同规定相符后，予以付款；如果银行发现单据与信用证条款不符，通常会先征询进口商的意见，看其是否愿意接受不符点，如果愿意接受，进口商即可指示银行对外付款或承兑。

拓展阅读　　信用证方式下主要单据审核要点

一、汇票

1. 出票条款：信用证名下汇票，应加列出票条款（Drawn Clause），其中开证行、信用证号码及开证日期应与信用证相符。

2. 汇票金额：货币名称符合信用证规定，金额应与信用证规定相符，且大小写一致。汇票金额一般应为100%的发票金额，且不超过信用证金额。如单据内含有佣金或货款部分托收，则按信用证规定的发票金额的百分比开列。国外开来汇票，也可以只有小写。

3. 付款人：汇票付款人应为开证行或指定的付款行。若信用证未规定，应为开证行，不应以申请人为付款人。

4. 出票人：汇票出票人应为信用证受益人，通常为出口商，且应与信用证受益人名称、地点相符合。

5. 付款期限：汇票付款期限应与信用证规定相符。

6. 出票日期：汇票出票日期必须在信用证有效期内，不应早于发票日期。

7. 收款人：通常为议付银行。

8. 汇票的签章：必须有出票人签字盖章，无出票人签字盖章的汇票视为无效汇票。

二、提单（Bill of Lading）

1. 提单的份数：提单必须按信用证规定的份数全套提交，如信用证未规定份数，则一份也可算全套。

2. 提单抬头：提单的抬头人应按信用证要求进行填写，如是"To Order"或"To Order of Shipper"的，出口（发货）人是否有效背书。

3. 提单被通知人：被通知人的名称、地址应与信用证规定相符。

4. 发货人：提单上的发货人应与信用证受益人一致。

5. 承运人：提单应注明承运人名称，并经承运人或其代理人签名，或船长或其代理人签名。

6. 提单上的批注：除非信用证特别规定，提单应为清洁已装船提单。若为备运提单，则必须加上装船注记（Shipped on Board）并由船方签署。如有货装舱面（On Deck）字样，则不应接受。

7. 运费：价格条件为"CFR"或"CIF"时，运费栏是否注明的是"Freight Prepaid"；如价格条件为"FOB"，运费栏应注明"Freight to Collect"。

8. 提单的日期：不得迟于信用证所规定的最迟装运日期。

9. 提单的交单日期：不得迟于装船日期后21天（信用证有其他规定者按其规定）。

10. 提单上所载件数、唛头、数量、船名、航次等应和发票相一致，货物描述可用总称，但不得与发票货名相抵触。

11. 装运港与卸货港：应正确填写装运港与卸货港名称。

12. 提单上的文字如有更改，提单上应有提单签署人的签字或签发提单公司的签章。

三、商业发票（Commercial Invoice）

1. 开立人：发票应由信用证受益人开立，即开立人应与受益人名称、地址一致。

2. 货物描述：商品的名称、数量、单价、包装、价格条件、合同号码等描述，必须与信用证严格一致。

3. 抬头人：应与信用证开证申请人名称、地址一致。

4. 发票日期：可以早于开证日期，但不得迟于最迟交单期和信用证到期日。

5. 发票金额：应与汇票金额相同，发票单价、贸易条件应与信用证相符，银行不负责核对详细核算过程或算术计算出的结果。

6. 发票的签字：商业发票一般不需要签字，除非信用证另有规定。

7. 发票上的装运港、卸货港、唛头、数量、重量、尺码应与其他单据所列一致。

8. 要求发票张数通常比其他单据张数多些。交来多张发票，应是一份正本，其余为副本。以手写或大字方法制作单据就是正本，不须加注"Original"字样；以影印、自动或电脑处理、复写方法制作单据当作正本时，应注明"Original"字样，如必要时，加签字。

四、保险单据

1. 保险人（Insurer）：必须是保险公司或保险商（Underwriter），或其代理人方可有权签发保险单据。

2. 被保险人（Insured）：在CIF、CIP贸易条件下，被保险人是卖方或受益人，应做成空白背书，使保险单据成为可流通形式（In Negotiable Form）。

3. 银行接受的保险单据是保险单（Insurance Policy）、保险凭证（Insurance Certificate）、保险声明（Insurance Declaration）：保险单可以代替保险凭证，但保险凭证不能代替保险单。银行对于保单签发日期迟于海运提单装运日期的保险单据不予接受。银行不接受由保险经纪人签发的暂保单（Cover Note）。

4. 保险金额：保险单据必须使用与信用证相同的货币开立，最低保险金额应为CIF或CIP价格的金额加10%，或者信用证要求付款、承兑、议付金额的110%与发票金额的110%，两者中取金额较大者。如信用证要求保险单据注明保险费已支付（Marked Premium Paid），保险单据必须表明"Premium Paid"。

5. 保险单据份数：保险单正本份数应符合信用证要求。
6. 保险单的日期：不应晚于提单签发日。
7. 承保险别：承保险别应符合信用证的规定。
8. 赔偿地点：应符合信用证的规定，一般是在进口国家地点。
9. 运输条款：保险单上所列船名、航线、港口、起运日期应与提单一致。
10. 货物描述：应列明货物名称、数量、唛头等，并应与发票、提单及其他货运单据一致。

五、产地证（Certificate of Origin）

1. 签署机构：应由信用证指定机构签署，如果没有规定，则受益人出具的单据也可以接受。
2. 货物信息：货物名称、唛头、品质、数量及价格等有关商品的记载应与信用证、发票以及其他单据一致。
3. 产地国家：确保产地证记载的产地国家符合信用证的要求。
4. 签发日期不得迟于装船日期。

六、检验证书（Inspection Certificate）

1. 签发机构：应由信用证指定机构签发。
2. 检验内容：检验项目及内容应符合信用证的要求，检验结果如与信用证要求不符，可拒付。
3. 检验日期：不得迟于装运日期，但也不得距装运日期过早，否则会导致检验失效。

模块四　报关、报检、索赔

情境导入

上海 ABC 公司和日本 DENKI SHOJI 公司于 2014 年 7 月 26 日签署了以下合同，从日本进口了一批全棉毛巾（见表 9－10）。

表 9－10

	DENKI SHOJI CO., LTD	
	4－1－3 NISHI－TEMMA, KITA－KU, OSAKA530, JAPAN	
	销售确认书	
	SALES CONFIRMATION	
	S/C NO：	SH107
	DATE：	JUNE 26, 2011

续表

The Seller:	DENKI SHOJI CO., LTD	The Buyer:	SHANGHAI ABC CO., LTD
Address:	4-1-3 NISHI-TEMMA, KITA-KU, OSAKA530, JAPAN	Address:	NO. 44 NANJING ROAD SHANGHAI, P. R. CHINA
E-Mail:		E-Mail:	

SHIPPING MARKS.	DESCRIPTION OF GOODS	QUANTITY	UNIT PRICE	AMOUNT
N/M	100 PCT COTTON TOWEL ART NO. 0427 ART NO. 0428 ART NO. 0429	3 000 PCS 3 000 PCS 2 000 PCS	USD1.00 USD1.00 USD1.25	CFR SHANGHAI USD 3 000.00 USD 3 000.00 USD 3 000.00
				USD 8 500.00

TIME OF SHIPMENT:	20140820
PACKING:	10 PCS INTO ONE CARTON
INSURANCE:	TO BE EFFECTED BY THE BUYERS
PAYMENT:	L/C AT 30 DAYS AFTER SIGHT
REMARKS:	PLEASE SIGN AND RETURN ONE FOR OUR FILE

其他信息：

信用证号码：0227LC07000016	Date of Issue：140802	Port of loading：OSAKA JAPAN
Port of discharge： SHANGHAI, CHINA	Date and Place of Expiry： 140910JAPAN	Issuing bank：BANK OF CHINA, SHANGHAI BRANCH
Advising bank：BANK OF CHINA OSAKA BRANCH	Latest Date of Shipment：140820	允许转船和分批装运
DOCUMENTS MUST BE PRESENTED WITHIN 15 DAYS AFTER THE DATE OF ISSUANCE OF THE TRANSPORT DOCUMENTS BUT WITHIN THE VALIDITY OF THIS CREDIT.		

若该批货物已到达指定目的港，应如何办理进口报关报检？

任务一　办理进口报关相关手续

　　进口报关是指进口货物的收货人或其代理人按照《海关法》及其他行政法规的规定，向海关交验有关证件，办理进口货物的申报手续。

　　进口报关工作的全部程序分为进口申报、查验货物、估价征税、签章放行、结关五个环节。

一、进口申报

进口申报是指进口货物的收货人自运输工具申报进境之日起 14 日内,在货物的进境地海关,由报关人填写进口货物报关单一式两份(一般贸易),并随付发票、装箱单、提运单、报关单、进口批文、减免税证明及加工贸易备案手册等有关货运和商业单证,以书面或者电子数据交换(EDI)方式向海关报告其进口货物的情况,申请海关审查放行。如果超过期限未向海关申报,由海关从第 15 天开始按日计征进口货物 CIF 价值万分之五的滞报金(起点为 50 元);超过 3 个月未向海关申报的,海关将其作为无主货物依法提取变卖,所得价款扣除运输、装卸、储存等费用和税款后,尚有余额的,自货物变卖之日起 1 年内,经收货人申请,应予以发还;逾期无人申请的,上缴国库。

(一)查验货物

查验货物是指海关在接受报告单位的申报后,依法为确定进出境货物的性质、原产地、货物状况、数量和价值是否与货物申报单上已填报的详细内容相符,对货物进行实际检查的行政执法行为。海关查验进口货物时,报关人必须在场,按照海关的要求负责搬移货物、开拆和重封货物的包装,并随时回答海关关员的提问和提供海关需要的单证。查验货物一般在海关监管区域内的仓库或场地进行。若是船边直接提货,则先验后放再补税。

(二)估价征税

我国对进口货物计征进口关税、进口调节税、增值税,少数商品还征收消费税,这些税通常由海关在进口环节代税务机关征收。海关对进口货物进行审价并分类估价,核算到岸价格,依率计征,依法减免税。海关依据估价征税计算,开出银行缴款书送交报关人缴纳税款。

(三)签章放行

签章放行是指海关接受进口货物的申报、审核报关单据、查验货物完毕,报关人已缴讫税款及规定费用,应附单证已核销,各项通关手续全部完成后,由经办人在报关单及提单上加盖放行章,并随附应发还的单证交还报关人,报关人即可到海关监管仓库或场所提货。

(四)结关

结关是指对经口岸放行后仍需继续实施后续管理的货物,海关在规定的期限内进行核查,对需要补证、补税货物做出处理,直至完全结束海关监管的工作程序。

二、报关单及填写说明

海关报关单的样式如表 9 – 11 所示。

1. 进口口岸:本栏目填写载运货物的运输工具进出境地的隶属海关名称及 4 位代码,按如下格式填写:隶属海关中文名称(4 位代码),即隶属海关中文名称 + "(" + 4 位代码 + ")"。

2. 备案号:是指进出口货物收发货人办理报关手续时,应向海关递交的备案审批文件的编号。涉及内容是:加工贸易手册编号、加工贸易电子账册编号、实行优惠贸易协定项下原产地证书联网管理的原产地证书编号、适用 ITA 税率的商品用途认定证书的编号等。

(二) INVOICE & PACKING LIST (见表 9-9)

表 9-9　　　　　　　　　　　INVOICE & PACKING LIST

To: CHANGCHUN MACHINE I/E CORP.　NO.: 639802
NO. 86 JINGHONG ROAD　DATE: JULY 19, 2011
CHANGCHUN, CHINA

DESCRIPTION OF GOODS	UNIT PRICE	TOTAL AMOUNT	NET WEIGHT	GROSS WEIGHT
GEARBOX	@ EUR300.00 /UNIT	180 000.00	6.00 TONS	6.18 TONS
BATTERY	@ EUR400.00 /UNIT	320 000.00	11.60 TONS	11.84 TONS
TOTAL		500 000.00	17.60 TONS	18.02 TONS

COVERING:
GEARBOX EUR300 PER UNIT FCA BONN
PACKED IN CARTON OF ONE UNIT, 10CARTONS TO A WOODEN PALLET
TOTAL 60 WOODN PALLETS TO ONE 20FT. CONTAINER.
BATTERY EUR400 PER UNIT FCA BONN
PACKED IN CARTON OF ONE UNIT, 10CARTONS TO A WOODEN CASES
TOTAL 80 WOODN CASES TO ONE 40FT. CONTAINER.
FRIEIGHT CHARGES: EUR 5 406.00
INSURANCE: 2.5‰
法定计量单位为"千克"
JAND BDEUTCHLAND GMBH

任务一　审核单据，支付货款

货物单据是进口商凭以付款的依据，也是核对进口货物是否与合同相符的凭证，因此，审核进口货物单据是履行进口合同的一个重要环节。在采用托收和汇付方式的进口业务中，由进口商负责对货物单据进行全面审核；采用信用证方式的进口业务，则由开证行和进口商共同审核单据，在确认单据与信用证及合同规定相符后，予以付款。

一、审核单据的要求

(一) 及时性

及时审核有关单据可以对一些单据上的差错做到及时发现、及时更正，有效地避免因审核不及时造成的各项工作的被动。

(二) 全面性

应当从安全收汇和全面履行合同的高度来重视单据的审核工作。一方面，我们应对照信用证和合同认真审核每一份单证，不放过任何一个不符点；另一方面，要善于处理所发现的问题，加强与各有关部门的联系和衔接，使发现的问题得到及时、妥善的处理。

(三) 按照严格符合的原则

做到"单单相符、单证相符"。单单相符、单证相符是安全收汇的前提和基础,所提交的单据中存在的任何不符,哪怕是细小的差错,都会造成一些难以挽回的损失。

二、审核单据的方法

(一) 单据与信用证对照审核法 (The Checking–up of Documents Against L/C)

单据与信用证对照审核法亦称"纵横审核法"。第一道程序是依据信用证规定的条款与诸单据所列内容,两者对照,一句一字的予以审核,做到单据与信用证完全相符,这种审核方法称"纵向审核法";另一道程序是由诸单据中选择一份主要的单据,亦称大单据,如商业发票或汇票。以商业发票与其他单据相对照地予以审核,做到一份主单据与其他单据所列内容完全一样,而且完全相符,此种审核方法称为"横向审核法",亦称"一单对照多单审核法",旨在做到单据有效。

(二) 两道工序审核法 (The Checking–up of Documents by Two Times)

有的集团或跨国公司,其制单业务是由各主管部门办理,而后集中于一处由专家予以审核单据。各部门缮制单据必须是制、审相结合,保证无差错。此种程序称"一缮一审"和"综合复审"相结合的方法。二者相结合的方法不是简易的重复,而是抓住扼要内容,一审再审;一般相关内容可做统计审核,即可完成。

(三) 即期装船审核单据法 (The Checking–up of Documents for Prompt Shipment)

海上航运业务的运转,是以计划、装卸、起航、航程及日期予以安排的。把航次的安排、运输的吞吐进度及审核单据的进度相结合,以每航次的装货时间安排审核单据。这种审核单据的方法特点是化整为零,将缮制、审核和改单程序合为一体。若一家公司有多笔契约货物须装运,只能依装货的先后缓急为序,其中,选择即期装船为主线,集中全力予以审核单据,旨在保证单据的质量,做成有效的单据。

三、信用证支付方式下的审单付款

(一) 审单

在信用证支付方式下,开证行或其指定的付款行或偿付行在收到国外寄来的单据次日起5个银行工作日内,将合理谨慎地审核信用证规定的一切单据,以确定其是否符合信用证条款,决定接受或拒绝接受单据并通知交单方。根据 UCP600 的规定,开证行承担第一性的付款责任。开证行按照"单单相符、单证相符"的原则,对照信用证条款,对出口地银行转来的全套单据进行详细审核,确定单据种类和份数齐全,以及相关各项内容与信用证要求相符后,不必事先征得开证申请人的同意,即可直接办理对外付款。但在实际业务中,银行通常还要交进口商复审。进口商在3个工作日内如果没有提出异议,即视为进口商同意信用证规定条件,对外承担到期付款责任,银行即按即期、远期汇票付汇或承兑,或在延期付款信用证情况下对外承担到期付款责任;如发现单据有不符点时,则要征求申请开证的进口商的意见后,再做出处理。

(二) 付款

银行审单后有两种情况:一种情况是对单据核对无误后,凭议付行寄来的索偿通知书,填制进口单据发送清单，并附全部单据送交进口企业验收。经进口企业对全套单据进行全面细致审核无误后，银行即根据信用证的种类，采用所规定的付款方式付款。与此同时，通知进口企业按当日国家外汇管理局公布的人民币外汇牌价，向银行付汇赎单。另一种情况是银行发现单据与信用证条款不符，通常会先征询进口企业的意见，看其是否愿意接受不符点。如果愿意接受，进口企业即可指示银行对外付款或承兑。如果拒绝接受不符点，进口企业可以采取以下几种处理办法：

1. 拒绝接受单据，拒付全部货款。在单据与信用证、单据与单据之间有明显不符点时，如货量不足，品质、规格不符，短缺必要的单据，货款金额计算错误，以及提交不清洁提单等，原则上可以采用这种方法。

2. 部分付款，部分拒付。单据与单据之间明显有不符点，但根据情节又不宜全部拒付者，可采取部分付款、部分拒付的方式。例如，单据所列货物有几种不同品质规格，每种规格的数量不同，如其中只有一两种规格存在问题，可只拒付有问题部分的货款。

3. 货到经检验后付款。由于单证或单单不符，买方可以通知银行要求货到验货付款。如果经检验，发现货物与合同规定完全相符，买方可以接受单据，支付合同全部货款。如果发现货物与合同规定有出入，买方可以拒付，或要求扣款。

4. 凭卖方或议付行出具的担保付款，或付款后开证行保留追索权。总之，对于"不符点"的处理，开证行或开证申请人都应在合理时间内以最迅速的方式向议付行提出。长期缄默，可能导致丧失拒付的权利。但值得注意的是，上述所指的拒付货款，前提是单据与信用证不符。如果货物与合同规定不符，则应由买卖双方根据合同进行处理。

四、托收方式下的审单付款

我国的进口交易大都采用信用证方式，但也有一部分采用托收方式。在托收方式下，审单付款的具体做法是：当代收行（中国银行）接到委托行寄来的托收单据后，先按托收委托核对单据份数，填制"进口代收发送清单"，然后连同单据一并送交进口企业签收；进口企业须在合理时间内办理付款或承兑手续，即在进口代收发送清单上签章同意付款，然后将其退交代收行；代收行卖出外汇，核定用汇额度后，与进口企业结账，同时以规定方式付款给委托行。

实 训 活 动

【实训目的】

1. 掌握信用证方式下审单付款操作技能。
2. 了解审单原则和方法。

【实训内容】

让学生分组讨论三种审核单据方法的特点，并每组自行准备 3~4 份单据，运用不同的方法进行审核。

让学生模拟银行国际业务部门的工作人员，根据主要单据的审核要点，对"情境导入"中案例的装箱单（见表9-8）与商业发票（见表9-9）进行审核，并提出审单意见。

【实训方法】

学生审单并提出意见，教师观摩听取后点评。

【重点提示】

审核进口货物单据是履行进口合同的一个重要环节。在采用托收和汇付方式的进口业务中，由进口商负责对货物单据进行全面审核；采用信用证方式的进口业务，则由开证行和进口商共同审核单据，在确认单据与信用证及合同规定相符后，予以付款；如果银行发现单据与信用证条款不符，通常会先征询进口商的意见，看其是否愿意接受不符点，如果愿意接受，进口商即可指示银行对外付款或承兑。

拓展阅读　　信用证方式下主要单据审核要点

一、汇票

1. 出票条款：信用证名下汇票，应加列出票条款（Drawn Clause），其中开证行、信用证号码及开证日期应与信用证相符。

2. 汇票金额：货币名称符合信用证规定，金额应与信用证规定相符，且大小写一致。汇票金额一般应为100%的发票金额，且不超过信用证金额。如单据内含有佣金或货款部分托收，则按信用证规定的发票金额的百分比开列。国外开来汇票，也可以只有小写。

3. 付款人：汇票付款人应为开证行或指定的付款行。若信用证未规定，应为开证行，不应以申请人为付款人。

4. 出票人：汇票出票人应为信用证受益人，通常为出口商，且应与信用证受益人名称、地点相符合。

5. 付款期限：汇票付款期限应与信用证规定相符。

6. 出票日期：汇票出票日期必须在信用证有效期内，不应早于发票日期。

7. 收款人：通常为议付银行。

8. 汇票的签章：必须有出票人签字盖章，无出票人签字盖章的汇票视为无效汇票。

二、提单（Bill of Lading）

1. 提单的份数：提单必须按信用证规定的份数全套提交，如信用证未规定份数，则一份也可算全套。

2. 提单抬头：提单的抬头人应按信用证要求进行填写，如是"To Order"或"To Order of Shipper"的，出口（发货）人是否有效背书。

3. 提单被通知人：被通知人的名称、地址应与信用证规定相符。

4. 发货人：提单上的发货人应与信用证受益人一致。

5. 承运人：提单应注明承运人名称，并经承运人或其代理人签名，或船长或其代理人签名。

6. 提单上的批注：除非信用证特别规定，提单应为清洁已装船提单。若为备运提单，则必须加上装船注记（Shipped on Board）并由船方签署。如有货装舱面（On Deck）字样，则不应接受。

7. 运费：价格条件为"CFR"或"CIF"时，运费栏是否注明的是"Freight Prepaid"；如价格条件为"FOB"，运费栏应注明"Freight to Collect"。

8. 提单的日期：不得迟于信用证所规定的最迟装运日期。

9. 提单的交单日期：不得迟于装船日期后21天（信用证有其他规定者按其规定）。

10. 提单上所载件数、唛头、数量、船名、航次等应和发票相一致，货物描述可用总称，但不得与发票货名相抵触。

11. 装运港与卸货港：应正确填写装运港与卸货港名称。

12. 提单上的文字如有更改，提单上应有提单签署人的签字或签发提单公司的签章。

三、商业发票（Commercial Invoice）

1. 开立人：发票应由信用证受益人开立，即开立人应与受益人名称、地址一致。

2. 货物描述：商品的名称、数量、单价、包装、价格条件、合同号码等描述，必须与信用证严格一致。

3. 抬头人：应与信用证开证申请人名称、地址一致。

4. 发票日期：可以早于开证日期，但不得迟于最迟交单期和信用证到期日。

5. 发票金额：应与汇票金额相同，发票单价、贸易条件应与信用证相符，银行不负责核对详细核算过程或算术计算出的结果。

6. 发票的签字：商业发票一般不需要签字，除非信用证另有规定。

7. 发票上的装运港、卸货港、唛头、数量、重量、尺码应与其他单据所列一致。

8. 要求发票张数通常比其他单据张数多些。交来多张发票，应是一份正本，其余为副本。以手写或大字方法制作单据就是正本，不须加注"Original"字样；以影印、自动或电脑处理、复写方法制作单据当作正本时，应注明"Original"字样，如必要时，加签字。

四、保险单据

1. 保险人（Insurer）：必须是保险公司或保险商（Underwriter），或其代理人方可有权签发保险单据。

2. 被保险人（Insured）：在CIF、CIP贸易条件下，被保险人是卖方或受益人，应做成空白背书，使保险单据成为可流通形式（In Negotiable Form）。

3. 银行接受的保险单据是保险单（Insurance Policy）、保险凭证（Insurance Certificate）、保险声明（Insurance Declaration）：保险单可以代替保险凭证，但保险凭证不能代替保险单。银行对于保单签发日期迟于海运提单装运日期的保险单据不予接受。银行不接受由保险经纪人签发的暂保单（Cover Note）。

4. 保险金额：保险单据必须使用与信用证相同的货币开立，最低保险金额应为CIF或CIP价格的金额加10%，或者信用证要求付款、承兑、议付金额的110%与发票金额的110%，两者中取金额较大者。如信用证要求保险单据注明保险费已支付（Marked Premium Paid），保险单据必须表明"Premium Paid"。

5. 保险单据份数：保险单正本份数应符合信用证要求。

6. 保险单的日期：不应晚于提单签发日。

7. 承保险别：承保险别应符合信用证的规定。

8. 赔偿地点：应符合信用证的规定，一般是在进口国家地点。

9. 运输条款：保险单上所列船名、航线、港口、起运日期应与提单一致。

10. 货物描述：应列明货物名称、数量、唛头等，并应与发票、提单及其他货运单据一致。

五、产地证（Certificate of Origin）

1. 签署机构：应由信用证指定机构签署，如果没有规定，则受益人出具的单据也可以接受。

2. 货物信息：货物名称、唛头、品质、数量及价格等有关商品的记载应与信用证、发票以及其他单据一致。

3. 产地国家：确保产地证记载的产地国家符合信用证的要求。

4. 签发日期不得迟于装船日期。

六、检验证书（Inspection Certificate）

1. 签发机构：应由信用证指定机构签发。

2. 检验内容：检验项目及内容应符合信用证的要求，检验结果如与信用证要求不符，可拒付。

3. 检验日期：不得迟于装运日期，但也不得距装运日期过早，否则会导致检验失效。

模块四　报关、报检、索赔

情境导入

上海 ABC 公司和日本 DENKI SHOJI 公司于 2014 年 7 月 26 日签署了以下合同，从日本进口了一批全棉毛巾（见表 9-10）。

表 9-10

	DENKI SHOJI CO., LTD 4-1-3 NISHI-TEMMA, KITA-KU, OSAKA530, JAPAN 销售确认书 SALES CONFIRMATION	
	S/C NO:	SH107
	DATE:	JUNE 26, 2011

续表

The Seller:	DENKI SHOJI CO., LTD		The Buyer:	SHANGHAI ABC CO., LTD	
Address:	4-1-3 NISHI-TEMMA, KITA-KU, OSAKA530, JAPAN		Address:	NO. 44 NANJING ROAD SHANGHAI, P. R. CHINA	
E-Mail:			E-Mail:		
SHIPPING MARKS.	DESCRIPTION OF GOODS	QUANTITY		UNIT PRICE	AMOUNT
N/M	100 PCT COTTON TOWEL ART NO. 0427 ART NO. 0428 ART NO. 0429	3 000 PCS 3 000 PCS 2 000 PCS		USD1.00 USD1.00 USD1.25	CFR SHANGHAI USD 3 000.00 USD 3 000.00 USD 3 000.00
					USD 8 500.00
TIME OF SHIPMENT:	20140820				
PACKING:	10 PCS INTO ONE CARTON				
INSURANCE:	TO BE EFFECTED BY THE BUYERS				
PAYMENT:	L/C AT 30 DAYS AFTER SIGHT				
REMARKS:	PLEASE SIGN AND RETURN ONE FOR OUR FILE				

其他信息：

信用证号码：0227LC07000016	Date of Issue：140802	Port of loading：OSAKA JAPAN
Port of discharge：SHANGHAI, CHINA	Date and Place of Expiry：140910JAPAN	Issuing bank：BANK OF CHINA, SHANGHAI BRANCH
Advising bank：BANK OF CHINA OSAKA BRANCH	Latest Date of Shipment：140820	允许转船和分批装运
DOCUMENTS MUST BE PRESENTED WITHIN 15 DAYS AFTER THE DATE OF ISSUANCE OF THE TRANSPORT DOCUMENTS BUT WITHIN THE VALIDITY OF THIS CREDIT.		

若该批货物已到达指定目的港，应如何办理进口报关报检？

任务一　办理进口报关相关手续

进口报关是指进口货物的收货人或其代理人按照《海关法》及其他行政法规的规定，向海关交验有关证件，办理进口货物的申报手续。

进口报关工作的全部程序分为进口申报、查验货物、估价征税、签章放行、结关五个环节。

一、进口申报

进口申报是指进口货物的收货人自运输工具申报进境之日起 14 日内,在货物的进境地海关,由报关人填写进口货物报关单一式两份(一般贸易),并随付发票、装箱单、提运单、报关单、进口批文、减免税证明及加工贸易备案手册等有关货运和商业单证,以书面或者电子数据交换(EDI)方式向海关报告其进口货物的情况,申请海关审查放行。如果超过期限未向海关申报,由海关从第 15 天开始按日计征进口货物 CIF 价值万分之五的滞报金(起点为 50 元);超过 3 个月未向海关申报的,海关将其作为无主货物依法提取变卖,所得价款扣除运输、装卸、储存等费用和税款后,尚有余额的,自货物变卖之日起 1 年内,经收货人申请,应予以发还;逾期无人申请的,上缴国库。

(一)查验货物

查验货物是指海关在接受报告单位的申报后,依法为确定进出境货物的性质、原产地、货物状况、数量和价值是否与货物申报单上已填报的详细内容相符,对货物进行实际检查的行政执法行为。海关查验进口货物时,报关人必须在场,按照海关的要求负责搬移货物、开拆和重封货物的包装,并随时回答海关关员的提问和提供海关需要的单证。查验货物一般在海关监管区域内的仓库或场地进行。若是船边直接提货,则先验后放再补税。

(二)估价征税

我国对进口货物计征进口关税、进口调节税、增值税,少数商品还征收消费税,这些税通常由海关在进口环节代税务机关征收。海关对进口货物进行审价并分类估价,核算到岸价格,依率计征,依法减免税。海关依据估价征税计算,开出银行缴款书送交报关人缴纳税款。

(三)签章放行

签章放行是指海关接受进口货物的申报、审核报关单据、查验货物完毕,报关人已缴讫税款及规定费用,应附单证已核销,各项通关手续全部完成后,由经办人在报关单及提单上加盖放行章,并随附应发还的单证交还报关人,报关人即可到海关监管仓库或场所提货。

(四)结关

结关是指对经口岸放行后仍需继续实施后续管理的货物,海关在规定的期限内进行核查,对需要补证、补税货物做出处理,直至完全结束海关监管的工作程序。

二、报关单及填写说明

海关报关单的样式如表 9-11 所示。

1. 进口口岸:本栏目填写载运货物的运输工具进出境地的隶属海关名称及 4 位代码,按如下格式填写:隶属海关中文名称(4 位代码),即隶属海关中文名称 + "(" +4 位代码 + ")"。

2. 备案号:是指进出口货物收发货人办理报关手续时,应向海关递交的备案审批文件的编号。涉及内容是:加工贸易手册编号、加工贸易电子账册编号、实行优惠贸易协定项下原产地证书联网管理的原产地证书编号、适用 ITA 税率的商品用途认定证书的编号等。

表 9-11　　　　　　　　中华人民共和国海关进口货物报关单

预录入编号：	海关编号：			录入员　　录入单位
进口口岸 大连	备案号		进口日期	申报日期
经营单位	运输方式	运输工具名称		提运单号 MOLU69557652
收货单位	贸易方式 一般贸易	征免性质		征税比例
许可证号	起运国（地区） 德国	装运港		境内目的地
批准文号	成交方式	运费	保费	杂费
合同协议号	件数	包装种类	毛重（千克）	净重（千克）
集装箱号	随附单据			用途
标记唛码及备注				
项号　商品编码	商品名称、规格型号数量及单位	原产国（地区）	单价　总价　币制	征免
税费征收情况				
兹声明以上申报无讹并承担法律责任 报关员 单位地址申报单位（签章） 邮编电话填制日期			海关审单批注及放行日期（签章） 审单审价 征税统计	

　　3. 进口日期：指运载出口货物的运输工具办结出境手续的日期。

　　4. 申报日期：为海关计算机系统接受申报数据时记录的日期。

　　5. 经营单位：应填报经营单位名称及经营单位编码，按如下格式填写：经营单位中文名称（经营单位编码），即经营单位中文名称+"（"+经营单位编码+"）"。

　　6. 运输方式：要根据实际运输方式，按海关规定的《运输方式代码表》选择、填报相应的运输方式的名称或代码。

7. 运输工具：江海运输填报船舶编号 + "/" + 航次号，按如下格式填写：船舶编号/航次号。

8. 提运单号：该编号必须与运输部门向海关提供的载货清单所列内容一致（包括数码、英文大小写、符号和空格），此栏目主要是填报运输单据的编号。

9. 发货单位：本栏必须填报其中文名称及编码；没有编码的，填报其中文名称。按如下格式填写：发货单位中文名称（编码），即发货单位中文名称 + "（" + 编码 + "）"。

10. 贸易方式（监管方式）：应根据实际对外贸易情况，按海关规定的《监管方式代码表》选择填报相应的监管方式简称或代码。

11. 征免性质：应根据实际情况，按海关规定的《征免性质代码表》选择填报相应的征免性质简称或代码。

12. 结汇方式：根据海关规定的《结汇方式代码表》选择填报相应的结汇方式名称。如果是信用证结汇，此处填写"信用证"或"L/C"或"6"都可以。

13. 起抵国（地区）：应按海关规定的《国别（地区）代码表》选择填报相应的运抵国（地区）中文名称。

14. 指运港：应根据实际情况，按海关规定的《港口航线代码表》选择填报相应的港口中文名称。指运港在《港口航线代码表》中无港口中文名称或代码的，可选择填报相应国家的中文名称，如指运港为深圳。

15. 许可证号：所涉及填报的内容包括进（出）口许可证、两用物项和技术进（出）口许可证、纺织品临时出口许可证三类证件的编号。

16. 批准文号：填报实行出口收汇核销管理的出口收汇核销单上的编号。

17. 成交方式：填报相应的成交方式名称或代码。

18. 运费：应根据具体情况选择运输单价、运费总价或运费率三种方式之一填报，同时注明运费标记（运费率标记免填），并按海关规定的《货币代码表》选择填报相应的币种代码。

19. 保险费：要根据具体情况，选择保险费总价或保险费率两种方式之一填报，同时注明保险费标记（保险费率标记免填），并按照海关规定的《货币代码表》选择填报相应的币种代码。

20. 杂费：应该根据具体情况选择杂费总价或杂费率两种方式之一来填报，同时注明杂费标记（杂费率标记免填），并按海关规定的《货币代码表》选择填报相应的币种。
无杂费时本栏免填。

21. 合同协议号：填报进出口货物合同协议的全部字头和号码。

22. 件数：填报有外包装的进出口货物的实际件数。

23. 包装种类：填写应根据进出口货物的实际外包装种类，选择填报相应的包装种类的中文名称。

24. 毛重：本栏填报进出口货物的实际毛重，以千克计，不足一千克的填报为"1"。

25. 净重：填写货物的净重。

26. 集装箱号：填报方式为：集装箱号 + "/" + 规格 + "/" + 自重。
例：TBXU3605231/20/2280 表示 1 个标准集装箱；在多于一个集装箱的情况下，其余集装箱以相同的格式填写在标记唛码即备注栏中，非集装箱货物填报"0"。

项目九　履行进口合同

27. 随附单据：仅填报除进出口许可证以外的监管证件代码及编号，依据"汽车零件进口报关案例"业务背景内容判断填写，如 A：3302010104004684。

28. 标记唛码及备注：填写除货物之外的有关补充和特殊事项的说明，包括关联备案号、关联报关单号，填写以"汽车零件进口报关案例"业务背景内容为准。

29. 项号：本栏分两行填报，第一行填报货物再报关单中的商品排列序号。下面一行用于填报在海关已备案商品的在备案文件上的项号（是指所申报的商品位列在加工贸易手册中备案商品的序号或联网监管的原产地证书上商品的序号）。没有备案文件的，下面一行免填。

30. 商品编号：填写按照《进出口税则》确定的税则编号以及符合海关监管要求的附加编码。

31. 商品名称、规格型号：商品名称是指进出口货物规范的中文名称，商品规格型号能反映商品的性能、品质和规格等一系列指标，如品牌、等级、成分等。

32. 数量及单位：填报进出口商品的实际数量及计量单位，以及海关法定计量范围和按照海关计量单位换算的数量。

33. 单价：填写商品的一个计量单位以某一种货币表示的价格。

34. 总价：填写货物实际成交的商品总价。

35. 币制：填写货物实际成交价格的计价货币的名称或代码缩写。

36. 征免：按照海关核发的"征免税证明"或有关政策规定，对报关单所列每项商品选择填报海关规定的《征减免税方式代码表》中相应的征减免税方式。

实训活动

【实训目的】

1. 认知进口报关的流程。
2. 让学生自主学习报关单的格式。

【实训内容】

学生分组讨论进口报关的流程，把图9-9中的几个步骤按照正确的顺序排列好，并用"→"连接，然后根据"情境导入"中的业务资料，分不同角色。现场模拟整个流程：估价征税、签放行、进口申报、查验货物。

让学生扮演"情境导入"案例中的大连外运代理公司的报关人员，请根据业务资料及其他单证绘制本次报关作业的工作流程，并网络搜索进口报关单的格式，结合填制说明，尝试完成进口报关单的填制。

【实训方法】

学生分小组汇报并展示填写的报关单，教师批改后点评。

【重点提示】

报关的主要单证

进口报关工作的全部程序分为进口申报、查验货物、估价征税、签章放行、结关五个环节。进口报关单是进口商用来向海关说明和审报进口货物详细情况所填的表单，此进口报关单是货物进口报关流程中必不可少的审报资料之一。

拓展阅读 进口报关注意事项

1. 进口报关单证（装箱单、发票、贸易合同）等所有单证一定要与实际货物一致。
2. 装箱单、发票、贸易合同等单证上的货物品名一定要一样，并且和实际货物的品名一致。
3. 装箱单上的货物重量和方数要和提单上的一致，并且要和实际货物一致。
4. 合同上面要有合同号，发票上面要有发票号。
5. 是木质包装的需要，在木质包装上有 IPPC 标示。
6. 从韩国和日本进口货物，还要有非木质包装证明。
7. 凡进口下列九类商品必须提前5天预申报：汽车零件、化工产品、高科技产品、机械设备、药品、多项食品、多项建材、钢材、摩托车零配件。
8. 凡进口旧印刷机械，进口年限不能超过10年，超过10年国家不允许进口。
9. 凡进口发电机组，工作实效不能超过15 000 小时，年限不能超过8年。
10. 旧医疗器械，国家不允许进口。

任务二 进口报检

进口商品分法定检验商品和非法定检验商品。法定检验进口商品是列入《商检机构实施检验的商品种类表》（以下简称《种类表》）及其他法律、法规规定必须经过商检机构或者国家商检局、商检机构指定的检验机构检验的进口商品。除此以外的进口商品为非法定检验商品。这两类商品在办理报验手续上有所不同，法定检验商品到货后，收货人或其代理人必须向口岸或到达站商检机构办理进口商品登记手续，然后按商检机构规定的地点和期限向到货地商检机构办理进口商品报验。非法定检验进口商品到货后，由收、用货部门直接办理进口通关手续。提货后，可按合同的约定自行检验，若发现问题，需凭商检证书索赔的，应向所在地商检机构办理进口商品报验。

进口报验流程如图9-1所示。

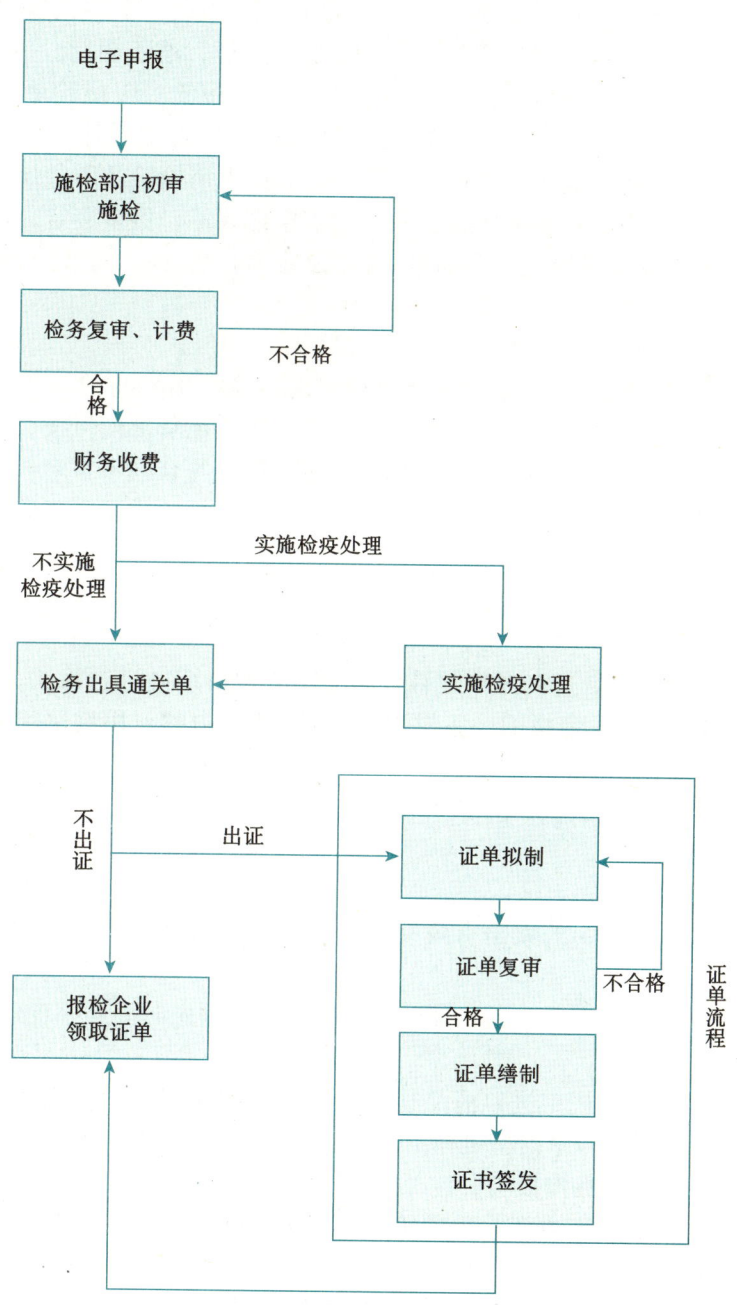

图 9-1 进口报验流程

一、申请报验

(一) 法定检验进口商品报验

1. 在口岸,对属于《种类表》的进口商品报检,由口岸外运公司或收、用货部门持货运单据和"进口货物报关单"向口岸商检机构申请办理报验。口岸商检机构审核后进行编号登记,并在"进口货物报关单"上加盖"已接受报验"印章,申请人凭以向海关办理进口报关,海关凭国家商检机构"已接受报验"印章验关放行,准予卸货。

2. 货到目的地,凡列入《种类表》的进口商品都必须报验。由报验单位填写"进口商品检验申请单",然后向当地商检机构申请报验。报验时,应随附对外贸易合同副本,国外商业发票、装箱清单、提单、进口货物通知书等单证。如申请检验品质、规格,还须提供国外品质证书、使用说明及有关标准和技术资料;如需申请数量、重量鉴定,须提供重量明细单、理货清单;如需申请残损鉴定,须提供"货物残损报告单"或铁路商务记录等有关单证。

(二) 非法定检验进口商品报验

未列入《种类表》中的进口商品,如合同约定由商检机构检验的,则由收、用货部门向约定商检机构报验;如合同未约定商检机构检验的,收、用货部门可按合同规定自行组织检验,并将检验结果告知当地商检机构。如发现质量、数量与合同不符时,应保持现状,并向当地商检机构申请报验;也可直接向所在地商检机构申请检验出证。当验收不合格时,需凭商检机构检验证书索赔。

二、检验、出证

商检机构受理报验申请后,在对外贸易合同约定的索赔期内进行检验,经检验合格的,签发"检验情况通知单";不合格的,签发"检验证书",由收、用货部门送订货公司办理对外索赔。

三、进口商品报验的时间及地点

(一) 报验时间的规定

1. 报验人应在合同中列明的索赔有效期前不少于 1/3 的时间,向货物所在地商检机构报验。

2. 索赔期已近、来不及完成检验出证的,报验人必须预先向国外办理延长索赔期手续。

(二) 报验地点的规定

1. 外贸合同或运输契约规定进口商品检验地点的,应在规定的地点所在地商检机构报验。例如,合同规定凭卸货口岸商检机构出具的品质、重量检验证书作为计算价格、结算贷款的,就应向卸货口岸商检机构报验。

2. 大宗散装商品、易腐变质商品,如粮食、原糖、化肥、化工原料、农产品等进口商品,必须向卸货口岸或到达站商检机构报验。

3. 在卸货时,发现货物的外包装残损或短件的,必须向卸货口岸或到达站商检机构报验。

4. 由内地收货、用货的,货物在国内运输途中又不会发生变质、变量而包装又完好的进口商品,可向到货地商检机构报验。

5. 需结合安装调试进行检验的成套设备、机电仪产品及在口岸开件检验难以恢复包装的商品,应向到货地商检机构报验。

四、进口商品报验注意事项

1. 同一合同、同一发票、同一提单限填一份申请单，同一合同、不同发票或提单的，应分别填写申请单。

2. 对装船前已经过预检验、监造监制的进口法定检验商品到达口岸时，仍应按规定进行报验。以货到后商检机构的检验结果为最终结果，并对检验不合格的进口商品签发检验证书，按合同规定对外索赔。

3. 对列入《实施安全质量许可制度的进口商品目录》内的进口商品，按法定检验商品办理报验，并加附进口质量许可证复件或提供许可证编号。

4. 进口商品在口岸卸货时，发现商品残损或数量短少，口岸外运公司或收、用货部门应向口岸商检机构申请报验并给予鉴定、签证。在口岸检验、鉴定确有困难的，由口岸商检机构办理异地检验手续，由收、用货部门向当地商检机构申请办理检验、鉴定、签证。没有办理完检验手续的，当地商检机构一般不予受理检验。

5. 进口商品合同规定由销售方来我国共同检验，或在到货后发现问题确属销售方责任，需经销售方派人会同检验的，一定要在合同规定的检验地检验。

实训活动

【实训目的】

通过实训让学生掌握进口商品报检工作流程。

【实训内容】

根据"情境导入"中的资料，让学生分组以进口商的身份，绘制出入境报检的工作流程并网络搜索进口报检单的格式，比较进口报检与出口报检流程，找出其中不同的地方，小组进行汇报。

【实训方法】

学生总结资料汇报，教师批改后点评。

【重点提示】

进口商品检验分为法定检验商品检验和非法定商品检验。凡列入《商检机构实施检验的商品种类表》及其他法律、法规规定必须经过商检机构或者国家商检局、商检机构指定的检验机构检验的进口商品，在到货后，收货人或其代理人必须向口岸或到达站商检机构办理进口商品登记手续，然后按商检机构规定的地点和期限向到货地商检机构办理进口商品报验。非法定检验进口商品到货后，由收、用货部门直接办理进口通关手续，提货后，可按合同的约定自行检验，若发现问题需凭商检证书索赔的，应向所在地商检机构办理进口商品报验。

拓展阅读　　　　　　　　我国进出口免检的有关规定

根据国家商检局《进出口商品免检办法》规定，凡列入必须实施检验的进出口商品目录的进出口商品，由收货人、发货人或者其生产企业提出申请，经国家质量监督检验检疫总局审核批准，可以免予检验。

申请进出口商品免检应当符合以下条件：

1. 申请免检的进出口商品质量应当长期稳定，在国际市场上有良好的质量信誉，无属于生产企业责任而引起的质量异议、索赔和退货，检验检疫机构检验合格率连续3年达到百分之百。

2. 申请人申请免检的商品应当有自己的品牌，在相关国家或者地区同行业中，产品档次、产品质量处于领先地位。

3. 申请免验的进出口商品，其生产企业的质量管理体系应当符合ISO9000质量管理体系标准或者与申请免验商品特点相应的管理体系标准要求，并获得权威认证机构的认证。

4. 为满足工作需要和保证产品质量，申请免验的进出口商品的生产企业应当具有一定的检测能力。

5. 申请免验的进出口商品的生产企业应当符合《进出口商品免验审查条件》的要求。

任务三　进口索赔

进口索赔一般是指货物自卖方交到买方的过程中，由于人为、天灾或其他种种原因，使买方收到的货物不符合合同规定或货物有其他损害（包括质量低劣、数量短少等不符合合同规定，或因运输过程造成的损害等），买方依其责任归属，向有关方面提出赔偿要求，以弥补其所受损失。

一、进口索赔的对象

进口索赔按照不同的损失责任人，从而有不同的责任对象，主要有以下三个类型：

（一）向卖方索赔

卖方不交货或不按期交货或交货的品质、数量、包装与合同规定不符等，均构成卖方违约，卖方应承担违约的法律责任。根据有关法律和国际公约的规定，买方可以根据卖方违约所造成的结果，区别情况，依法提出撤销合同或提出损害赔偿。

（二）向承运人索赔

承运人是指在运输合同中，通过铁路、公路、航空、内河运输或这些方式的联合运输，承担履行运输任务或运输业务的任何人。进口的货物，如发生残损或到货数量少于单证所载数量，而运输单据是清洁的，则表明是承运人的过失造成货物残损、缺少，买方即可根据不同运输方式的有关规定，及时向有关承运人提出索赔。

（三）向保险公司索赔

如由于自然灾害、意外事故或运输装卸过程中事故等致使货物受损，并属于承保范围以内的，应向保险公司索赔。凡属于承运人的过失造成的货物残损、遗失，而承运人不予赔偿或赔偿金额不足抵补损失的，只要属于保险公司承保范围以内的，也应向保险公司提出索赔。

二、进口索赔工作

在进口索赔中，应做好以下几方面的工作。

1. 制作索赔证据。首先制定索赔清单，随附商检部门的检验证书、发票、装箱单、提单副本。其次，根据不同的索赔对象，另附不同的证明文件，向卖方索赔时，应在索赔证件中提出确切的根据或理由；向轮船公司索赔时，须另附由船长及港口理货员签证的理货报告及船长签证短卸或残损证明；向保险公司索赔时，须另附保险公司与买方的联合检验报告。

2. 计算索赔金额。除包括受损商品的价值外，还包括其他有关费用，一般有商品检验费、装卸费、银行手续费、仓租费、利息等。

3. 必须在索赔的有效期限内提出，如果过期，责任方有权不予受理。

三、处理索赔的方式

（一）友好协商解决

友好协商解决是指当事人之间通过友好方式自行协商，达成赔偿的协议，自行消除纠纷。这种处理索赔方式的好处是：气氛友好，不伤感情，有利进一步合作。

（二）调解解决

调解解决是指仲裁员在做出裁决前、法官在做出判决前，都要在贸易双方纠纷当事人之间进行充分的调解的程序，劝说他们采用友好协商的方式来解决索赔争议。这是一种十分有效的形式，大部分贸易纠纷案件通过仲裁员或法官调解后，都能撤销仲裁申请或撤销司法诉讼申请，较好地处理了索赔问题。

（三）仲裁解决

仲裁，是指根据有关规定和当事人之间的协议，由一定机构以第三者的身份，对有关的争议在事实上做出判断，在权利、义务上做出裁决。国际贸易仲裁是解决国际贸易争议普遍采用的方式。

（四）司法诉讼

司法诉讼是指买卖双方由于争议激烈，采用向法院提起诉讼的方式来解决索赔问题。采用这种方式耗时长、费用高，还影响当事人之间的关系和日后的贸易交往，故应慎用。

实 训 活 动

【实训目的】

1. 熟悉进口索赔责任的划分及索赔对象的确定。

2. 掌握进口索赔的方式。

【实训内容】

上海华龙农产品贸易公司从美国进口了 7.26 万公斤带壳花生，自美国纽约港运至上海港，该批货物装载在承运人深圳蛇口大洋海运有限公司提供的 5 个 40 英尺集装箱内，承运人签发了清洁提单，出口方为该批货物投保了一切险和战争险，货物运至上海港后，经卫生检疫部门对 5 个集装箱货物抽样检查结果显示：被检验的花生有霉变气味，霉变主要存在花生壳上，该批货物被认为不适合人类消费及不能买卖。

请学生分别扮演进口方、出口方、承运人及保险公司，通过讨论分析、模拟演练确定索赔对象，之后准备相关资料模拟索赔工作流程。

【实训方法】

分组讨论并准备资料进行演练，学生之间进行评比，教师总结对比及分析原因。

【重点提示】

1. 进口商品到货后，经检验，如有品质、数量、包装等不符合合同规定的，需要向有关方面提出索赔。在进口索赔过程中，应根据造成损失的原因，分别向有关责任方索赔。

2. 索赔方需在分清责任、确定索赔对象的基础上，把握索赔期限内进行提供索赔证据、确定索赔金额等工作。

拓展阅读　　　　进口索赔应注意的问题

1. 索赔证据。在办理索赔时，要注意证据确凿，还必须制备索赔清单和证明文件，并且应随附检验证明书、发票、装箱单、提单副本等。同时，对不同的索赔对象还要另附有关文件，如保险单、联合检验报告、理货报告、残损短缺证明等。在问题未解决前，索赔的商品应当保持原状，有的还要拍照存查，以便必要时作举证之用。

2. 索赔金额。根据国际贸易惯例，买方向卖方索赔的金额应与因卖方违约所造成的实际损失相等，除受损商品的价值外，有关的费用也可提出，如商品检验费、装卸费、仓租费、合理的预期利润等也应计入索赔金额。

3. 索赔期限。索赔应在合同规定的索赔有效期内提出，过期无效。如果商检工作可能需要更长的时间，可向对方要求延长索赔期限。《联合国国际货物销售合同公约》规定，买方行使索赔权的最长期限是自其实际收到货物起不超过 2 年，我国则规定为 4 年。向轮船公司索赔期限为货物到达目的港交货后 1 年之内。但索赔一旦提出，就不再受索赔期限的限制。

项目小结

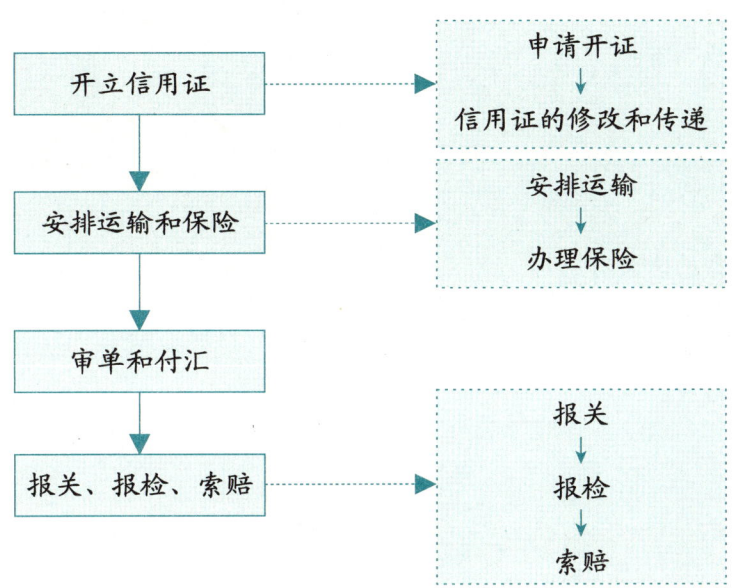

学生自我总结

通过完成项目九，我能够做如下总结：

一、主要知识

完成本任务涉及的主要知识有：

二、主要技能

完成本任务的主要技能有：

三、主要原理

完成本任务的主要原理有：

四、相关知识与技能

完成本任务中：
1. 过程要素有：
2. 操作要领有：
3. 这么做的原因有：

五、成果检验

完成本任务的成果：
1. 完成本任务的意义有：
2. 学到的经验有：
3. 自悟的经验有：
4. 形成的策略有：

自 主 练 习

一、选择题

1. 采用信用证付款方式的 CIF 出口贸易，履行合同的主要环节有（　　）。
   A. 备货　　　　　　　　　　　　B. 催证、审证、改证
   C. 租船订舱　　　　　　　　　　D. 投保
2. 商业发票的抬头人一般是（　　）。
   A. 受益人　　　　　　　　　　　B. 开证申请人
   C. 开证行　　　　　　　　　　　D. 出口商
3. 下面关于进口信用证开立需注意的事项有（　　）。
   A. 开证要求"证同一致"　　　　　B. 无需明确信用证为可撤销或不可撤销
   C. 信用证内容需明白无误　　　　D. 国外通知行由开证行指定
4. 下面哪些工作内容不属于进口报关工作流程（　　）。
   A. 征税　　　　　　　　　　　　B. 签订销售合同
   C. 放行　　　　　　　　　　　　D. 查验
5. 在我国进出口业务中，出口结汇的方法有（　　）。
   A. 收妥结汇　　　　　　　　　　B. 买单结汇
   C. 定期结汇　　　　　　　　　　D. 预付结汇
6. 进口的货物，如发生残损或到货数量少于提单所载数量，而运输单据是清洁的，则应向（　　）提出索赔。
   A. 卖方　　　　　　　　　　　　B. 承运人

C. 保险公司　　　　　　　　　　D. 银行

二、简答题

1. 请分别简述进口报关与进口报检所需要的单证资料有哪些？
2. 请简述进口方处理索赔的方式有哪些？

三、实际操作

【实训要求】

让学生以进口方身份，根据案例业务资料绘制进口操作流程图。

【实训背景】

1. 买卖双方如下：

（1）买方：上海机床有限责任公司（3310215031）接受国外某企业的委托制造出口机床零部件。由国外客户提供原材料铰链（属法定检验检疫和自动进口许可管理商品）。该公司的详细名称以及地址如下：SHANGHAI MACHINE CO., LTD, 218 FEGNXIAG ROAD SHANGHAI, 200041 CHINA。

（2）卖方：德国 CHR TRADING GMBH 公司，详细名称及地址如下：CHR TRADING GMBH LERCHENWEG 1097522 SAND GERMANY。

2. 业务资料如下：

（1）交易商品。

品名：HINGE BOLT（铰链）；Origin：France。

单位：该货物法定计量单位为千克；成交计量单位为只（PCS）。

（2）装运资料：载运货物的运输工具于2005年7月9日申报进境，上海机床有限责任公司于2005年7月10日持登记手册和相关单证向上海吴淞海关申报进口。

3. 卖方所交单据如下：

（1）BILL OF LADINGG（见表9-12）。

表9-12

\ Shipper CHR TRADING GMBH LERCHENWEG 10 97522 SAND GERMANY	COSCO CONTAINER LINES
Consignee TO ORDER	
Notify party SHANGHAI MACHINE CO., LTD 218 FEGNXIAG ROAD SHANGHAI, 200041 CHINA	Combined Transpoet BILL OF LADING

续表

Ocean Vessel HONG YE	Voy. No. 489E		
Port of loading Hamburg	Port of Discharge Rotterdam	Place of Delivery SHANGHAI CHINA	
MRAKS & NUMBER	Number and kind of packages Designation of goods	Gross Weight (kgs)	Net Weight (kgs)
SMC SHANGHAIC/ NO. 1－5	HINGE BOLT SAY FIVE WOODEN CAS ESONLY TOTAL ONE 40' CONTAINER CY TO CY FREIGH PREPAID 2EN VESSEL: M/V GOLEN GATE BRIDGE V. 10W	5 850	GROSS FOR NET
	CONTAINER TARE SEAL TEXU2263978 3560 22786		

(2) PACKING LIST（见表9－13）。

表9－13

CHR TRADING GMBH
LERCHENWEG 10
97522 SAND GERMANY

PACKING LIST

TO:
SHANGHAI MACHINE CO., LTD
218 FEGNXIAG ROAD
SHANGHAI, 200041CHINA

MARKS & NO	DESCRIPTION OF GOODS	QUANTITY	U/PRICE
SMC SHANGHAIC/ NO. 1－5	HINGE BOLT Origin: France	30 000 PCS	EUR 0.33/PCS CIF SHANGHAI
	Packed in one wooden case 6 000PCS PACKED IN 5 WOODEN CASES		

CHR TRADING GMBH

主要参考文献

1. 全国国际商务专业人员职业资格考试大纲编委会编：《国际商务理论与实务》，中国商务出版社2008年版。
2. 全国国际商务专业人员职业资格考试大纲编委会编：《国际商务专业知识》，中国商务出版社2008年版。
3. 赵轶：《进出口贸易实务》，清华大学出版社2008年版。
4. 张瑞夫，张喜明，胡志彬：《国际贸易实务》，上海交通大学出版社2009年版。
5. 陈志红：《国际贸易业务流程》，华东师范大学出版社2008年版。
6. 徐文锋：《进出口贸易实操手册》，广东经济出版社2011年版。
7. 侯海英，栾红：《国际贸易业务实训》，经济科学出版社2007年版。
8. 王万义：《进出口贸易实务》，对外经济贸易大学出版社2002年版。
9. 幸理：《国际贸易实务实训教程》，华中科技大学出版社2006年版。
10. 高成兴：《国际贸易教程》，中国人民大学出版社2007年版。
11. 刘文广，张晓明：《国际贸易实训》，高等教育出版社2007年版。
12. 黎孝先：《国际贸易实务（第三版）》，对外经济贸易大学出版社2003年版。

相关网站：

1. www. eciq. cn。
2. www. mofcom. gov. cn。
3. wenku. baidu. com/view/bd60ea920c22590102029db4. html。
4. www. eciq，cn。
5. www. customs. gov. cn。